U0457101

长白山学术文库
The Academic Library of
Changbai Mountain

第二辑

高清海哲学思想讲座

孙利天　著

吉林人民出版社

出品人：常　宏
选题策划：吴文阁
统　　筹：孟广霞
责任编辑：王一莉
装帧设计：尤　蕾

图书在版编目（CIP）数据

高清海哲学思想讲座 / 孙利天著. -- 长春：吉林
人民出版社, 2023.12
　（长白山学术文库. 第二辑）
　ISBN 978-7-206-20763-1

　Ⅰ. ①高… Ⅱ. ①孙… Ⅲ. ①高清海 – 哲学思想 – 研
究 Ⅳ. ①B262

中国国家版本馆CIP数据核字（2023）第232219号

高清海哲学思想讲座

GAO QINGHAI ZHEXUE SIXIANG JIANGZUO

著　　者：孙利天
出版发行：吉林人民出版社
　　　　　（长春市人民大街7548号 邮政编码：130022）

咨询电话：0431-85378007
印　　刷：吉林省吉广国际广告股份有限公司
开　　本：710mm×1000mm　1/16
印　　张：21
字　　数：330千字
标准书号：ISBN 978-7-206-20763-1
版　　次：2023年12月第1版
印　　次：2023年12月第1次印刷
定　　价：88.80元

出版说明

习近平总书记在全国哲学社会科学工作座谈会上明确指出："一个没有发达的自然科学的国家不可能走在世界前列，一个没有繁荣的哲学社会科学的国家也不可能走在世界前列。"同时强调，"哲学社会科学具有不可替代的重要地位，哲学社会科学工作者具有不可替代的重要作用。"两个"不可替代"充分阐明了建立高水平学术队伍、出版高水平学术著作的重大意义，为新时期学术出版工作指明了前进方向。

吉林历史文化源远流长，学术研究亦早发轫。中华人民共和国成立以来，在党和政府的亲切关怀和指引下，吉林哲学社会科学研究队伍不断发展壮大，涌现出一大批具有理论高度、学理深度、学术厚度的专家学者，有些专家学者不但驰名全国，而且饮誉世界。这支生机勃勃的研究队伍，坚持以辩证唯物主义和历史唯物主义为指导，在哲学社会科学的各个领域孜孜矻矻，上下求索，推出了一大批填补历史空白、具有当代价值，亦能产生历史反响的学术著作。研究队伍为吉林文化大省、理论大省、学术大省建设做出了积极贡献，研究成果是吉林一笔宝贵的精神财富，是吉林人文化自信的一种重要凭倚。

多年来，吉林人民出版社一直以出版学术著作和理论著作为工作的主基调，出版了一大批具有创新性的学术著作，受到学术界的一致好评，尤其是主题出版更是可圈可点，受到社会的广泛赞誉。新时期，新使命，新担当，本社决定投入人力、物力和财力，编辑出版大型丛书《长白山学术文库》（以下简称《文库》）。《文库》分辑推出，每辑收入哲学社会科学和人文学科等学术著作10—15部。通过《文库》出版，荟萃吉林学术经典，延续吉林文脉，弘扬创新精神，增强文化自信，为建设吉林文化高地和学术高地贡献力量，为以中国式现代化实现中华民族伟大复兴做出吉林出版的贡献。为保证《文库》的特色和质量，收入著作坚持如下原则：

——收入吉林籍专家学者的学术著作。

——收入具有正高级专业技术职称专家学者的学术著作。

——收入作者独立完成的学术著作。

——收入已由国内正式出版机构出版过的学术著作。

——收入各个学科有代表性的学术著作，优先收入国家哲学社会科学研究项目、教育部哲学社会科学研究项目以及入选《国家哲学社会科学成果文库》的学术著作。

——收入的学术著作一仍其旧，原则上不做修改。

——适当考虑收入学术著作的学科分布。

——收入的学术著作符合国家的出版规定和要求。

编辑出版一部大型学术丛书，是本社面临的一个全新课题。本社将秉持对历史负责、对人民负责的精神，认真听取各方面意见，不断优化编辑思路，努力编辑出版一部思想精深、学术精湛、做工精美的学术文库。

编　者

孙利天

吉林大学哲学基础理论研究中心副主任，教授，博士生导师。吉林大学匡亚明卓越教授，国家级教学名师，国家"万人计划"教学名师。国家社会科学基金学科规划评审组专家，吉林省哲学学会荣誉会长，教育部社会科学委员会委员。吉林大学国家重点学科马克思主义哲学的学术带头人，教育部重点研究基地的创建者之一。主要研究方向是辩证法理论、马克思主义哲学中国化。代表性著作有《论辩证法的思维方式》《让马克思主义哲学说中国话》等。

序 言

时间过得真快,我的导师高清海先生已去世十周年了。最近我匆忙地校改了一遍学生们据录音整理的《高清海哲学思想讲座》讲稿,想以此书表达我对老师的怀念和纪念。

高老师去世不久,赶上学校教务部门调整本科教学计划,我提议开设《高清海哲学思想讲座》课,得到哲学系同事们的支持,尔后我大概为五届哲学系三年级学生讲授这门课,直到2011年。从2012年起,也是高老师的博士生的王福生教授接替我讲这门课,希望这种有本校特色的课程能传承得久远些。

高清海教授是我国改革开放新时期有创见、影响较大的哲学家之一,也是吉林大学哲学学科的主要奠基者。他的理论创新的勇气和学术思想极大地推进了我国哲学研究的风气和研究范式的改变,对我国人文社会科学研究也产生了广泛影响。如苏联《共产党人》杂志评价的那样,他"充当了中国哲学改革的先锋"。当然,受他影响最大的可能是他培养的四十余名博士研究生,他们分布在全国各地,许多人已是我国马克思主义哲学界的知名学者。当我们这些20世纪80年代高老师的学生已年过花甲或已年近花甲的时候,我们的一个重要学术责任就是向后辈学人传授高老师的哲学思想,这是我开设这门课程的主要动因。2007年高老师去世三周年时,我曾写过一篇文章《中国曾经有过高清海哲学学派吗？》，希望在高老师的研究风格和研究范式中能有几代人的连续工作，形成有一定世界影响的哲学学派。高老师的博士生元永浩教授已翻译出版了一本韩文版的高老师著作，他正在翻译第二部。高老师去世后，中国人民大学出版社再版了《哲学与主体自我意识》，北京师范大学出版社再版了《马克思主义哲学基础》，《高清海哲学文存》不久也要再版。高老师的这样一些代表性著作的再版，将会对新一代学术群体产生影响。

当我校改手中这部讲稿时，发现了很多问题和缺憾。首先感觉我讲的内容有些空泛和玄奥，不太适宜做本科生教材。孙正聿教授建议本书可作为本科生高年级的选修课教材和马哲专业研究生的参考教材，这大致也是本书的读者定位。作为一门选修课课时不多，我在讲课中选取了高老师几个重要学术阶段的代表性论文，如《论辩证唯物主义与历史唯物主义的关系》《论辩证法就是认识论》《论实践观点的思维方式》《人是哲学的奥秘》《突破真理论的传统狭隘视界》《人的"类本性"与"类哲学"》《中华民族的未来发展需要有自己的哲学理论》等，有的论文印发给学生，希望学生能认真读些高老师的原文。围绕这些论文，我在比较广阔的理论背景下阐述高老师哲学成果的当代意义。由于不是系统地按照某部高老师的著作讲授他的学术思想，这使一些细节的论证被忽略，所以感到内容有些空泛。又因为我力求在当代国内外哲学背景下论述高老师哲学思想的意义，讲稿涉及许多德国古典哲学和现代西方哲学的复杂问题，难免使论述显得过于宏大和空虚。

这部讲稿中到处都有我个人学术观点的阐发，这种借题发挥可能是"过度诠释"，是对原作的背离或背叛。我之所以如此随意和自由地论说，是高老师生前积极倡导和鼓励的结果。记得在20世纪90年代初，我曾在高老师家里和师兄弟们自由地论说《哲学与主体自我意识》，高老师非但不以为忤，还鼓励说有些想法他自己写书时并未想到。1996年在北京"马克思'类理论'研讨会"上我和孙正聿老师的发言，也受到类似鼓励。如今，每当我听到很少的来自学生的批评和反驳时，第一感觉是不快甚至有些恼怒，我意识到与高老师相比自己修养和境界上的遥远的距离。我在书中阐发高老师哲学思想时，不可避免地要对其他理论作比较和评价，由于自己学术修养的局限，有些评论会失之公允，有些理解也可能有很大偏差，只好请大家谅解。因为课堂讲授的随机性，书中也有一些离开主题的与学生的思想交流，这大都是一些劝勉励志的话，其中有些是我们这一代人青年时期的生活理想。时移世易，可能有些想法已落后于时代，仅供青年朋友们参考。根本的差别可能是在今天这样一个多元文化的时代，我们是否还应葆有古典的英雄主义理想。

本书主体是据2011年讲课录音整理的文字稿，当时我的在校研究生大都参与了录音整理，一些同学收集整理了我介绍和评述高老师的20多篇文章，我从中选取了一部分作为本书的附录。所以，这本书是集体劳动的成果。张岩磊博士贡献最大，他帮我做了本书的全部注释，我在讲课中凭记忆引证的一些不准确的原文，他大都查到出处，有的做了说明和改正。我的这些学生应算是高老师的第三代传人，他们对高老师的敬重和为本书所做的工作，老师泉下有知，也会感到欣慰。

孙利天

2014年9月29日

目　录

导　　论

　　高清海老师的哲学思想讲座可能是最有我们吉林大学哲学学科特点的课程。我们吉大哲学系的学生都知道，高老师是我们吉大哲学学科的最重要的奠基者和创始人。2004年高老师去世以后，我们哲学系商量决定开设"高清海哲学思想讲座"这门课程，现在已经列入了学校教学计划，我已讲了四五轮。我觉得开设"高清海哲学思想讲座"这门课程，对于我们大家了解我们学校的哲学学科传统，了解我们自己人才培养的一些经验和教训，了解或者说是思考我们每个同学自己未来的选择都会有一些启发。

　　我们这些年也都在反省，吉林大学的哲学教育，有成功之处，也有失败之处。成功之处可能最典型地体现在高老师培养了一大批博士，其中有近二十人可以说是国内马克思主义哲学界的知名学者。这样的一个数量可能在国内高校中是很罕见的。大家也琢磨，都说学哲学得有悟性、得有天分，需要比较好的智商，那么是不是好学生都偶然地聚集到了吉林大学？实际按照概率和一般的常识不会是这样。大家都知道像北大、清华、复旦等这样一些高校的生源，从本科开始，他们的录取线就比我们要高，而且从地域上北京、上海这些城市更有吸引力，所以不可能说是因为这些高智商的学生都偶然地聚集到高老师身边，所以才培养出一大批知名学者。如果不是这样的话，那么就意味着高老师的学生培养肯定有他特殊的成功之处。老师或者学科点的这种传统的独特的教育方式肯定起到了很大的作用，这是我们最明显地能够看到吉林大学哲学学科、哲学教育的最成功之处。但是可能也有一些失败的地方。我也对很多青年教师做这样的一些嘱托，我今年虚岁六十了，也有一个学术传承的任务，也希望我们的青年教师能把我们学科点的一些好的东西传承下去，能够及时地、不断地反省我们的一些薄弱的环节。薄弱的地方我想可能就是吉林大学哲学学科，印象中从我上大学开始（这已经是三十多年前的事了），我们的哲学教育就比较松散、自由。这可能就会出现两种情况，有兴趣的同学、刻苦努力的同学可能最后会取得很好的成绩，成为国内知名学者；而一些不太爱学的学生，在我们这学四年会有多大的收获？这就值得怀疑。所以吉林大学有很多包括哲学教育，特别是本科教育，我们有很多东西需要总结，需要思考，怎样把我们自己优秀的东西传承下来，把我们的一些不足尽量地弥补好，这是对学生负责，实际也是对我们这个哲学学科的传统、荣誉、声望负责。

我今天首先想讲导言，和大家简要地谈一下我对高老师哲学思想特点的理解，从而也对我们这门课程的意义做一些简要的阐述。我们先简单介绍一下高老师的学术生平。

一、高老师的学术生平

高老师是1930年1月4日出生于黑龙江省的虎林县。1931年东北沦陷，高老师的父亲在当地是一名著名的抗日爱国将领，组织过抗日义勇队。到了1934年，由于孤军作战，这个部队面临的形势非常严峻，后来不得已经由苏联境内，转移到新疆。也就是高老师在四岁的时候，跟随父亲的抗日队伍辗转从苏联境内转移到新疆。在新疆，高老师度过了整个少年时期，读小学、读中学，一直到抗日战争结束。大约是1945年，一家人才离开新疆。回东北途中在兰州滞留了两年，而这两年可能对高老师一生都是意义特别重大的两年。高老师的父亲到新疆以后被国民党的正规部队收编，是盛世才的部队，名义上是给了国民党的一个中将军衔，实际上是把他软禁起来。而到40年代中后期，高老师父亲身体不好，高老师作为家里的长子在兰州这两年，实际是要承担起维持家里生计的担子。当时可能把家里能够卖的东西也都变卖了，在这两年中高老师做过小工，摆过小摊，处于社会的最底层，艰难地为家庭去谋生计，按照他传记的说法应该是艰苦备尝。

我想这两年对高老师的特殊意义，第一就是磨炼了他的意志品质，正好是十六七岁的时候磨炼了他的意志品质；第二，在这两年间他博览群书，打下了很好的文化基础。按照高老师自己的回忆，尽管生活特别艰苦，高老师可能是把当时身边能够找到的书都看了——他的说法是借书、抄书、博览群书，甚至包括中国一些古典的武侠小说。在这两年期间，广博的阅读为他后来的学术发展奠定了比较好的文化基础。

大家都知道至少从萨特以来，或者更早一点儿从胡塞尔以来，都特别强调存在哲学，而存在首先是个体哲学家的存在，按照中国哲学的说法，"在极端的情况下，他的哲学简直可以说是他的传记"[①]。传记就是思想，意味着每个人的生活方式、生活经历、生活阅历不可能不对他的哲学思想产生重大的影响。所以高老师这两年的艰苦生活对他后来的人格特征，甚至是他学术的发展都打下了一个很好的基础。1948年，高老师到沈阳，考入吉林大学的前身东北行政学院，当时是在历史班学习，到1950年，被保送到中国人民大学哲学系去学哲学，是读研究生。因为那个时候是新中国成立初期，可能中国的教育也不那么规范，那就意味着高老师读

---

① 　冯友兰：《中国哲学简史》，北京大学出版社1996年版，第10页。

了两年本科，然后到中国人大读研究生，研究生读了两年，1952年毕业回到吉林大学（当时学校已更名为东北人民大学）。

高老师在东北行政学院和中国人民大学学习期间，好多情况我们并不很清楚，师母偶尔透露一些，这就是我们过去不知道的高老师的光荣历史。在中国人民大学学习的时候，高老师主修的是逻辑学，当时任课老师都是从苏联来的一些专家，据说高老师还能给专家做翻译，我们原来不知道高老师的外语还能达到如此水平。也就是短短的那两年期间，从当时高老师的一些同学的回忆，也显示出高老师在同学中非常鲜明的个性。我看有的回忆文章说，一是高老师不爱说话。二是高老师年龄虽然不大（因为1950年时也刚刚二十岁，年龄在同学中并不大），但是沉稳老练。第三就是在同学讨论中，有自己的一些独立见解、独立思考。这是当年在中国人民大学学习的时候高老师的一些同学的回忆。所以他的个性在同学们的心目中留有很深的印象。

1952年高老师回到当时还是吉林大学前身的东北人民大学。我没有详细去考证这段历史，应该就是在这一年成立了吉林大学的哲学教研室，因为在这之前，1951年夏，刘丹岩老师到东北人民大学做哲学教授，到1952年可能是成立了哲学教研室，刘丹岩老师做哲学教研室主任，这个时候包括2008年去世的邹化政等老师成为我们吉林大学哲学学科的创始人。1958年在哲学教研室的基础上成立了哲学系，2008年是我们系建系五十年。和南方的一些高校相比，应该说我们的历史很短，像北大、清华都有近百年的历史，武大、复旦都是新中国成立前的一些老大学。在这样的意义上，我们吉林大学能够使自己的哲学学科在国内拥有今天的学术地位，我想确实是和高老师等这样一些前辈学者的努力是密切相关的。我记得在2002年高老师执教五十年庆典上，高老师讲道，说他一生有两大幸运：第一个幸运就是遇到一位好老师，这就是指刘丹岩老师。刘丹岩老师好像在1966年就去世了，我们这一辈学者都没有接触过刘老师，但是从其他老师流传下来的一些记录中，我们猜测出刘丹岩老师的一些学术特点。比如说刘丹岩老师是1920年考入北大哲学系，他在北大哲学系接受了完整的哲学教育。北大毕业以后，他在社会上工作了很长时间，当过中学老师、专科老师。大概是在1936年，刘丹岩老师到英国留学，当时他好像主修的是政治经济学，但是到1937年抗日战争爆发，刘丹岩老师就回国了，1938年奔赴延安，在抗日军政大学做政治经济学教员。这是刘丹岩老师青年时期的学术经历。北大哲学系毕业，受到规范系统的哲学教育，这是他的一个学术背景，第二个背景就是一年多的英国留学。可能这样一些学术经历使刘丹岩老师的治学有一个鲜明的特点，据舒炜光老师的回忆，高老师的回忆，最突出的就是强调独立思考，抓住根本。

按照高老师的说法，在刘丹岩老师的影响下，到1956年（这在高老师的学术思想史上是一个重要的时间），高老师和邹化政老师合写了一篇文章叫《论辩证唯物主义与历史唯物主义的关系》。这篇文章发表在1957年东北人民大学的学报上，据高老师说观点主要是刘丹岩老师的，而刘丹岩老师在自己的文章中也说受两位青年教师的推动——刘丹岩老师也在1957年《东北人民大学学报》的同一期发表了内容非常接近的一篇论文叫《论辩证唯物主义与历史唯物主义的区别和联系》。我之所以说它是一个标志性的学术事件，是因为这两篇文章在国内哲学界甚至是在整个马克思主义哲学界第一次系统地对辩证唯物主义和历史唯物主义的关系，从而也是对当时流行的苏联哲学教科书体系进行了质疑和批评。在这前后高老师有几本小册子陆续发表，有《论辩证法的实质和核心》《剖析唯心主义》，还有就是刘丹岩老师和高老师在一些文章基础上合作编写的小册子，叫《论辩证唯物主义与历史唯物主义的关系》。所以到1957年前后高老师已经有了三本书，篇幅都不大。说实话那个时候也不仅是高老师，如果大家有兴趣去看我们那一段哲学史，其他老师也出版了很多小册子，我印象中可能出版数量最多的是原来在咱们这教逻辑学的一位老师，在五六十年代有十几本小册子，那可能是当时的一种学术工作方式吧，出版一些几十页的，可能最厚的也就是百十来页的一些小册子。

　　高老师所说的另一大幸运就是1956年，这在我们吉林大学的校史上传为美谈——匡亚明校长偶然地到高老师课堂听课，他发现高老师的课论证严谨、表达清晰、思想深刻，所以就决定破格提拔高老师为副教授。1956年高老师二十六岁被提升为副教授，我们国内按照现有的学术体制很难有二十六岁的副教授。这件事情高老师自己认为是利弊参半。好处就是年仅二十六岁就成为副教授，而当时国内哲学界的副教授人数少得可怜，一直到1978年我们入学的时候，哲学系只有两位副教授，没有正教授。想一想可能那个时候我印象中整个吉林大学文理科加在一起教授、副教授也就那么几十人吧。在这个意义上，我曾经有一个说法，高老师在二十六岁提升副教授使他很早地步入国内资深学者的行列。但据高老师自己回忆说带来的压力是巨大的。其实这种压力也是一件好事。所以在我们学校的一些场合，我一再有这样的说法，说对青年教师也好，甚至对我们的研究生、本科生也好，如果是人才，那么要及早地给出"他是人才"的信号。什么意思呢？谁是人才或者前两年一直到现在还有人说的所谓"钱学森之问"——为什么我们的大学培养不出大师？我想其中这一条很重要：人才是靠机遇、靠承认、靠压力，才使他成为人才。我读了据说是毛泽东枕边书的一本书，宋人洪迈写的《容斋随笔》。洪迈有一个说法，我觉得很有意义，可以成为中国教育史上的我们应该汲取的一个经典案例。洪迈那个时候，正好是徽宗、钦宗二帝被抓到咱们东北来的那个时候，也就是北宋末南宋初那段时期。洪迈说从唐朝的张九龄到他所处的那个年代，中国历史上出现了一批而不是一个两个杰出的状元宰相。出现了一批杰出的状元宰相，洪迈就想，按我们现在通俗的说法，这个状元他怎么就那么厉害呢？按照通俗的道理，第一比第二也不可能真强多少，而且那个偶然性很大，即使和第三第四相比，也未必他一定最出色。后来洪迈总结，根本原因就一条，就是我们现在讲的这个道理，那就是一个人一旦当上了状元，他就真的知道自己是人才，知道自己将要承担重任，所以对自己的要求、对自己的期许、对自己的这种自我规范就和第二第三的截然不同——因为他知道自己要担当重任，所以他就真的能够担当重任。在这个意义上，大家想一想这个道理，高老师的经历可能也类似，学校给予了这种突出的荣誉，那么也带来了很大的压力，他必须比别人付出更大的努力，从面子上说不能愧对提拔他的匡亚明校长，而从自身的尊严说，也要对得起这样一个职称、荣誉。所以高老师治学非常刻苦，刻苦到什么程度呢？我现在手里有一本《马克思恩格斯全集》第二卷，高老师在书上用铅笔写了一些笔记。这是60年代国内刚出版的《马恩全集》，高老师用了两个月的时间几乎足不出户通读《马恩全集》。据高老师自己说，读完了以后，从屋里走出来，迷迷糊糊地有点儿散架。据我们所知，从50年代到70年代，至少我们学校图书馆的汉译的西方哲学史的文献高老师全都读了，并做了大量的读书笔记。所以1956年获得副教授职称，对高老师的一生可能也是个影响很大的学术事件。

　　而到了1959年，高老师成为被批判的对象，从此开始了一段非常艰苦的学术生涯。我过去在一篇介绍高老师的文章里有一个说法，说从1948年高老师进入我们吉林大学，这一生都是在校园中度过的——除了在60年代末有那么两年时间到农村插队，几乎没有离开我们的吉林大学校园。我说和高老师表面上这样一个单纯的平静的学术经历相比，实际高老师的内心，他的精神世界却经历了波澜壮阔的几经浮沉的人生。从1959年高老师第一次被错误批判，到1966年"文化大革命"爆发再次被批斗，几经浮沉。日常生活表面上看就是在校园中度过，很平静，但是他的思想、他的精神可能始终是在那种激烈动荡中浮沉，这也是高老师能够取得学术成就的一个有利条件。我和孙正聿老师常常说这样一些话，说年轻时候吃点儿苦是人生的财富，我的说法是"战胜了的苦难才是财富"。如果你永远在苦难之中，那苦难就是苦难，它不会成为财富，只有超越了苦难、战胜了苦难，苦难才会成为财富。在某种意义上讲，苦难可能最直接地决定着一个人的情感、精神力量和思想深度。

1959年，高老师从哲学原理教研室改派到西方哲学史教研室。这在当时带有一种政治处理的意味，因为哲学原理教研室是讲马克思主义哲学，西方哲学史教研室是讲资产阶级哲学，可能只有政治上可靠的人才有资格讲马克思主义哲学。而高老师自己的说法是因祸得福。有关这段经历，邹化政老师过去也有一些回忆，因为邹老师从1952年开始就搞西方哲学史，高老师曾非常虚心地向邹老师学习西方哲学史。也就是1959—1979年的20年时间，高老师阅读了我们刚才说的我们学校图书馆所存的中文版的西方哲学史文献。所以到1979年高老师主编的《欧洲哲学史纲》出版，标志着这20年高老师西方哲学史研究的一个成果。说这是因祸得福，我想这一点儿没有疑问。高老师在80年代以后能够产生重大的学术影响，其中最重要的原因就是这20年的西方哲学史阅读。仅就马克思主义哲学研究马克思主义哲学就不会有高老师的理论成就，高老师后来把自己的研究方法称为"史论结合"。马克思主义哲学如果说叫理论、叫原理，那么理论必须有历史的根据，没有历史根据的理论是抽象的、是空泛的，所以以史论结合的这种学术经历成就了高老师的学术思想，也影响甚至奠定了吉林大学马克思主义哲学学科的学术传统。

回顾高老师个人的学术经历，我们可以大致划分这样几个阶段：1950—1959年，这是一段；1959—1979年，这是学西方哲学的一段；1980—1987年《马克思主义哲学基础》出版，这应该算一段；1988—1994年，正是我们国内学界通常说的就是高老师提出"实践观点的思维方式"的这一段；1994年以后高老师进行类哲学研究。大致可以做这样的划分。高老师的学术生平我就做这样一个简单的介绍。

高老师从青年时期就进入国内优秀学者行列。我们说某人优秀不是说全因为他自己优秀，而是人类亿万年不断进化的优秀基因偶然地分布在他们身上，不是说通过自己的努力获得的优秀基因，在这个意义上优秀的人应该珍惜、珍爱自己，这实际上是在珍惜人类的共同财富。罗尔斯正是根据这一点论证一种绝对的平等主义。他认为那些天赋好的优秀的人也没有理由因为他的遗传优秀而获得更高的社会回报，原因就是那些优秀的基因不是你自己的，而是人类的共同财富①。在这个意义上，罗尔斯的这个论证可能在哲学史上，是到目前为止我看到的一个最彻底的绝对的平等主义论证。当然这里难以说清的就是这个基因和自身的努力到底有怎样精确的度量，如果我们进一步彻底贯彻这个逻辑，说一个人努力的习惯也是基因决定的，那么我们就没话可说了。努力勤奋，那也是基因决定的，这好像就再没有什么可以说的了。实际可能不是这样，努力勤奋、自我的这种规划、自我的完成、自我的完善仍然有着个人努力的因素，在这个意义上人是有自由意志的理性主体，人要对自己负责。从高老师的生平我们看到，他的一生是优秀的一生，甚至优秀已经成为一种习惯——优秀成为习惯就使自己不能不优秀。这是我们简略地向大家介绍一下，这个材料都很多，高老师去世以后，我们出了高老师的纪念文集，高老师文存后面也有高老师的学术年谱，不用我更详细地去介绍，大家有兴趣都可以随处查到高老师学术生平的这样一些历史。

二、高老师学术成果的特点

我要讲的第二点是高老师学术成果的特点，这可能是有我个人的一些认识。我想高老师学术思想最大的特点，用他自己的话说就是"超越自我"。这句话成为高老师自觉的治学原则。高老师曾经明确地说，一个人要想在学术上有进步，首先得超越自我。那么按照高老师在1985年写的

---

① 参见约翰·罗尔斯《正义论》，何怀宏等译，中国社会科学出版社1988年版。

一个学术自传①中，他说我从本体论入手开始学习哲学，这就是在中国人民大学从苏联专家那学到的马克思主义哲学，中间经过了对哲学的认识论的理解，这是第二个阶段，主要代表作就是《马克思主义哲学基础》②（1985年出版上册，1987年出版下册）。更集中地代表编写《马克思主义哲学基础》对哲学性质理解的一篇论文，是1983年发表的《论辩证法就是认识论》③。这篇文章可能最典型地表达了高老师哲学思想发展的认识论阶段。从1988年《马克思主义哲学基础》下册出版不久，高老师就出版了《哲学与主体自我意识》④。在《哲学与主体自我意识》中高老师系统地表达了他的新的哲学理解——"实践观点的思维方式"。那么到90年代中后期，高老师又提出了类哲学的思想。一直到2000年以后，高老师有几篇重要文章，主要是讨论中国传统哲学的特质、中国传统哲学的当代价值，以及他去世那年（2004年）发表的《中华民族的未来发展需要有自己的哲学理论》⑤，在这几篇论文中，高老师又提出创建中华民族自己哲学理论的任务。可以看出，高老师这样的一些思想历程就是不断超越自己、不断否定自己的过程。高老师的想法是每个人的学术成长、学习进步首先需要否定自己已有的思想，在这个意义上，可以说"超越自我"贯穿高老师全部的学术历程。实际上高老师把"超越自我"作为一种自觉的意识。我觉得要做到这一点是非常困难的：要反驳别人可能比较容易，要否定自己那

---

① 高清海：《探寻人的精神家园——我走过的哲学历程》，收录于《高清海哲学文存》第6卷。本文写于1985年末，原文发表于《社会科学战线》1996年第6期；并载于《我的学术思想——吉林大学建校50周年纪念》一书，吉林大学出版社1996年版。

② 高清海：《马克思主义哲学基础》，人民出版社，上册1985年版，下册1987年版。

③ 高清海：《论辩证法就是认识论》，《社会科学战线》1983年第2期。

④ 高清海：《哲学与主体自我意识》，吉林大学出版社1988年版。

⑤ 高清海：《中华民族的未来发展需要有自己的哲学理论》，《吉林大学社会科学学报》2004年第2期。

么需要一种理论的真诚，需要理论的勇气，还需要更深层的对哲学性质的理论自觉。

在高老师去世五周年的时候，我曾经写了一篇纪念文章，标题叫"中国曾经有过高清海哲学学派吗？"①。对于学派的定义，我是指一个学派有稳定的研究纲领，有至少前后相传的几代人在同一研究纲领下连续工作。比如说法兰克福学派，从霍克海默、阿多诺、马尔库塞这一代，到哈贝马斯一代，再到现在的霍耐特这一代，它是以一个鲜明的研究纲领、几代人的连续工作形成了一个稳定的学术群体。按照这样的一些要求，可能应该说有一个高清海哲学学派，但是如果从有没有一种系统的、稳定的哲学理论体系来看，那么就没有高清海哲学学派。因为高老师自己就不断地否定自己，而这种不断地自我否定恰恰是基于对哲学学科、哲学这门学术本身的理论性质的高度自觉。根据这个高度自觉最后我们可以说哲学是什么呢——哲学就是永无休止的思想。我想这样一个说法可能是包括像德里达这样一些后现代主义哲学家也要承认的一个哲学定义。永无休止的思想就是一个不断地自我否定的思想。所以哲学不可能给人类、给文明提供一个终极的解答方案。哲学存在一天，那么哲学就要继续思想，用德里达的说法就是，"人类不能停止思想"。也可以说这种自我否定、自我超越就是思想的本性，甚至也可以说就是哲学的本体。过去我和同学一起讨论，怎么理解黑格尔逻辑学的必然进展，实际黑格尔的精神活动性、思想的活动性就是一个最终的解答。通俗地说就是只要我们一睁开眼睛，我们的思想就开始进入到清明状态，我们就必然有所思、有所想。我过去最形象地解释黑格尔逻辑学的存在论的起点，黑格尔的那个纯存在是个什么东西呢？可能就是人一睁开眼睛，脑袋刚开始想事，别人问你，"想什么呢？""什么也没想"——这个原初状态就是纯思，也就是纯存在。就思想已经有，那么它是有，但还没有想什么，它是无，所以它是有和无的统

---

① 孙利天："中国曾经有过高清海哲学学派吗？"，《吉林大学社会科学学报》2007年第6期。

一。而一旦我们有所思、有所想，就开始有了定在。从纯存在就进入了定在，这就是思想的一个必然的逻辑形式。如果说我们真的意识到哲学是作为人的精神活动性、人的思想本性的一种自觉的理论表达，那么自我否定、自我超越是唯一合理形态的哲学思想——哲学它只能是这样。

如果进一步考虑到高老师特殊的学术思想环境，我们也可以说高老师的这种超越自我、否定自我的学术思想进程或者说学术思想历程是改革开放三十多年来中国哲学思想的一个缩影。事实上，改革开放这三十多年来的社会变迁、社会变革也客观地要求我们的思想不断地超越自我。所以在这样的意义上，我们甚至可以说超越自我、自我否定是改革开放三十多年来中国现代哲学的必然逻辑。什么意思呢？大家想一想，对大家来说可能感触并不那么鲜明，而对于我这个年龄段的人来说，我今天早上还想，似乎每一个我们这个年龄段的人都可以用这个词来形容——暴发户。从青年时期的物资极度匮乏的生活，到今天相对富裕的生活，是生活巨变。过去有一个词叫衣不蔽体、食不果腹。衣不蔽体、食不果腹——这不是夸张，我印象中一直到1970年我十八岁参加工作，在此之前我几乎总是在饥饿或半饥饿状态中度过，吃饱饭的时候很少。十多岁的时候连续几年我家基本都是这个状况，从春天开始再过一段时间，家里就一粒米也没有了，一直得到六月，农历的六月，等到玉米、土豆下来，这才能吃土豆、吃新玉米——就是每年总得有几个月的时间没有粮吃，总是在饥饿状态之中。现在呢，我早上起来环顾我住的房子——我为什么说有一种暴发户的感觉——确实是跨越，不是一个稳定的、渐进的过程，我们每个家庭都经历了这个变化。在这样的意义上，物质生活剧变，那么人的思想观念也在相应地、激烈地变化。变化到什么程度，现在我很难说。前两天听说有个网上最流行的歌，《忐忑》，据说是最好地表达了我们时代的情绪，今天的这个时代情绪就是一种忐忑嘛。

这三十多年来人们的思想观念、人们的精神状态也确实发生了翻天覆地的变化。从学理上更规范的学术评价，我们可以大致这样说，我们用三十多年的时间走过了西方二三百年的现代化历程，所以西方的各种学术思想也以高度密集的形式在中国的思想舞台上匆匆地展览了一番。我大学本科时候，男生最爱看的是《约翰·克利斯朵夫》，女生最爱看的是《简·爱》。《约翰·克利斯朵夫》是讲一个男主人公的自我奋斗历程，《简·爱》是一个女主人公的自我奋斗历程。和这个小说相伴随的就是萨特存在哲学，那就是自我选择、自我创造，那是80年代大学生的思想的主旋律。存在哲学、弗洛伊德精神分析学说等在当时影响很大，咱们哲学系车文博老师最早在吉林大学介绍弗洛伊德的精神分析学说——据说是北区理化楼的阶梯教室学生爆满，窗台上、过道里挤的都是学生，可以想象当年那个弗洛伊德精神分析学说对大学生可能也不仅对大学生，对整个社会的性的观念，一定意义上也包含着性解放的意义都有很大的影响和冲击。各种思想，后来的现象学、分析哲学、后现代主义哲学，也包括像尼采和叔本华的意志论哲学，这二三百年的西方哲学、学术高度密集地在中国三十多年的思想历史中纷纷出现，也都各自产生各自的影响，所以从学术思想上看也是一个纷繁复杂、急剧变化的时期。在这样的一个学术环境和学术背景下，一个真诚的、诚实的理论工作者必然要不断自我否定、不断自我超越。而高老师和他们这一代，甚至一定意义上也包括我们这一代，都要自觉地担当起这种理论的使命。

　　1996年我曾经写过一篇文章，标题叫"我的导师高清海教授"[①]。是《社会科学战线》杂志开辟的一个学术人物专栏，当时张盾老师做主编。张盾老师第一个介绍的是赵汀阳，是吕祥给写的，标题叫作"赵汀阳与所有其他人"[②]。第二个就是介绍高老师。我选取了一个非常平实的这样一个风格，标题也很平实，就是《我的导师高清海教授》，高老师看完以后非常满意。高老师的性格呢，对学生包括我们这些几十年在他身边学习工作的老学生很少表扬，也很少批评。我现在对学生大概也是这个特点，很

---

① 孙利天："我的导师高清海教授"，《社会科学战线》1996年第6期。

② 吕祥："赵汀阳与所有其他人"，《社会科学战线》1996年第1期。

少批评，也很少表扬。高老师对我写的文章好像只表扬过三篇，这是其中一篇。在我写的这篇介绍高老师的文章中，我有一个评价，那就是高老师是真正的政治哲学家。我所说的政治哲学家是指高老师"超越自我"的那个更深层的内在动力，这就是对中国社会现实的密切关注，对民族和人民群众生活幸福的强烈的渴望——对我们民族的繁荣、对普通人民群众的生活幸福的一种强烈的渴望。正是在这个意义上我说高老师是政治哲学家。这也就是说，说高老师是政治哲学家意味着高老师的哲学思想的自我超越始终是以我们国家现实的社会主义改革进程作为背景。按照这样的逻辑，我们就容易理解高老师的思想历程。比方说，高老师强调认识论的那一阶段，他强调的是什么？我想可能有两个维度。其一，强调的是哲学作为认识论、哲学作为知识史应摆脱官方意识形态的束缚。之所以强调哲学就是认识论是因为我们多年来把哲学作为政治工具，作为政治论证、作为意识形态的这样一种哲学理解。所以一直到我上大学，人家问"你是学什么的？""学哲学的""啊，学政治的"——哲学就是政治，把哲学作为一种政治论证的工具、作为意识形态，这就是我们新中国成立以来一直到80年代中期甚至到今天的最根本的哲学原则。而强调哲学就是认识论，马克思主义哲学就是认识论，强调的是马克思主义哲学和任何哲学一样，都是人类整个认识史的一个构成环节，马克思主义哲学也有着客观知识的一面，它不单是意识形态。其二，也是更为重要的，这就是针对物质本体论的哲学教科书体系，建构认识论的教科书体系，其中的关键就是强调主体原则。《马克思主义哲学基础》的核心就是强调人——主体的能动作用，人不是仅仅服从客观规律。想一想我们过去对人的理解，世界是一个客观规律体系，人类历史发展是一个客观规律的进程，那么人无非是被社会关系、社会发展客观规律所操纵，人没有主体性。而对主体性原则的强调，恰恰表达着改革开放以来个人主体意识的自觉，每个人作为一个个人的主体这种意识开始觉醒。后来高老师提出实践观点思维方式、提出类哲学，我们会发现，他的每一个观点都有着对现实的思考，也可以用现在通常的说法，就是都具有现实意义。在这样的意义上，超越自我、自我否定，用高老师自己的说法是不断出现新的哲学视野、不断达到新的哲学境界。

从20世纪80年代中期开始，《马克思主义哲学基础》出版以后，国内外好评如潮。我印象中80年代末，苏联《共产党人》杂志发表评论，这几句话是金庆老师翻译过来的，翻译过来的汉语表述大致是这样说的，说以高清海为核心的吉林大学学术群体充当了中国哲学改革的先锋。这是在1989年之前苏联哲学界对中国哲学界的一个基本判断。那么到了90年代，日本哲学界明确地提出中国马克思主义哲学研究的三个学派：以北大为代表的物质本体论学派、以中国人民大学为代表的实践本体论学派和以吉林大学为代表的实践超越论学派。高老师后来认为实践超越论这个提法可以接受。高老师这样一些重大的学术影响，我想这样一个评价不仅是我们自己，就是说作为高老师这些学生的自我吹嘘，应该是人们能够普遍接受的一个看法，那就是高老师是改革开放以来中国哲学界有最重大影响的思想家之一。

最后，我想讲讲高老师的学术特点。刚才我们讲到史论结合，实际高老师无论是从认识论变革到实践观点的思维方式还是类哲学，高老师最重要的几个思想阶段都有一个共同的特点——那就是牢牢地把握住哲学观的研究这样一个核心问题。我印象中1995年咱们《吉林大学社会科学学报》封二和封三连续介绍我们学校的哲学社会科学的学者，高老师那个介绍是我给写的。因为只有一页，也就是一千多字。大家以后写东西可能就会知道，有时候是越短越不好写，长了反倒好写，所以现在书很容易写，论文不好写。用一千字介绍高老师，我觉得那个是很费力的。在那个小短文里，我概括高老师的学术风格，"高清海教授从青年时期开始就逐渐确立起为学做人的基本信念和学术风格，把对哲学真理和智慧的执着追求与对国家和人民的强烈责任感结合起来，把历史与理论、理论和现实结合起来，独立思考、勇于创新，去掉枝节之论，抓住重大理论问题持久思考以求根本性的突破，使他不断取得重大理论成果……"①说去掉枝节之论，

---

① 参见《吉林大学社会科学学报》1995年第2期封二。

把这个枝枝节节都去掉，牢牢地把握住哲学的根本问题，根本和枝节都可以对应的，都是形象的表达。高老师的工作风格、工作路数，把那些枝节删除掉，抓住根本，那么在几个最根本的问题上持之以恒地进行长期的理论研究，而一旦有理论突破就是重大的理论突破。

这里所说的根本是什么呢？我们到现在仍然困惑，我学哲学、教哲学几十年，对于"什么是哲学"仍然困惑。我手里至少有几本，好像有一个西班牙人写的《什么是哲学？》，有名气一点的就是两个非常重要的法国后现代主义哲学家德勒兹和迦塔利合写的《什么是哲学？》。有一天我正在翻这本书，我老伴儿看见了哈哈大笑，"哎呀，你搞了一辈子哲学，你怎么还看《什么是哲学？》？"看到书名，外行人确实是会发笑，你说你吃了一辈子哲学饭，你还不知道什么是哲学，还在那看什么是哲学。高老师的这几个最重要的思想阶段实际都有对"什么是哲学"的重新理解。这里所说的牢牢地把握住一些根本问题，持之以恒地进行不倦地探索和研究，那么最后总是表现在哲学观的变革上面。①

我们学高老师的哲学思想，关键还是希望大家能够利用这个课尽量多读一点高老师本人的著作、他的文本，我讲课可能能做一些介绍，但是代替不了读高老师本人自己的著作。刚才王福生②老师说，看高老师这篇文章（《论辩证唯物主义与历史唯物主义的关系》），有一种阿尔都塞的感觉。1956年当时高老师26岁，可能和我们大家现在年龄很接近，我昨天又系统地看了一遍这篇文章，也确实是有很多感觉。按孙正聿老师的说法，高老师写这篇东西的时候，已经是"成手"了，哲学的"成手"了。什么意思呢？就是在他26岁的时候，我们无论是从他的文字、谋篇、布局，他的分析方法，他的论证都可以看到深厚的功底。所谓成手，至少可以说是一个成熟的哲学工作者。

坦率地说，我们今天的硕士，包括博士，要和当年26岁的高老师相

---

① 以上内容为2011年3月9日第一次课。

② 王福生，吉林大学哲学社会学院教授、博士生导师。

比，我觉得差距甚大，不是一般的大。我们的硕士论文，无论从文字、从构思、从论证，要和高老师这篇文章相比，可以说都是小儿科。这原因是什么呢？大家想一想，高老师当时接受的哲学教育，1948年开始，到历史系学两年，1950年到中国人民大学读研究生班，也就是读两年，也就是说他正规的哲学教育也就是那两年，从1952年毕业回到我们学校，到1956年四年时间，他跟着刘丹岩老师在一个教研室工作，这篇文章开始也注明了是在刘丹岩老师在教研室讲授的一些理论观点的基础上写的（《论辩证唯物主义与历史唯物主义的关系》）。那么从学习哲学到写出这篇文章，也就六年时间，高老师为什么能够达到这样一个境界？那么反过来说，我们现在能到什么状态？

好多同学都担心工作的问题，我和孙正聿老师对多届学生讲，这已经讲了不少年，社会肯定有一些不太好的社会风气，或者用规范的说法就是家庭的社会资本，包括权力资本，甚至包括金融资本，对我们以后就业都会起到一定影响。家里的社会资源，社会关系网络对就业肯定都会有影响，但是从长远看，我们自身的发展最后可能还是决定于我们自己。特别是我们出身于比较贫寒家庭的孩子，到老年的时候，到我这个年龄的时候，也许会有另一番感慨。如果完全是靠自己个人奋斗取得比较好的生活境况，那么应该说有更强的自我成就感。而家庭条件好的，可能一段时间内会有一些帮助，但是，好像是丘吉尔的儿子就有过抱怨：做伟人的孩子实际是一件非常痛苦的事情，一辈子笼罩在父亲的阴影下，这一辈子也没有成就感，无论自己怎么优秀怎么出色，别人都说"那借他爸的光，跟他自己没关系"，在这个意义上，家境好也是利弊参半。而我所说的相信自己、珍惜自己、刻苦努力的这样一种自我奋斗精神，在高老师这一代学者身上可能体现得最为鲜明。

上次课我们讲到，高老师从十六七岁起就成为一家之主，要养活全家，做小工啊，卖香烟啊……我不能想象高老师当时摆香烟摊是什么格局，可能还没有现在这些小车，估计也就是挎个筐、挎个篮子卖香烟，我们可能在展现（刻画）旧社会的电影镜头上能够看到这个场景，应该说是艰苦备尝。那么经历了这番磨炼，他到大学学习的时候——这是据师母张树义老师的回忆（高老师自己没有讲这段历史），就是从1948年到东北行政学院学习，家庭生活状况仍然非常窘迫。到沈阳，家里仍然没有什么经济来源，高老师又要去读书，他作为长子又要养家。张老师写这段历史是要论证高老师对党的感情，是党帮助高老师解决了家里的困难，按抗日爱国将领家属的待遇，把家迁回了原籍，迁回虎林，从而家里的生活有了一个初步保障。张老师回忆这段历史是说高老师是热爱党的，是论证这样一个情感基础。实际从我们看来，就是说他从青少年时期的那样一个艰苦经历，确实成为他终生的人生财富。

三、高老师治学的基本原则

我上次课讲高老师哲学思想的特点，我第一点强调的就是高老师的超越自我，超越自我已经成为高老师的一种非常自觉的意识，这可能是高老师到老年阶段，回顾自己的一生学术经历，他感触最深的就是这种不断的自我超越。第二点我说，超越自我的过程，既是高老师哲学思想的发展过程，又是当代中国，特别是改革开放这三十多年来，社会变革的一个理论表达，它并不是一个单纯的、个人的精神历程。

对于哲学思考，高老师过去总是强调这么几点，一就是理论和实际相结合，二是史论结合，三是要有独立思考的这种"笨想"。这些可以看作是高老师治学的几条基本原则，或者说是基本经验。

首先是理论和实际的结合。我们共产党很早就提出三大作风，其中之一是理论和实际相结合，作为一个传统传承下来的东西。但是理论到底怎么和实际结合？很显然，我们通常所说的理论和实际的结合无非是一种高老师所批评的教条主义的结合：先有一个理论的教条，然后把它套到现实生活的实际中，或者说用现实生活的实际来证明理论的正确性。这样的理论和实际的结合意义不大，只能是做一点理论宣传、理论普及，并没有理论研究的意义。那么真正的理论和实际结合，可能还要关系到和时代精神相结合。高老师也引证这个说法，这是马克思1842年，在《第179号科伦日报社论》中提出的一个到现在大家还认为是很经典的命题："哲学是时代精神的精华。"①那么理论和实际相结合就是要求理论把握时代精神。但是我们国内哲学界怎么把握时代精神呢？按照高老师的看法，就是又陷入了另一个极端——只是从某些经典作家的论断出发，抽象地讨论，或者说论断时代精神。我们讨论，我们现在是不是仍处在列宁所判断的帝国主义和无产阶级革命时代？这样一种抽象的时代论断，实际仍然是一种教条主义的讨论方式，仍然是以某些经典文本作为时代的标准和尺度，而没有深入到时代精神变化的本质维度中。

那么高老师怎么实现理论和实践相结合呢？高老师给自己制定一个很有限的目标：就是要在自己的实际生活和理论思考中，真实地提出我们的现实问题。从对现实生活问题的实际思考中，高老师的说法，可能我们不能做出一种时代精神的概括，但是我们只要对现实问题的解决有所助益，那么我们就做出了一定的理论贡献。我觉得高老师的这些讲法，即便在今天，作为哲学理论研究仍然有着典范的意义。我们既要避免那种教条主义的观点加实例的理论和实际相结合的形式，又要避免那种教条主义的抽象的时代论断。实现理论与实践相结合实际上就是要求以理论的目光去把握现实问题。

比如说高老师曾提出的一个问题。对于过去的哲学原理教科书，包

①　《马克思恩格斯全集》第1卷，人民出版社1995年版，第220页，原文为"任何真正的哲学都是自己时代的精神上的精华"。

括高老师在内的一代人，那种勤奋学习的态度是我们现在无法想象的：认认真真地去读哲学原理教科书，对每一条原理，每一个概念都要有非常深入、细致的理论思考。问题就在这里，那个时候人们还能认认真真去学教科书，而为什么到80年代以后，无论从课堂还是机关还是老百姓，为什么再也没有了那样一种学教科书的理论兴趣呢？高老师认为这就是一个时代的变化。这个变化表明人们的实际的精神需求在发生着变化。高老师举的这个例子大家不会有什么深刻的感触，因为你们不知道在五六十年代，70年代，新中国成立后的前二三十年，那个时候哲学、哲学原理教科书在中国具有的那种特殊神圣的地位。70年代我已经工作了，那个时候哲学在一般的机关干部的心目中还是非常神圣的。我印象中是1975年左右，县里要写一篇经验材料，这篇材料是用辩证法指导党内思想斗争的经验。写材料的人就遇到一个问题：辩证法的共性和特殊性之间的关系问题。我想大家现在也未必有人深入地思考类似这种非常浅显的哲学问题。大家都知道，毛泽东的《矛盾论》，包括我们哲学原理教科书都有一个提法，叫共性寓于个性之中，通俗地说就是住在个性之中，特殊性之中。这干部们就不明白了，共性是大的，而个性和特殊性是小的，这大的怎么能住在小的里呢？你们想没想过这个问题？相反的感觉都应该是个性寓于共性之中，因为共性大啊，特殊性小，大的怎么能住在小的里呢？应该是小的住在大的里。表面上看这是一个笑话，但是实际上，这可能表达着哲学思维和常识思维的一个根本区分，或者说这种大小的量性规定实际是一种知性思维，实际用知性思维根本无法理解辩证法。我举的这个例子只是说，一直到我已经参加工作的70年代中期，那么在我们中国，马克思主义哲学原理教科书还具有非常经典的神圣地位，所以那个时候干部学哲学，好像都带着一种非常虔诚、恭敬、崇敬的心态去学哲学，认为是高不可攀的东西。

但是后来，很快人们就把类似的这样一些辩证法的观点叫作变戏法，高老师还用了一个说法，叫魔法，教科书的马克思主义哲学在一定程度上僵化了。所以我上大学本科，好像大一时，高老师给我们哲学系的师生做学术报告，那也是我第一次听高老师的学术报告，这篇报告后来也收在高老师的文存里，实际就是恢复辩证法的权威。高老师那个时候就已经意识到马克思主义哲学的辩证法经过极左政治的多年的曲解，科学性严重受损，所以要恢复辩证法的权威。我印象中高老师的讲座中有一个很精当的例子，到现在我觉得也还是很精彩。因为"文化大革命"时期，对马克思主义哲学、对辩证法我说是做极左政治思潮的扭曲，扭曲到什么程度呢？扭曲到背离了辩证法的基本形式，或者说用形而上学的思维方式宣传辩证法，从而把辩证法也变成了极端的形而上学。变成什么样的形而上学呢？比如说当年有一首歌好像叫一把钥匙打开千把锁，或是万把锁，说马列主义毛泽东思想是一把万能钥匙，可以解决一切问题，可以用辩证法指导种花生，可以用辩证法指导种土豆，可以用辩证法指导提高战士的射击成绩——我说的都有文本根据，当时解放军有三位比较出名的学哲学的先进典型，而且出过专门的文集，介绍他们学哲学、用哲学的经验，其中就有怎么用毛泽东哲学思想指导提高射击成绩，原来能打八环，现在用辩证法能让他打九环、打十环，辩证法变成解决一切问题的万能钥匙。高老师有一个非常精彩的论证，大家想一想这个道理，很朴素，但是也很有启示——高老师的说法是如果真的有一把能打开千把锁、万把锁的钥匙，那么也就意味着锁的存在是不必要的，那你还锁它干吗？有一把万能钥匙都能把它打开，原因就是一把钥匙打开一把锁，这才是锁所存在的意义，要是有那么一把万能钥匙，像高明的小偷有一把万能钥匙，那么锁对他来说是无意义的存在。所以高老师是用这个例子强调辩证法的一个朴素，也可以说是基本的常识，那就是具体问题具体分析，没有一个普遍的公式可以解决一切问题。马克思主义哲学不能代替具体科学和经验知识。

　　我回忆这样一些历史，是想说一个道理，那就是理论和实际相结合，在理论和实际的结合中去创新马克思主义哲学，那么可能需要有一个理论和实际相结合的正确的态度和方法。

　　我看上次课大家复印的《现代物理学和东方神秘主义》，我看到这本书的时候是80年代中期，四川出版社出的"走向未来丛书"，其中编译了这本书（那时候是编译的，不是现在大家手里拿的这本），后来我也听说有人反映这个书编译得不好，但是毕竟在那个时代，"走向未来丛书"确实在中国起到重要的思想启蒙作用。我印象中当时还有一本我比较喜欢的，讨论悖论的，叫《GEB——一条永恒的金带》①，大家有兴趣也可以找一找，这个GEB分别指三个人，G是哥德尔，E是埃舍尔，B是巴赫，这三个人又分别代表三个不同的知识门类，哥德尔是一个数学哲学家，有著名的哥德尔不完全性定理，对形式化或者叫公理化方法哥德尔有重大贡献。我们学科学哲学，或者说学科学史的都知道这段历史，至少从弗雷格以来创立了所谓现代逻辑，到罗素和怀特海的数学原理。当时罗素有一个雄心勃勃的研究计划，也可以叫逻辑纲领，罗素有这样的说法，大家想一想有没有道理，他说人类的知识只有两种，一种是直接感知的直接知识，或者说亲知，另一种是间接推理的知识，罗素也把它叫作摹状知识，按照他的看法，直接经验到的亲知是当下自明的，没有错，下雪了，这个桌子挺凉，等等。当下亲身知道的知识，是当下自明的。除了亲知以外，所有的所谓摹状或间接推理的知识都是运用逻辑，所以把推理和逻辑搞清楚，整个人类的知识就都是明了的。这就是罗素雄心勃勃的逻辑研究计划。这个计划开始就是和他的数学导师怀特海写的三卷本的《数学原理》，想把当时所达到的数学知识全部还原为逻辑，以后可能还可以把物理学、化学，所有的这些所谓间接推理的知识都在逻辑的基础上重新构造、重新阐明。这也正是科学史上和哲学史上著名的公理化方法，中间经过希尔伯特到哥德尔，哥德尔提出了著名的不完全性定理。用我个人的话说，实际等于宣告公理化方法的失败，或者叫终结，不可能对人类的知识完全实现公理化和形式化，这是哥德尔。埃舍尔好像是一个画家，他居然能画出看上去一个台阶比一个台阶高，最后最高的那个台阶又回到了起点。巴赫可能

---

① 道·霍夫斯塔特：《GEB——一条永恒的金带》，乐秀成编译，四川人民出版社1984年版。

是著名的微分音乐的创始人，据说他的音乐也有这样的特点，用微分音乐可以构造一个什么样的技术呢？一个音节比一个音节高，最后最高的那个音节又回到了起点的最低音。

哥德尔也好，埃舍尔也好，巴赫也好，之所以把他们叫作一条永恒的金带，把他们连起来的是什么？就是自我相关的悖论。这个悖论可能最直观的表达就是某某同学在教室里个子最高，我们可以用这样的话去说，某某同学比我们教室里的所有人都高。但是可能精细的逻辑分析就会提出，他比不比他自己高？因为这个表述表面上没有什么问题，某同学比我们教室里所有人都高，但是某同学也是我们教室里所有人的集合的一个分子，这个分子就会出现一种自我相关的悖论，他比不比自己高？哲学史上，大家经常引证的悖论，比如说谎者悖论，乡村理发师悖论。乡村理发师说我要给全村所有不能给自己理发的人理发，最后就会出现他应该不应该给自己理发的问题。类似的说谎者悖论、理发师悖论说的都是这种自相缠绕、自我相关的悖论。罗素解决这种自相缠绕、自我相关的悖论的办法，就是著名的罗素的类型论。区分元语言、对象语言，把刚才悖论性的话就改成这样一个表述：某同学比我们教室里所有的同学（除了他自己以外）都高。这就避免了这种自相缠绕的悖论，把他自己拿出来，"某同学"成为元语言，"我们其他同学"成为对象语言，这是罗素的类型论解决悖论的办法。这些知识我觉得也还有一些意义。

科学哲学也给我们从理论和实际结合这个问题上提供了一些重要的解释。比如说，孙正聿老师经常引证科学哲学的一些基本结论，没有纯客观的观察，观察渗透理论，观察总是受到理论的污染。在这个意义上，并没有那种脱离理论的纯粹实际和纯粹事实，没有脱离理论的观察者。或者说不同观察者已有的知识背景，可能会看到不同的世界，所以理论和实际的结合绝不像我们一般理论宣传想得那么简单。什么实际？什么现实？实际和现实在一定意义上总是理论构造的结果。在这个意义上，一个哲学家的理论目光，他已有的理论资源，已有的——高老师所说的思维方式，就成为理论和实际结合的，具有不同结果的根本。（所以我们准备在第二讲专门讨论高老师的实践观点的思维方式，思维方式是非常重要的。）

从超越自我到理论和实际的结合，高老师始终紧扣一个元哲学主题，也就是紧紧围绕着哲学观。我上次讲课说，去掉枝节之论，牢牢地把握住哲学的根本问题，持之以恒地进行思考，这是高老师致思的最大特点。大家如果认真地看高老师的《论辩证唯物主义与历史唯物主义的关系》，就会有一个清晰的印象，26岁时候的高老师，对哲学问题的思考已经显示出，刚才福生的说法，类似于阿尔都塞那样一种科学风格，科学精神，实际就是一种非常系统的理论思考——系统、深入，牢牢地把握住哲学观的根本问题，持之以恒地、系统深入地进行思考。所以在这本书里[①]，高老师把1956年写的这个文本收入到哲学创新里，他起了一个名，叫"体系改革思想溯源"，他把他哲学教科书体系改革的工作追溯到这篇文章。表面上看，高老师也说，当时的理论论述、理论观点，到八九十年代已经有了很大变化，但是他思考的主题一直没有根本改变，那就是我们上次讲课说的一句话——什么是哲学，什么是马克思主义哲学？我们分别讲了高老师哲学思想的这三个特点，如果我们要谈高老师哲学思想的意义，那就是我后面要谈的第二个问题，可能最直接的意义就在于他奠定了吉林大学哲学学科的学术传统。

看看这篇文章，为什么说它有一种奠基的意义？高老师把80年代教科书体系改革的思想溯源，追溯到从这篇文章开始。我刚才说的这样一些特点，就是高老师哲学思想的特点，其实也在一定程度上，一直到今天仍然是我们吉林大学哲学学科的特点。比较典型地接续下来的，就是孙正聿老师的《哲学通论》。孙正聿老师的《哲学通论》，按照他自己的概括，他说就是一句话，"哲学不是科学"。实际也可以说，他要回答的一个问题是同样的问题，也即"什么是哲学"。从刘丹岩老师到高老师到孙正聿老师，吉林大学哲学研究的一个重要的哲学主题始终没有发生根本的变化。

---

① 参见《高清海哲学文存》第1卷，吉林人民出版社1997年版。

　　西方的一些最重要的哲学家，也可以说每一个原创性的哲学家，都有对"什么是哲学"的不同理解。比如说我翻看德勒兹和迦塔利的《什么是哲学？》[1]，我大概能知道他们理解的哲学是什么，哲学就是创造新概念。这就是德勒兹和迦塔利理解的哲学，创造新概念[2]。他们感慨地说，我们今天的哲学可能不是很理想，创造新概念的任务成了广告商、广告制作者的任务，他们每天都在创造新概念[3]。我看《读书》最近一期[4]开篇的漫画就是炒概念，广告商也好，营销商也好，他们为了推销产品，每天都在创造概念，我举几个例子。第一个概念就是房产商的广告，引用海德格尔的一句话，叫"诗意地栖居在大地上"，这就是创造概念嘛，一个住宅小区要真的能让人诗意地栖居，那么显然是很有感召力的。我那年去辽宁，坐车看路边的广告，也是在创造新概念，"超速是生命旅程的缩短"，也很有味道。表面上说，限定你是每小时开120公里，实际你每小时开140公里，本来应该是三个小时到沈阳，结果你两个半小时就到了，你缩短了半个小时的生命旅程，实际它的更深的意义是超速有风险，超速对生命有危险，本来你应该活到80岁，结果出了车祸，只活了30岁。德勒兹的说法，现在反倒是广告商在创造新概念，哲学可能失去了，或者说至少没有充分实现创造概念的思想能力。

　　类似的表述，我认为罗蒂对哲学的理解也很接近。他以一种自然主义的文化观理解文化的自然演进。按照他的看法，哲学可能和其他文化领域有类似之处，那就是说出一个新词。[5]按照他的看法，人类文化的演进

① 德勒兹、迦塔利：《什么是哲学？》，张祖建译，湖南文艺出版社2007年版。

② 参见德勒兹、迦塔利《什么是哲学？》，张祖建译，湖南文艺出版社2007年版，第5页，原文为"严格地说，哲学是一门创造概念的学科"。

③ 参见德勒兹、迦塔利《什么是哲学？》，张祖建译，湖南文艺出版社2007年版，第213—214页。

④ 陈四益：《炒概念》，《读书》2005年第4期。

⑤ 参见理查德·罗蒂《偶然、反讽与团结》，徐文瑞译，商务印书馆2003年版，第一章。

就像自然的演进一样，可能某条偶然的宇宙射线对某一个生命基因形成干扰，结果就出现了一个新基因、一个新物种，就出现了生物的进化①。人类文化进化可能也由于某种偶然的机缘。他有一本书就叫《偶然、反讽与团结》。特殊强调偶然，偶然的机缘我们说出了一个新词，有了一个新概念，按照他的说法，有了一个新语词，就有了新概念、新观念，进而就有了新行为。他是用这样一种自然主义的态度理解文化的演进。所以德勒兹也好，罗蒂也好，可能都给哲学规定了一个非常简单的任务，尝试说出某个新词，创造某个新概念。这样看来，哲学的任务貌似很简单，但是可能又最为复杂，大家知道，哲学史几千年的传统，浩如烟海的哲学文献，已经使我们说出一个新概念变得异常困难。

在《高清海哲学文存》里有几篇文章非常重要，一个是收在第一卷里的《走哲学创新之路——十年哲学思想自述（1980—1990年）》，一个是我们提到过的他1985年写的学术自传。包括后来2002年庆典的讲话，高老师只要回忆他的学术思想，就必然要提到刘丹岩老师。首先，他认为刘丹岩老师给予他的最大的帮助，或者说启蒙，那就是摆脱教条主义学风的影响。我觉得高老师这一辈子都在非常自觉地和教条主义做斗争。高老师总说，刘丹岩老师给予他们这一代人的影响，这就是最早在同辈学者中摆脱教条主义学风的影响，开始了符合哲学本性的独立思考，这是高老师念念不忘的刘丹岩老师给予他们的影响。

其次，就是刘丹岩老师倡导学哲学要重视思想。我上次讲课说，不管是古典的还是现代的还是后现代的哲学家，包括德里达，包括哈贝马斯，甚至也包括罗蒂，海德格尔就更不用谈，不管怎样主张后现代，谁也不能否认哲学是思想的事业，人类不能停止思想。大约是2006年，我评国家级教学名师的时候被要求写点人生格言之类的东西，我说了那么几句话——我们今天的大学生，不能指望外星文明教给我们如何应对未来可能出现的

① 参见理查德·罗蒂《偶然、反讽与团结》，徐文瑞译，商务印书馆2003年版，第29页。

人类的风险，我们怎样获得一个人类文明的精神的导航图？没有别的捷径，只能是靠人类积累的已有的思想。比如说现在日本的核泄漏，这怎么办呢？我们能不能指望外星人来帮我们解决这样的挑战和风险？不能，只能是靠人类已有的思想史的智慧给予我们应对挑战、引导人类文明航向的这样一种思想能力。刘丹岩老师当年的说法很朴实，就是叫"抓根儿"，我印象是在舒炜光老师的回忆里用的这个说法，就是要追根究底地掌握住哲学的精神实质，不是要记僵死的概念和语录，要理解它的精神实质，抓住根本。我想刘丹岩老师的这样一种学术导向，可能一直延续到今天的吉林大学。

四、吉林大学的哲学传统

刘丹岩老师所倡导的这样一种学术风格也好，或者说是追根究底的、抓根儿的、抓住精神实质的这样一种治学方法也好，一直影响了几代学者。第一代就是当年号称刘丹岩老师的四大弟子，这就是高老师、舒炜光老师、邹化政老师，还有一个侯放老师。侯放老师应该说是我们吉大哲学学科的一个悲剧性人物，1957年被定为右派，邹老师也被定为右派，邹老师幸运的是没有到农村去，据说是他老伴郝老师起了很大作用，所以一个学科有很多偶然，要是没有郝老师就没有后来的邹老师，没有邹老师可能至少我和孙正聿老师这一代的知识结构不会像现在这样。据说郝老师向组织要求坚决不让他上农村，说他是右派，他不能到农村去，他影响人家农民。所以邹老师幸运地到学校的伊通农场（我还在那个农场劳动过一个月，上大学第一年，在伊通农场种水稻），干了两年活，应当是从1957

年到1959年。后来说哲学系的总支书记在哲学系的一次会上说，邹化政到农村劳动了两年，什么农活也没学会，倒学会了英文，还是让他回来教书吧。邹老师就从农场回到哲学系，又教了几年学，一直到"文化大革命"，罪名升级，成了现行反革命，到咱们学校北区的图书馆天天扫地。据说邹老师扫地也是愤愤不平，也不规范，扫起来乌烟瘴气。说他扫完地用白大褂的袖子擦一擦窗台，就站在窗台那读书。后来有人发现他读的仍是西方哲学史名著，就不让他读。他只好把书拆开，每天揣怀里几页偷着读，用这种方法，有人说他背下了《小逻辑》，有人说是背下了亚里士多德的《形而上学》。侯放老师就彻底到农村去了，我见到侯放老师是在1979年左右。

其他三位老师，高老师、邹老师、舒炜光老师仍在极其艰难的条件下刻苦攻读，终于卓然有成，吉大的哲学传统实际从这几位老师身上看得非常清晰。无论是邹老师搞西方哲学，舒炜光老师搞科技哲学，还是高老师后来又搞马克思主义哲学，这三位老师的理论基础都是马克思主义哲学。原因有几种可能，一是刘丹岩老师当年的影响，第二也是他们年轻时期没有别的哲学，中国只有马克思主义哲学，但是这三个人后来走上三个不同的学科，也可以说是分别奠定了我们吉林大学的马哲、科哲、西哲的学术基础，他们又都给马克思主义哲学赋予了不同含义。

比如，舒老师理解的科学哲学，实际有一个非常明确的目标，就是要让马克思主义哲学科学化，这就是舒老师的工作纲领，或者说他的研究理念和原则。怎么让马克思主义哲学科学化呢？比如说他尝试数学化，一定程度的形式化、逻辑化，等等这都是舒老师和其他的国内搞科学哲学的学者不同的地方。最近这两年我们也能看到一些文本，1981年舒老师出版了《维特根斯坦哲学述评》，这本书后来在国内科学哲学界，特别是最近这些年，不断地听到一些非议之声，甚至包括洪谦先生。洪谦先生是我们国内一段时间内少有的有世界影响的哲学家。因为到洪谦先生晚年，在整个世界哲学界直接听过维也纳小组创始人石里克的课的人已所剩无几。当年洪谦和英国哲学家艾耶尔是同学，好像艾耶尔比洪谦还小一点。他是我们国内科学哲学的元老级的学者，或者说是奠基性学者。另一位就是30年代听海德格尔讲课的熊伟先生。30年代，可能1935年前后，也就是海德格尔讲《形而上学导论》的时候，我们国内现在有中译本，当时熊伟在海德格尔的课堂听课。所以到他们晚年，已经成为世界哲学的硕果仅存的一些元老之一。洪谦先生居然也曾经贬斥过舒老师的《维特根斯坦哲学述评》，洪谦先生非常诚实，说我没看过这本书，我是听别人说的。他们为什么对这本书评价不高呢？原因一是舒老师出版这本书的时候，我们国内1981年关于维特根斯坦哲学的研究几乎还是零起点，除了少数几个有海外学习背景的专家，谁都不知道维特根斯坦到底说了什么东西。当然洪谦有很深入的了解，他在维也纳，维也纳小组大家也都知道，在一段时间内，也就是后期维特根斯坦和维也纳小组联系比较紧密。可能除了这样一些元老级的学者，我们国内绝大多数哲学工作者甚至不知道维特根斯坦这个名字，所以舒老师写这本书的时候能利用的文献，只有有限的外文文献，中文文献几乎没有。国内维特根斯坦研究刚刚起步，这是一个原因。另一个，可能更重要的就是舒老师他实际是非常自觉的马克思主义哲学家，他是用马克思主义哲学的立场来评价维特根斯坦。到后来我们国内，特别是最近这些年来，对维特根斯坦的研究显然已经脱离了这样一种研究范式，我们现在更多的可能是要从比如说罗素、摩尔这些人对维特根斯坦的影响，维也纳小组的交往对维特根斯坦的影响，等等这样的一个学术源流去研究维特根斯坦。当然这里边的理论的透视能力，那种理论的敏感可能也会有一些区别，不同学者也会有一些区别。国内维特根斯坦哲学的研究究竟达到怎样一个水平我不好判断，但是呢，好像要说就纯粹的文本研究来讲，我们肯定是要落后于德国和奥地利以及一些英语国家。《逻辑哲学论》是英文和德文对照出版的，维特根斯坦自己的母语还应该是德语，尽管他是在剑桥读哲学、研究哲学。

　　舒炜光老师的维特根斯坦哲学研究、科学哲学研究、自然辩证法研究始终有一个潜隐的目标，即马克思主义哲学科学化。他与高老师、邹老师一样，都立志成为哲学思想家，而不是哲学专家。舒炜光老师还写过一篇论哲学的数学化的论文，在我们吉大学报发表的，这是我读本科时候。说实话当时我看到这篇论文的时候也不敢苟同，我也觉得哲学怎么能数学化呢？舒老师当时依据的一个论断就是马克思的说法，一门科学只有在运用数学方法的时候才是成熟的科学。所以舒老师甚至尝试（这些尝试都很有意义）从认识和实际符合的程度来判断真理和谬误，把它量化。百分之百的符合就是绝对真理，一点也不符合就是绝对谬误，到百分之五十就是真理和谬误参半。当时我们正开自然辩证法这门课程，我写的作业就是反驳舒炜光老师这篇论文的观点，我认为这是不可能的，原因就是哲学和形式科学，包括数学，实际也可以说它有不同的思维方式，像我刚才举的这个例子，如果说把共性量化，当然共性大，要把个性量化，当然个性小，然后又说共性寓于个性之中，这大的在小的里住，成为不可理解的，原因就在于这种思维方式是非哲学的。性质，共性和个性无法进行量化的处理。这就涉及哲学史上很多复杂的问题：有没有共性？共性是实在的还是一个名称？唯实论、唯名论啊，早就进行过争论。过去举的例子就是说，现在看来很浅白，但是也很有道理，就是一个患者，医生嘱咐他多吃水果，家属给拿来梨不吃，拿来苹果也不吃，说是医生让我吃水果，也没让我吃梨，也没让我吃苹果，那就是说有没有那么一种既不是梨也不是苹果不是香蕉的那么一个叫作水果的个体性存在呢？它没法实体化。那么按照唯名论的立场，水果就是一个名称，所以这种共性和个性的关系，等等这些问题，也表示出哲学问题可能很难量化数学化。据说舒老师青年时期和物理系一届本科生完整地学习了物理学，他力求在自然科学最新成果基础上发展马克思主义哲学，使马克思主义哲学真正科学化、世界化。他有宏伟的哲学理想和抱负，为此做出了巨大努力，发表了大量研究成果，获得了很高的学术声望。他可能是国务院学位委员会审批的第一位自然辩证法专业的博士生导师，可惜英年早逝，未能完全实现他的研究目标。

　　邹化政老师后来是搞西方哲学史，但是看邹老师的西方哲学史，他非常自觉地区分哲学史家和哲学思想家，邹老师从来不认为自己是哲学史家，而认为自己是哲学家，哲学思想家。哲学史家和哲学家确有不同，史家的工作路数和思想家的工作方式是很不同的。哲学史家应该做什么？史家就应该是文本的研究，文本的考证、考据，文本的，我们也可以说本来意义的，或者说是原初意义的清晰的界定，等等这是哲学史家的工作。所以据说我们学校历史系的一些老先生看学生写的硕士论文、博士论文倒着看，不会从前面往后看，而是从后面往前看。看什么呢？看注释。作为一个史家，要说一件事，要考察一个问题，当然首先要看注释，一旦说你讨论的这个话题，这个论域，必须读的文献没读，那就等于这篇文章没有意义。原因很简单，这是一个历史问题，历史问题在已有文献中哪些得到解决，解决到什么程度，什么立论、什么论证，你都不知道，你还谈什么历史？这是典型的哲学史的学术规范原则，或者说史学的学术规范，就是文本，就是文献。当然也需要理解，需要思想，但是连文本或者说文献什么意思都没弄明白，那么当然不会有什么史的研究。思想和文献无论是搞史还是搞论，都不能或缺，但是毕竟在史和论的研究中各有侧重。所以邹老师要是从他占有的文献来说，他在同类学者中不是最优秀的。虽然据姚大志老师说，邹老师可能把我们学校图书馆的所有的英文哲学文献都借阅过（过去图书馆借阅都会留下名字的，在书卡上有记录），至于说熟悉到什么程度这个不敢判断，即便如此，我想吉林大学图书馆所存的外文文献的哲学资料，和北大，和复旦，和武大，和新中国成立前的这些老高校肯定无法相比（我们学校是1946年才建校，也可以说是时间比较短的综合性重点大学）。但是我敢有一个判断，就是在哲学思想的积累上，邹老师在同辈学者中是最优秀的之一，没有疑问。

　　我曾经讲过，如果给邹老师画像，作为邹老师的一个标准像，就是一个坐在木椅上抱着猫沉思的老人，这就是邹老师的肖像。后来我和孙正聿老师我们曾经猜测，没有专门的考据，哲学史和哲学的一些最重要的基本问题，邹老师都有过系统的思考。我和孙正聿老师都有这个看法，哲学最重要的问题如果清理清理可能就那么二三十个，这二三十个最重要的问题你想过几个，想到什么程度，你有没有一点自己的真实想法，这就是一个学者、哲学家的学养的标志。一些最重要的问题，可能就是那么几十个问题，你想过没想过，想过多长时间，想得深入到什么程度，有没有一点自己的想法，作为一个哲学家来说这是比文献积累更重要的思想积累。邹老师也是在马克思主义哲学的框架内去思考外国哲学、西方哲学，实际邹老师也有自己的对哲学的理解。如果说舒老师是让马克思主义哲学科学化，邹老师就是让马克思主义哲学思辨化，或者说，邹老师给自己提出的任务就是思辨的唯物主义，或者说唯物地超越黑格尔哲学。他毕生的工作任务就是这一点，或者也可以说要使我们教科书的辩证唯物主义和历史唯物主义达到一个思辨哲学的水准。黑格尔在《小逻辑》《大逻辑》中都讲过这个看法，说唯物主义实际就是唯心主义，大家想一想这个说法，这就有一些思辨了，因为这是黑格尔的观点，说唯物主义认为物质是世界的本原，或者叫基础，世界是物质的世界，世界统一于物质，这都是我们教科书的说法，但是物质是什么呢？黑格尔认为物质无非是一个概念，或者叫观念，类似的说法，可以有恩格斯的佐证，"物质是对世界的最高抽象"，在这个意义上，物质是一个概念和观念，以概念和观念的物质概念作为世界的统一性基础，恰恰是一种唯心主义[1]，这是黑格尔的论证。接着黑格尔认为这是一种粗陋的唯心主义，是一种不自觉的唯心主义。邹老师要做什么呢？邹老师恰恰是，说要真正超越黑格尔，要论证（而不是以素朴实在论为基础），要思辨地论证一种超越黑格尔的唯物主义哲学，这就是他理解的马克思主义哲学。80年代邹老师给自己提出的任务叫超验辩证法。怎么论证？怎么超越黑格尔？他用的核心概念是超验辩证法，如何通过一种超验辩证法超出内在意识、内在经验，客观地论证物质的实存？要超出经验，因为物质只要在经验中、在观念中它就是黑格尔说的是概念，是观

---

① 参见黑格尔《小逻辑》，贺麟译，商务印书馆1980年版，第115页。

念，但是要超出概念和观念，这是胡塞尔意义的超越，胡塞尔把这种超越叫外在超越。而旧唯物主义之所以不认为自己是唯心主义，原因就是他是以朴素实在论的超越性为基础，因为在日常生活经验中，我们本能地相信物在我们之外的实在性，这是一种朴素实在论的本能信念，实际我们过去的旧唯物主义也好，教科书的马克思主义的唯物主义也好，用列宁的说法，都是以朴素实在论作为前提的，并没有做出哲学的论证。但是这个思辨唯物主义的任务，我和孙正聿老师在80年代邹老师提出超验辩证法的时候，我们就觉得难以实现。后来到晚年，他写的《第一哲学原理》（该书未出版），这是他退休以后最后完成的一部著作，论证思路发生了变化。

邹老师原来是想用超验辩证法超越黑格尔，晚年他想用现象学方法重新建造一种唯物主义的本体论，实际上说唯物主义已经不太准确了，邹老师的这个手稿我一直没有看到，但是根据我过去对邹老师的了解，可能最终避免不了斯宾诺莎的二元论，一个实体两种样式，广袤性和精神属性是世界的两个本原，邹老师就力求把它归结为一个物质实体自身所具有的精神属性，那个精神属性是物质实体本身所固有的，这是他晚年的工作。等这部书出来以后我可能也要下很大功夫进行研读，我估计看起来肯定不会很容易懂，但是邹老师的最后这一本书总还是要看一看的。

从刘丹岩老师开始，以追根究底的态度研究马克思主义哲学形成了吉林大学的哲学传统，高老师的让马克思主义哲学时代化，舒老师的让马克思主义哲学科学化，邹老师的让马克思主义哲学思辨化，共同特点是高远宏大的哲学目标和自觉的哲学观反思。符合哲学本性的思想和思辨是吉大哲学的又一明显特点。我们现在的哲学基础理论研究中心作为教育部的重点研究基地，也可视作对传统的继承。

高老师哲学思想的意义，最重要的在这一点，就是我们要吸取吉林大学这60年来的，吉大哲学学科的、我们自己的学术积累。大家以后不管做什么，我想经历过这样一次训练，我们在吉林大学学习过一次，对吉林大学的哲学学科的本来面目我们有些了解，可能会终身受益。不是说记住多少哲学知识，关键是要学会学习。我觉得大家这一代和我们这一代最重要的区分是不同的学习态度，1966年"文化大革命"开始时我14岁，读初中二年级，从此就离开学校离开课堂，一直到1978年上大学，12年的时间，从14岁到26岁，一个年轻人正应该学习的时候恰恰没在学校学习。我们这一代人都在很小的时候离开学校，像我开始在农村劳动两年，放电影放5年，又去机关工作了几年。我们那个时候同龄人都不学习，没有学校了，谁多少学一点，谁在同龄人中就显得很厉害。

大家现在正好倒过来，甚至是从娘胎里就开始胎教，我们怎么能在自己的同龄人中保持一份竞争的优势呢？我过去的说法就是，谁能从现在这种机械的、僵死的学习模式中最早地挣脱出来，谁就能在同龄人中脱颖而出。我们现在从小学到现在养成的习惯，考什么学什么，不考我就没法学，不知道学什么，所以我给大家一个劝告，那就是要唤醒我们人性中固有的学习热情。其中最重要的是要保持学术的鉴赏力，这个是最重要的。之所以不会学习就是因为缺少那种学习的敏感，缺少学习的鉴赏力和判断力，什么是该学的，什么是最重要的——这种鉴赏力和判断力、这种敏感。在同龄人中，优秀、不优秀还是平庸，可能区分就在这里。我和我的博士生们闲聊的时候说，谁都知道孔子的那些话，"三人行必有我师焉"，但是谁真的能够按孔子的那些话去面对生活呢？就我们一个班的同学，我给大家提个建议，随意选出几个人，我们相互去发现一下对方的优点。"敏而好学"什么意思呢？实际学习是一个每时每刻都在进行的过程，关键是你有没有那种敏感？有没有那种鉴赏力？我认为一个好的学生，一个聪明的学生要做的事情实际是很冷酷的，那就是榨干自己的老师——把老师身上的那些东西都能学来。现在大家以后可能真做哲学老师的不会超过百分之二十，绝大多数同学可能还要到社会工作。但是不管怎么样，我们在这样一个群体中，把这个群体中最好的营养、最有价值的东西，我刚才说是榨干，榨干有点残酷，至少是吸取吧，对大家以后的成长会有很多益处[1]。

　　昨天经济学院大四的一个学生作为学生记者采访我，我们做了一个多小时的交流。可能他的有些想法和大家有相似的地方，比如说他总感觉现在学生在考各种证书。现在到底什么最重要呢？我说这个好像真不好判断。这就可能涉及每个同学自己的人生规划。人生规划这件事在我们那个年代并不存在。我们年轻的时候，有一句口号叫作"我是革命一块砖，东西南北任党搬，每个人都是革命的螺丝钉，党把我们拧在哪里，就在哪里闪闪发光"，这是我们年轻时候的口号。实际中国真正的青年人有一定的自我选择空间还是在改革开放以后。我们上大学以后，那个时候我已经二十六七岁了，可能适应这样一种形势吧，西方学术，比如说萨特的存在主义，自我选择、自我设计、自己创造自己的本质，开始在国内流行。同时一些文学艺术作品，比如我和大家说过，男生都读罗曼·罗兰的《约翰·克利斯朵夫》，女生可能都读《简·爱》，这两部小说可能分别表达了男主人公和女主人公作为一个平民，就是普通的社会底层的奋斗史。这两个小说的主人公形象实际暗含着或隐喻着80年代中国青年的人格形象。有了这样一个比较大的自我选择的空间，才有所谓人生规划的问题。

　　那么人生规划到底怎么规划呢？我和那个学生记者说了这么几句话，大家听听有没有道理。我说按照我现在这个年龄回过头去看，有这么一个判断，那就是"官呢不是越大越好，钱呢不是越多越好，那么什么最好？是适合自己最好"。过去《红楼梦》里有一句说法，叫"因嫌纱帽小，致使枷锁扛"，总是想官越当越大，这越大可能就要用一些非常规的手段，行贿、受贿，最后就是枷锁扛，就是判刑、蹲监狱。而且官无论是在古代还是在今天，可能都意味着承担这种公共责任，因为它是一种要履行政府职能的工作岗位。要是没有相应的才具，就国家民族来说是误国殃民，给你这个岗位，你不能履行政府的职责。实际上就现在看，尽管我们现在体

---

[1]　以上内容为2011年3月16日第二次课。

制，官员个人素质起的作用可能受到很大限制，但是个人素质、个人才华、个人能力仍然有很大的创造空间。吉林大学有一个好校长，可能吉林大学有一个面貌；有一个差一点儿的校长，可能又是一个情况。所以这里所说的误国误民是真实的，给你这个岗位，你不能履行这个岗位应尽的职责，这是误国误民，最后实际也是害人害己，所以官不是越大越好。我看过一个调查，说是美国白人男孩儿最高的理想是当美国总统，因为那个时候美国历史上还没有黑人总统，所以是美国男孩儿的最高理想，还是要当美国总统。这只能说是一个理想，因为那是孩子的理想。

可能到青年、成年之后，过去所说的五十知天命，实际是知道了自己的这种社会的界限，知道自己能做什么，不能做什么，这可能到五十岁才有所谓知天命的说法。那么年轻时候不能知道自己更适合干什么，我就有两点建议，一是倾听自己内在的这种精神的召唤。什么意思呢？实际我们每个人在学习生活中多多少少都能感受到自己最高兴、最有兴趣、最幸福的那个事情，那可能就是最适合你的事情。这是听从自己内心的这种召唤。金钱也不是越多越好，钱也得和德、和能、和才识相匹配，缺少这个驾驭金钱的能力，那么金钱就成为祸害，可能不仅祸害自己，而且也贻害子孙，说不定贻害几代，孩子也可能跟着学坏，所以这个钱也不是越多越好。那么怎么能知道适不适合自己？我刚才一个说法就是倾听心灵的这种召唤。当然父母、朋友，也包括熟悉我们的老师，也可以有一些咨询和指点。另一个是现在这么多要学的，到底学什么更重要，我说至少应该读一点儿经典。

不管学什么学科，每个学科都有本学科的这种经典文本。经典文本有什么特殊意义？大家都知道哲学有两千多年的历史，那么这两千多年历史中，哲学家可以说是不计其数，哲学文献更是汗牛充栋。那么为什么只有少数哲学家，少数著作能够留存下来，成为经典？这就是几千年哲学家共同体的历史选择。哲学学科和经验科学不同，没有经验的证实，没有检验方法。但是我认为，不是说哲学怎么都行，好哲学和坏哲学仍然有着一个标准和尺度。经典正是无数代哲学家共同体他们的理性选择。哲学家共同体总是能够把哲学史上最优秀的文本保留下来，这就成为经典。那么它之所以能够成为经典，按照我过去对经典的一个定义，它可能是人类的智能、人类的体能、人类的情感，这样一些最基本能力的极致的表现。它达到了极致，成为不可超越的这样一些历史的高峰，所以它才能成为经典。我说体能、智能、情感，实际人类文化的经典真的是多方面的。我想在座的有些同学可能原来也想考北大清华，也许真的不是因为智力不够，可能就是因为体能不够。考北大清华在高中这几年，需要更多的绝对的学习时间，那是一个体能的表现，要没有很强壮的身体素质，我想你考北大清华可能即便智力很好，也可能会出现一些障碍。所以这个意义上哲学史上这些大师留下的经典文本，它把人类的各种能力可以说是极致地表现出来。为什么说要情感呢？实际东西方文化的差别，我们中国人和西方人的差别，特别是一些文学经典的差别，给我的印象差别在哪呢？就差在对人的精神世界的那种曲折、深邃、幽深、委婉的精细把握上面。西方文学史上的经典，它对人性、对心灵、对人的精神的那种曲折、幽深，我们也可以说是复杂，它能够极其精细地把它捕捉和表达出来，从而才有文学的经典，也就是对人类情感体验的那种精细的捕捉。所以到现在为止我们可以说中国有经典——《红楼梦》。《红楼梦》为什么能叫作中国文学史上的经典呢？可能也在于这一点，那就是对人的复杂的精神和心灵世界，《红楼梦》可能比其他任何中国古代文学史上的作品都更精准地表达出来。

　　中国人一方面可以说我们很复杂，我们实用的智慧高度发达，但是人类心灵的那种开阔、那种广阔、那种丰富、那种曲折幽深，可能我们的精神世界在这个意义上还是贫乏的。所以我们没有文学大师，所以我们汉语的文学经典不是说一点儿没有，但是比较少。苏轼有一个说法，说这个文学家写文章最后要达到个什么境界呢？就是"行其所当行，止其所当止"。甚至能够像大姑娘的绣花针，那个笔触像绣花针一样把那个极精微的东西都能描述出来，就是这种精微的精神世界，那是考量或者评价一部文学作品、一本文学经典的一个很重要的尺度。可能正是因为我们实用的智慧过于发达，限制了我们心灵的这种广袤和深邃。用黑格尔的说法就是"世俗生活太匆忙，人们无暇做哲学思考"。而没有这种哲学思考，没有这种丰富、细腻、精深的情感体验，那么我们的心灵世界不能说是荒漠，但是应该说是贫乏的。

在这个意义上读经典就很重要了，我们不仅说读文学经典、哲学的经典，可能还有比如经济学、法学各个学科都有自己的经典文本。那么如果经典文本真的像我们说的那样，代表了人类智慧，代表着人类全部能力的那种极致，这意味着我们在大学本科期间，接触一点儿经典实际就是在接触着人类智慧的高峰，人类智慧的那个最高峰。当然高峰就难以攀登了，读经典自然很困难，用我的说法可能就是心里稍微有一点儿芥蒂，有一点儿浮躁，眼睛就错行，从这行就串到那行去了。在这个意义上呢，读经典的过程实际是一种，我认为对大学生来说是最有益的所谓变化气质、陶冶性情的过程。我们心灵的那种宁静、我们心灵的那种纯净都可能在读经典中获得，你稍微不纯净你就读不下去。那么这样一种阅读经历最后带来的是什么差别？这十几年前，有一个作家叫张炜，有一次和大学生座谈，在座谈中说了一个看法，他的说法是一个大学生，念一次大学，如果没有读过任何一本经典，就等于没念过大学。因为什么呢？因为你可能只是学了一些实用的技能，你没有真正在大学中去感受那种大师的经典的那种感召。没有获得这种感召，一辈子就缺少一个世界。好像我们大家都在这一个世界中生活，但是精神世界是多重的、是丰富的，我们没有这种经典阅读的经历，我们一辈子缺少一个世界，我们不知道人类的真善美，人类的智能情感究竟能够达到怎样的高度。

而在这样一个过程中，我们所说的改变气质、陶冶情操，用孟子那个说法，我觉得是有道理的。文化啊、修养啊能到什么程度呢？能到"见于面，盎于背，施于四体，四体不言而喻"①。这句话可以说把中国教育

———————

① 《孟子·尽心上》。

的宗旨，或者说把教育的目标表达得最清晰。人为什么要学习？为什么要接受教育？为什么要学经典？学问、修养就在脸上，从脸上就能看出来，从背影也能看出来，从举手投足也能看出来，"四体不言而喻"，举手投足都是文化。实际上化妆也好，美容也好，这些都是所谓身体技术。比如说外交部礼宾司的一些礼仪训练也好，包括我们现在一些大型聚会，亚运会、奥运会的那些礼仪小姐的训练。我说这些训练都是其次，都是外在的，真正的美容或者说真正的礼仪主要是靠一种内在的精神修养。我们阅读了经典以后，可能我们身上就有了那种所谓静气。过去说是"每临大事有静气"，是说一个人遇到大事，要沉着冷静。毛泽东青年时期引用这些话，说"泰山崩于前而不变色"，这就是说要做大事情，需要这样一种精神的训练和精神修养。但是这种静气可能也需要在阅读中获得，像我刚才说的，你若不静，便看不下去，而你能看懂一些，那么可能潜移默化地我们的心灵就得到了一种陶冶和变化。

我曾说我们吉林大学的哲学学科的学术传统，是追根究底的思考，高老师后来叫"笨想"。舒老师、邹老师、高老师，他们的哲学研究又都有着那个时代的特点，可以说都是从马克思主义哲学出发的理论研究。这些都是我们的特点，所以应该不是偶然吧。可能有的同学知道，我们哲学社会学院有一个哲学基础理论中心，这种研究中心按照教育部设置重点研究基地的想法，在全国高校中是唯一的。比如说西方马克思主义中心在复旦，价值哲学中心在北师大，等等，都是唯一的。我们的哲学基础理论中心按要求也应是这一方向全国唯一的，至少应是较好的。实际这一方向正好体现了我们学科从刘丹岩老师到高老师他们这几代学者形成的这样一些学术传统。可能到现在为止，我们吉林大学哲学本科教育有成功之处，那么成功的地方可能就在于我们的哲学基础理论训练、哲学思维的能力训练在国内是比较好的，所以一些学生成为国内青年一代知名学者。

但是同时我提出的问题就是，不够勤奋、不够努力的我们怎么办？所以我建议要加强管理，逼着大家多学一点儿，不爱学也得学。要是不学实际就是巨大的人力资源浪费。一定要相信古人的一些说法，"开卷有益"，不管学什么，只要翻开书，就有益处，以后说不定什么时候能用到。就我个人的经历，我跟大家交流一个事情，那应该是1972年，我20岁的时候，那时候我在县城放电影。没有什么书看，有一次在一个亲戚家找到两本人民教育出版社的《古代散文选》，没有找到上册，一共三册，找到中下两册。我闲着没事就背古文，那两本书不能说都背下来，但是可能多数文章都能背下来了。背这些文章干什么呢？1972年那个时候背古文有什么用？后来发现也有用。大二开学那年我们就允许本科生考研，因为是"文化大革命"，大学多年停招，所以恢复研究生招生，咱们国内是从1978年恢复，1979年开始大批招生，那时候所谓大批实际也很少，所以允许刚刚入学一年的77级学生参加考试。我和孙正聿老师我们班一共六个同学报考，我报的就是中国哲学史。大家可能知道，到现在为止，我们哲学系是大三开"中哲史"，我们刚大二开学就考研，后来这老师也说你也没学过"中哲史"，怎么能考？就是因为我背过古文。那个时候，我现在这么说好像有点儿吹牛，实际是初步具备了阅读古典文献的语言能力，所以才有能力去考"中哲史"。后来虽然英语成绩不合格未被录取，但专业课成绩还不错。这件事确实证明了我们当年没有什么目的，纯粹就是基于兴趣的一些学习，有的时候，说不定什么时候，就真的有用了，所以说"开卷有益"。我那个时候根本没想我背这个古文要干什么，有什么用，待着没事儿背着玩呗。实际不仅是锻炼了这种古汉语的阅读能力，我想背诵的过程也是一个记忆力的训练过程。所以大家一定是要对自己负责、对家庭负责，我们这一代可以说是父母的厚望，厚望殷殷吧！

五、学习高清海哲学成果的意义

我们上次课讲到学习高清海哲学成果的意义，第一条意义就是了解自己的学术传统。了解这个传统，充分地吸取这个传统能够给予我们的学术营养，包括我们课堂老师讲的类似一些好像是题外话，实际都是我们这个传统能够独特体认的一些东西。其他的学科、其他的学校哲学教师未必有这样一些体验。为什么要读经典，读经典这个过程有什么用，读了经典这个人怎么就变化气质了？看这个人就文气了、就有书卷气了、就有静气了？所以过去我也有这样一些看法，一方面说我们现在教育体制确实有很多问题，但是另一方面这个高考制度仍然是目前最公正的制度。我甚至认为它是对人的体能、智能、一个人的成熟程度、自己管理自己、自己调节自己这样一些能力的一个全面考量。表面上就是一个考分，但是实际上是一个全部综合素质的考试。我刚才说有的同学你考不到北大、清华，可能不是你智力的问题，也不是你不勤奋的问题，而是你体力不行。你支撑不了高三这一年每天都熬到十二点，熬到半夜一点，可能你体力支撑不了，没有这么大的工作量，精神能量，那你可能就考不到北大、清华。在这个意义上现在的高考制度仍然是很公正的。高考虽然在一定程度上损害我们的学习兴趣，但是另一方面它又是对我们意志品质的一个最好的磨炼。从初中到高中，最后考入重点大学，这个过程实际是一个意志品质的磨炼过程。如果坐不住板凳，如果不能坚持，那当然就要被淘汰。在这个意义上，就是我第一次讲课和大家说的，要懂得自我珍惜。要自己知道今天到这个课堂来之不易，那么也要用我的说法，让优秀成为习惯。我们本来都是优秀的，我们不能因为读了四年大学反倒不优秀。让优秀成为习惯。在我们这样一个学科，在我们这样一个学术传统中，充分地吸取可能提供的各种理论营养。

这里的关键在于，就是孔子说的"敏而好学，不耻下问"中的那个"敏"，我觉得这个"敏"当然可能包括学习过程中的那个聪敏、敏锐的能力，但我更关注的可能是我们每个人对自己周围，在自己的生活中对在我们身边的那些美好东西的敏感，这个"敏"可能是更重要的。作为一种学习能力的"敏"是聪敏的意思，而要发现我们身边那些美好的东西，随时吸取的这种能力是一个敏感的"敏"。这种敏感，我甚至认为它决定了后来，也可能决定大家以后的人生成就。谁对自己生活身边的那些美好的东西有那样一种敏感——这才能解释孔子说"三人行，必有我师"。我们每个同学，我们身边的每个人都有值得我们学习的东西，关键是我们是不是有这种敏感。在这个意义上，我们的传统教育，我们的考试教育可能是把我们变得有些迟钝了。本来我们身边的同学、老师包括家人、亲友都有很多值得我们学习的东西，但是因为我们的这种考试教育已经把我们变得迟钝，我们不再是"敏而好学"。我们只有葆有这样一种敏感，才能有更全面的精神的成长，也才能有——我们用一个大字眼——更伟大的人生。所以我觉得我们学高老师的一些思想是很有必要的。

第二个益处就是，跟随着中国改革开放这三十多年的发展，可以说高老师是以理论的形式推进着中国的改革开放进程，我们可以通过高老师的哲学思想对这一进程做一概略的了解。这是高老师去世时候，由我起草的悼词，后来由孙正聿老师，还有当时的张文显书记他们做了一些修改。我们共同认可的一个判断就是高老师实际是以理论的方式推进中国的社会主义改革。那么高老师的哲学思想也可以看作是改革开放这三十多年来中国马克思主义哲学发展的一个缩影。我甚至认为，高老师哲学思想一定意义上就是中国这三十多年的现代思想史，现代中国哲学史。这三十多年中国哲学界到底思考了一些什么问题，取得了一些什么成果，我们可以通过高老师的哲学思想得到一种概略的了解。

第三点益处就是学习这门课程可以使我们和高老师一起进入到一些深层次的哲学问题的思考。比如说高老师当年为什么要改革哲学原理教科书、高老师为什么要推进哲学观念变革、高老师怎样理解马克思主义哲学的精神实质，等等。实际也是我们和高老师一起去进行哲学思考。我也希望通过这样一个过程能够对大家的哲学理论思维能力有所助益。

　　这就是我考虑的我们讲这门课可能有的一些作用。我用这样一些内容作为这门课程的一个导论。

第一讲　哲学原理教科书体系改革

同学们大概都知道，高老师在中国马克思主义哲学界影响巨大。一定意义上，奠定了吉林大学马克思主义哲学学科的国内学术地位的工作就是哲学原理教科书体系改革。改革的最后成果就是1985年出版上册、1987年出版下册的《马克思主义哲学基础》。这本书的部分内容在《高清海哲学文存》里收录了，主要是高老师自己执笔写的那部分文稿。

高老师的哲学教科书体系改革工作当时可以说是好评如潮。1985年出版上册以后，当时国内马克思主义哲学界最著名的几位学者，中国人民大学的肖前、北京大学的黄枬森、武汉大学的陶德麟都纷纷发表评论，公认这是国内外第一部突破20世纪30年代苏联教科书体系，令人耳目一新的著作。接着在1987年、1988年左右，苏联《共产党人》杂志也发表评论，说吉林大学以高清海教授为核心的学术群体充当了中国哲学改革的先锋。这是当时1987年、1988年，苏联还是马克思主义哲学作为主导意识形态的时候，《共产党人》杂志的一个评论。问题在于，高老师为什么要改革教科书？接下来让我们首先了解一下教科书，看一下教科书形成的根源。

一、教科书体系形成的根源

我现在手里拿到的这个是我们国内收集到的马克思主义哲学教科书的大纲选编。这是由北师大杨耕老师他们做的一些收集工作，基本收集了苏联和中国从20世纪30年代以来各种哲学原理教科书的教学大纲。这本教学大纲可以使我们大致追溯传统哲学原理教科书到底是怎么样形成的，经过了哪些历史变化。它收录了国内最早的，应该是30年代李达的《社会学大纲》。李达做过武汉大学的校长，是中国共产党的创始人之一，是毛泽东的好朋友。1921年中国共产党第一次代表大会，李达和毛泽东就是在红船上开会的十几个人中的成员，中国共产党的创立者，也可以说是中国最著名的马克思主义理论家。以后我们知道陆续有了哲学原理教科书文本，可能国内李达的《社会学大纲》之后就是艾思奇的《大众哲学》。系统的哲学原理教科书是1959年艾思奇主编的《辩证唯物主义与历史唯物主义》，在我们国内成熟的也可以说是定型化的哲学原理教科书是以艾思奇的本子作为标志。

苏联是从20世纪20年代末30年代初，我们这里收集的大纲最早是1930年吴吕平编译，估计是从苏联编译过来的，叫《辩证法、唯物论与唯物史观》。再稍晚的我们看到的就是1932年苏联的一个叫《辩证法唯物主义教程》。然后是1935年左右，苏联出版了一本书叫《联共（布）党史》。《联共（布）党史》的第四章第二节是由斯大林执笔写的，叫"辩证唯物主义和历史唯物主义"，过去也把传统哲学原理教科书看作——有人就直接把它称为斯大林模式的教科书。原因就是斯大林当时作为苏共领袖，他以领袖的身份第一次明确地对马克思主义哲学的教科书体系在《联共（布）党史》中做了规范。后来的，比如说现在我看到的1937年米丁著的《辩证唯物论与历史唯物论》，这就是在《联共（布）党史》第四章第二节的基础上编写的已经比较成型的文本。包括我们中国1959年的艾思奇本的《辩证唯物主义与历史唯物主义》都是比较成熟的。而最基本的规范是从《联共（布）党史》的第四章第二节"辩证唯物主义和历史唯物主义"开始的，所以也把它叫作斯大林模式的教科书体系，我们也把它叫作传统教科书体系。

大概是七八年前吧，我们国内的《读书》①杂志曾经发表过一篇历史文献，这篇文献就是记述1930年斯大林到苏联科学院哲学所和几个青年党员哲学工作者一起座谈，包括米丁，还有后来我们看到的编《简明哲学辞典》的尤金这样一些当时可能还都是很年轻的苏联哲学所的哲学工作者。可能在这次座谈之后，这批年轻哲学家开始编写教科书，并且也成为《联共（布）党史》第四章第二节教科书体系的主要理论框架的设计者。因为斯大林有比较高的马克思主义理论修养，他有一些自己的观点，但我估计《联共（布）党史》虽然说是斯大林执笔，实际上可能和1929年的这次苏联哲学所青年工作者的座谈所布置的这项任务有关，主要工作可能是他们做的。这些历史情况现在也陆续有一些档案被披露出来，我们有兴趣也可以去查一查传统哲学原理教科书到底是怎么来的。

（一）传统教科书的理论来源

从1937年米丁的《辩证唯物论与历史唯物论》到我们中国1959年艾思奇的《辩证唯物主义与历史唯物主义》，标志着苏联和中国哲学原理教科书的成型。传统哲学原理教科书的形成，我们大致可以从理论的原因和实践的原因两个方面去做一些分析。从理论的来源说，传统哲学原理教科书可能主要是受这样一些马克思主义经典文本的影响：最重要的首先是恩格斯的《反杜林论》。《反杜林论》这本书恩格斯有一个说法②，说是为了反驳杜林的体系，我也不可避免地一定程度地叙述了我们的哲学体系。所

---

① 林杉：《斯大林一九三〇年十二月九日"谈话"与"苏联哲学"和"苏联意识形态"的"政治化"》，《读书》1999年第3期。

② 参见《反杜林论》第一版序言，《马克思恩格斯选集》第3卷，人民出版社1995年版。

以在恩格斯的《反杜林论》中第一次比较系统地，至少讲到了唯物论、辩证法的基本体系。传统哲学原理教科书大致是这样几个组成部分。大家去看一下高老师当年写的那篇《论辩证唯物主义与历史唯物主义的关系》。在这篇文章里高老师也讲了传统哲学原理教科书的基本结构，大致是讲物质统一性的原理，世界的物质统一性，然后是辩证法，这部分可以叫唯物论。然后是认识论，然后是历史观，或者叫历史唯物论。恩格斯的《反杜林论》基本奠定了后来教科书的理论框架，在这本书中对于唯物论和辩证法，一定程度包括认识论，恩格斯都有一些比较系统的论述。

这里我们需要特殊了解一些的就是辩证法。马克思主义的唯物辩证法到底是怎么来的？在《反杜林论》中，辩证法的文本依据实际上是黑格尔的《逻辑学》。大家都知道黑格尔的《逻辑学》分为三部分：存在论、本质论、概念论。质量互变规律是从黑格尔《逻辑学》的存在论中概括出来的，对立统一规律是从黑格尔的本质论中概括出来的，否定之否定规律是从黑格尔的概念论中概括出来的。这也就是唯物辩证法著名的三条规律，质量互变规律、对立统一规律、否定之否定规律的哲学史渊源。当然，黑格尔并没有明确地使用这些规律的说法，实际是恩格斯从黑格尔的《逻辑学》中概括出辩证法的三条基本规律。后来传统哲学原理教科书讲的五对范畴，原因和结果、本质和现象、形式和内容、可能和现实、必然和偶然，这是传统哲学原理教科书过去讨论辩证法的五对范畴。这五对范畴实际也是在黑格尔《逻辑学》中充分讨论的一些范畴。在这个意义上传统哲学原理教科书的辩证法理论部分是来自恩格斯《反杜林论》对黑格尔《逻辑学》的理论概括。

历史唯物论主要依据的文本是《德意志意识形态》，还有恩格斯晚年关于历史唯物主义的一些通信。在这方面可能苏联的一些马克思主义理论家，包括后来被处死的布哈林，在有教科书之前他们已做了一些系统的历史唯物论的理论编写工作。所以传统哲学原理教科书有马克思、恩格斯、列宁、斯大林这些人的经典文本做依据，他们的一些经典文本是传统哲学原理教科书的理论来源。

而传统哲学原理教科书所用的马克思主义的这些经典文本又包含着经典作家对哲学史的这种复杂的关系。这里可能出现了这样一个问题，我们现在用的哲学原理教材，虽然和1959年艾思奇主编的《辩证唯物主义与历史唯物主义》不完全相同，但是总的理论框架仍然没有发生根本变化。实际上我们本科学哲学原理所使用的中国人民大学的这个本子和艾思奇的教科书体系仍然没有太大的差别。我倒感觉还没有原来艾思奇教科书的逻辑清晰。现在又在改，但是总的原则不变，这种修修补补地改最后反倒弄得哲学原理教科书的理论更加混乱。一方面也想吸取这三十年中国哲学研究的一些积极成果，比如说特别强调实践，但是按照高老师的说法，总的哲学思维方式却没有改变。整个教科书体系仍然是——我们把它叫作"物质实体本体论"的理论体系。

物质实体本体论实际也就是物质运动规律的体系，这就是到现在为止，传统哲学原理教科书一直到现在的理论实质，它是一种实体本体论的哲学学说，而这个实体本体就是物质运动的规律。那么这个规律从哪来的呢？是从黑格尔的《逻辑学》中概括出来的。而最大的问题可能就在这儿。因为马克思也曾经在一些文本中，比如说在《资本论》的序言、《资本论》的跋，包括《〈政治经济学批判〉导言》等等一些文本中谈到过对辩证法的一些基本理解。比较著名的，比如说《资本论》第二版的跋，大家都知道马克思对辩证法有一个经典的表述，说"辩证法在对现存事物的肯定的理解中同时包含对现存事物的否定的理解，即对现存事物的必然灭亡的理解；辩证法对每一种既成的形式都是从不断的运动中，因而也是从它的暂时性方面去理解；辩证法不崇拜任何东西，按其本质来说，它是批判的和革命的"。[1]这是马克思关于辩证法本质的一个著名的论断：批判、革命、否定。在《1844年经济学哲学手稿》中马克思也讲道，作为

---

① 《马克思恩格斯选集》第2卷，人民出版社1995年版，第112页。

推动原则和创造原则的否定的辩证法，[①]讲的也是辩证法的否定性、创造性。马克思还有一些说法，比如说两个对立的范畴融合成一个新范畴，这就是辩证运动的实质。这些观点实际和我们教科书的辩证法理解有着重大的差别。那么教科书理解的质量互变规律、对立统一规律、否定之否定规律，如果按照我们的看法真的是从黑格尔《逻辑学》中抽象出来的，那么它和黑格尔《逻辑学》中的辩证法，我们又叫作唯心主义的辩证法到底是什么关系？唯心主义的辩证法怎么就变成了唯物主义的辩证法了？恩格斯实际有一个解释，恩格斯的解释那就是把理论的辩证法，或者说理论形态的辩证法看作是客观世界辩证法的反映，原话是"主观辩证法是客观辩证法的反映"[②]。主观辩证法可能就是指人的思维规律和表达思维规律的辩证法理论。我们头脑中思想的辩证运动和表达我们头脑中思想运动规律的辩证法理论都是对客观世界的辩证过程的主观反映，主观辩证法是客观辩证法的反映。所以似乎给人一个印象，按照恩格斯的看法，把黑格尔唯心主义辩证法的规律只要看作是对客观世界运动规律的反映，那就唯物主义地改造了黑格尔的唯心主义的辩证法。

问题就出在这里。这里我给大家提示一个理论难点，这个理论难点就是"反映是如何可能？"。客观世界——云在飘、树在摇，这都是在表达着自然界、世界生生不息的这样一个辩证运动，这些辩证运动反映到我们头脑中来，我们就形成了世界是发展、运动、永恒运动——世界是不断发展的客观世界的这样一些理论认识。但是如果说质量互变规律、对立统一规律、否定之否定规律真的仅仅是这样一个反映，那么改造唯心主义辩证法就太容易、太简单了，就是给黑格尔唯心主义辩证法规律一个客观世界的物质前提，把黑格尔的辩证法看作是对客观世界的辩证法的反映，这就可以了。但是显然问题不是这样简单——就在于这个反映如何可能？因为反映到人的头脑中来的只能是经验表象，客观世界的规律不能直接反映到头脑中。赫

---

① 参见马克思《1844年经济学哲学手稿》，人民出版社2000年版，第101页。

② 参见《马克思恩格斯选集》第4卷，人民出版社1995年版，第317页。

拉克利特当年就有这样的说法，"自然喜欢躲藏起来"，意味着自然的规律是隐蔽的、深层的，它不能通过感觉经验来获得。反映到人头脑中来的都是感觉表象，规律又不能直接反映，那么不能直接反映的规律——客观世界的辩证法如何能成为主观辩证法的，怎么反映？实际这里需要研究的是反映的规律。反映的规律是什么呢？是思维规律，所以我在我当年写的博士论文里明确地断定"辩证法首先是关于思维规律的科学"①。

我举一个最简单的例子。大家都知道哲学史上有一个著名的芝诺悖论，其中一个著名的悖论是"阿基里斯追不上乌龟"。阿基里斯是希腊的一个英雄，是长跑名将，跑得特别快，但是芝诺就要论证"阿基里斯追不上乌龟"。我们从感觉经验，从表象都知道肯定能追上，但是他要论证"阿基里斯追不上乌龟"。他的论证很简单，大致是这样一种思维方法：说假设乌龟在一小时前出发，到达这样一个位置。那么一小时后阿基里斯出发，比如说阿基里斯用了一分钟跑完了乌龟一小时跑的距离，那么按照逻辑呢乌龟又向前走了一分钟。阿基里斯又需要用一秒的时间追赶乌龟一分钟走的距离，那么乌龟又向前走了一秒的距离。那么他要用六十分之一秒去走完乌龟一秒走的距离，而乌龟又向前走了六十分之一秒的距离……所以这样论证的结果就是阿基里斯只能无限地逼近乌龟，而永远追不上乌龟。大家想一想反驳这个论证的难点在哪呢？过去我们教科书都用这个说法来解释，黑格尔后来也包括恩格斯认为阿基里斯追不上乌龟这样一个悖论，实际是不懂得运动是连续和间断的统一。芝诺只强调了运动的间断性，而没有注意到运动的连续性。实际的道理应该是什么呢？是乌龟到达了走了一小时的这一点的时候，阿基里斯用一分钟就可以通过这一点。那么用辩证法的表述就是，当阿基里斯通过乌龟一小时走到的这一点的时候，他既在这一点上，又不在这一点上。因为它包含着向下一点运动的趋势。通俗地说就是这样，不是说阿基里斯到这一点一停，它不是这样一个间断性的运动的过程，运动是一个连续性和间断性的统一。如果仅

---

① 参见孙利天《论辩证法的思维方式》，吉林人民出版社2006年版，第45—52页。

仅从间断性理解运动，那么实际上阿基里斯追不上乌龟的结论是成立的。我再重复一次：乌龟一小时前出发到达这一点，一小时后阿基里斯出发去追赶乌龟。他只用了一分钟的时间就到达了乌龟一小时走的距离，但是他用这一分钟的时间到达乌龟一小时距离的时候，乌龟又向前运动了一秒的距离。那么他用六十分之一秒到达乌龟一秒走的距离，乌龟又向前走了六十分之一秒的距离。那么他用三百六十分之一秒走了六十分之一秒走的距离，乌龟又向前走了三百六十分之一秒的距离……按照这样的一种对运动的描述，阿基里斯将永远追不上而只能无限地逼近乌龟。而事实上从感觉经验上我们知道不是这样，肯定能追上。

那么为什么这里出现了理论描述和感觉经验的区别呢？这就是后来恩格斯和列宁都说过的一个说法：辩证法不是经验表象的辩证法。恩格斯在《自然辩证法》中说"以概念的本性为研究对象的辩证法直至黑格尔才出现"[1]。什么意思呢？在感觉经验的层面上，没有任何人否定运动。我们看云在飘、树在摇，谁能闭着眼睛说它没动？而只是说当我们用理论概念来表达运动的时候遇到了困难，所以才会出现否定运动、否定发展的理论。也就是说只有在理论概念的层面上才有形而上学。在感觉经验上哲学家都一样，和普通人都一样，没有人会否定运动。所以辩证法实际关键是概念的辩证法，用恩格斯的说法是"要研究概念的本性"。那么在这里运动概念的本性就是连续和间断的统一。而概念的这样一种本性为什么会如此？列宁在《哲学笔记》中讲人的思维使用概念的时候，说当我们用思维使用概念的时候，概念不可避免地具有僵死性、隔绝性[2]。什么意思呢？就是当我们用概念进行思维的时候，概念的内涵和外延必须是相对确定的，否则这个概念就会出现混乱。一个概念要表达一个对象内容，它的内涵和外延是稳定的、确定的，所以说是僵死的。而一个概念的内涵和外延又和另一个概念的内涵和外延是相互区分、相互隔绝的，所以列宁这样来

---

[1] 参见《马克思恩格斯选集》第四卷，人民出版社1995年版，第331页。

[2] 参见列宁《哲学笔记》，人民出版社1993年版，第219页。

理解辩证法：辩证法就是让概念联系起来、运动起来、燃烧起来。

　　这样就出现了三种不同的思维。第一种思维黑格尔把它叫作物质的思维、材料的思维，实际就是我们所说的感觉经验的思维。在感觉经验的思维层面上，没有谁否定运动发展，没有谁是形而上学的。那么第二种思维是使用概念的知性思维，就是列宁所说的概念间的那种隔绝性，概念内涵外延稳定性而带来的僵死性，这就是通常所说的产生形而上学的那个思维。为什么会有形而上学？因为概念的本性具有僵死性、隔绝性。庄子也有类似的说法。大家都知道庄子反对言辩，主张无言。为什么说要反对言辩呢？庄子说"大言炎炎，小言詹詹"①，庄子的说法是任何语言、任何语词都是有常、有封。有常就是这里所说的僵死性，有封就是这里所说的隔绝性。所以庄子认为言词，或者用西方哲学的术语说，知性概念不足以表达世界深层次的规律和意义。因为它有常、有封，或者说有僵死性和隔绝性，但是它在一定的范围内是有效的，包括经验科学思维都是知性思维。那么第三种黑格尔的说法就是思辨的思维，也就是我们所说的辩证法。把知性思维所建立的思维规律，那么让它在运动中联系起来、活化起来，这就是概念的辩证法。

　　而概念的辩证法的实质，就它的直接性说，它是思维规律的科学。什么是思维规律呢？那就是思辨思维的规律。知性思维的规律是形式逻辑，思辨思维的辩证法的思维规律是内容的逻辑。我强调辩证法中的形式和内容的范畴，只是提示这样一个要点。形式逻辑，它的特点是从复杂多样的思想内容中抽取出共同的思维形式，概念、判断、推理，然后单独地对思维形式加以研究，这就是所谓形式逻辑。形式逻辑对于正常的经验科学思维，包括我们日常的思维都是充分有效的。最近这两年天成②老师特别注重这个话题。因为我们过去反对形而上学，批判形而上学，而且我们又认为形而上学的思维根源是知性思维，所以我们也否定知性思维，而强调辩

---

① 《庄子·齐物论》。

② 王天成，吉林大学哲学社会学院教授、博士生导师。

52

证法。实际这里没有注意到，知性思维正是科学思维的实质。要反对知性思维，说我们总要在哲学的辩证法的思维层次上去思考，可能我们国家就不会有科学技术的发展，就不会有现代化。知性思维对于经验科学是充分有效的，而且是合理的思维方式。要让一个物理学家天天做辩证思考，他就不用搞研究了。他必须承诺一些基本的理论前提，他要相信，这用恩格斯的说法，也是孙正聿老师特别关注的恩格斯一个论断，经验科学家他都本能地相信"思维规律和存在规律服从同一个规律"[①]。他要怀疑思维规律和存在规律不一样，我的思维怎么能够和存在一样？他要去想这些事，他就搞不了物理学研究，因为那是一些哲学问题。物理学家本能地相信他所研究的物理客体是实存的。尽管看不到、摸不着，通过各种仪器我们看到的可能就是荧光屏上的某一个轨迹，一个白点，或者一条白线，物理学家就得把它看作是实际存在的物理实体，否则他的研究就没法进行。奎因的一篇非常著名的论文叫《论何物存在》。这篇论文里明确地断定，物理学家必须承诺物理客体的实际存在，否则他没法进行研究。只有在哲学思维的意义上，我们才能说形式逻辑、经验科学的知性思维是有限的。它不足以解决哲学问题，但它对于解决经验科学问题是充分有效的。只有涉及康德意义的那些所谓形而上学问题，比如说，上帝是否存在，心灵是否不死，宇宙的整体有没有起点，有没有终点，时间有没有起点，有没有终点这样一些所谓宇宙论的问题时，形式逻辑才是有限的。上帝是否存在呢？这是康德所说的理性神学的问题；那么灵魂是否不死？这是所谓的理性心理学的问题；那么世界有没有起点，有没有终点？这是所谓宇宙论的问题。康德认为这样一些超验的问题不能用知性的形式逻辑的方法加以解决，一旦用知性的形式、逻辑的方法去解决这些超验形而上学问题，就不可避免地陷入二律背反或所谓"辩证的幻象"。

区别于形式逻辑、区别于经验科学的知性思维的辩证法，或者说作为辩证法的思维规律，是一种有内容的逻辑。我好像和大家说过，我手里有

---

① 参见《马克思恩格斯选集》第4卷，人民出版社1995年版，第364页。

一本20世纪60年代高老师曾经借阅过的《马克思恩格斯全集》的第二卷，在这本书上高老师用铅笔写了很多批注。从笔记中可以看出，高老师读《马克思恩格斯全集》第二卷的时候思考的一个核心问题就是现在讲的这个问题：辩证法和形式逻辑的区别。形式逻辑研究的是思维形式的规律，辩证法要研究的是思想内容的规律。这是五十多年前高老师思考的问题。2007年北京大学哲学系举办纪念"中国哲学史座谈会"五十周年学术研讨会，是纪念另一个五十年前的研讨会的研讨会。在这次会议上，做过北京大学哲学系系主任的朱德生老师在发言中谈到，"我们多年辩证法宣传、辩证法研究的最大失误，就是不懂得辩证法是内容逻辑"。这是我们国内北京大学的，也可以说是第一流的学者，那么到2007年做出的这个判断和五十年前高老师所关注的问题是一样的。我给博士生过去讲《哲学笔记》啊，讲辩证法专题啊，紧紧围绕着一个核心，也是这个命题——辩证法是内容逻辑。①

这两天开始有点儿春天的气息了。来上课的路上我还在想中国古典文学中形容春天的相关的语词，大家想一想，比如"江南三月，草长莺飞"，陶渊明的那句话也挺有意思，叫"木欣欣以向荣，泉涓涓而始流"，王羲之的《兰亭集序》还有一句叫"惠风和畅"，好像有一种生命的力量在鼓动着我们这个世界，还有"春江水暖鸭先知""春来江水绿如蓝"……咱们（北国长春）只能用这句了："草色遥看近却无"，稍微有那么点绿色的意思。

自然的青春和人的青春都是生命的最美好的时期，过去也有一个说法，说大学是人生中最美丽的金色的年华，实际我们现在讲的这个哲学体系改革也和这个有关。哲学史上最完善、最成熟的哲学体系，是黑格尔从耶拿逻辑开始，经过15年构建的一个哲学体系。这个哲学体系要干什么呢？黑格尔在给谢林的一封信中提到，"我不能满足开始于人类低级需要的科学教育，我必须攀登科学的高峰。我必须把青年时代的理想转变成反思的形式，也就是化为一个体系"②。青年时期的理想是什么呢？是自

---

① 以上内容为2011年3月23日第三次课。

② 参见《黑格尔通信百封》，苗力田编译，上海人民出版社1981年版，第27页。

由。当年黑格尔和谢林、荷尔德林三个人在图宾根神学院受到法国大革命的感召，也栽下了自由之树，黑格尔把它叫作他们年轻时候的无形教会。黑格尔青年时期的这种自由理想，先是从耶拿逻辑，一直到黑格尔《哲学全书》最后出版，一共用了14年时间，来建立和完善自己的哲学体系。

我们现在可能也都有一些理想，但是我总觉得我们的理想可能受我们现在这种时代的物质主义影响，缺少那种高远和超越的精神。而另一方面可能更难的就是，我在一篇文章里用了那句话，就是高老师终生能够坚守着自己的青春理想①。我们在青年时期应该志存高远，应该有一个高远的理想，这个理想过去可能把它叫作抱负水准。理想不是现实，但是理想又真实地就在现实之中。一个人目标高低、理想境界的高低，决定着他当下的行为。海德格尔也是这种思路。我们每一个人，每时每刻都生活在过去（作为曾在）、现在和未来（作为将在）——曾在、现在、将在，这三个时间维度，实际就是我们的生存时间。我们每时每刻、当下的生存，都生存在这样三个时间维度中，所以那个将在的未来、那个理想、那个可能性的预期，直接影响着我们当下的行为。我从小就在农村长大，我开玩笑说，农村孩子要说我就想当生产队长，那么他长大以后可能最高的是当个乡长，如果像我上次开玩笑说美国男孩都想当总统，这些想当总统的美国男孩，可能到最后当上总统的当然是微乎其微，但是有可能当个市长、州长。什么意思呢？要志存高远。这句话是诸葛亮说的，他有一篇文章叫《诫外甥书》，其中有一个说法就叫"志存高远，慕先贤"②，要有一个高远的理想，否则就会"碌碌滞于俗，默默束于情"③，到老的时候流于平庸，悔之晚矣。我想作为我们大家来说，还是要关注自己的灵魂，关注自己的心灵，关注自己的理想——无论如何应该有一个高远的理想。

作为哲学家，理想就是要用体系的、概念的形式把它坚持实现出来，

---

① 参见孙利天《我的导师高清海教授》，《社会科学战线》1996年第6期。

② 参见《诸葛亮·诫外甥书》。

③ 参见《诸葛亮·诫外甥书》。

所以黑格尔哲学体系是哲学史上第一个最完善的哲学体系。我前一段时间看贺麟先生的学生，现在在武大的杨祖陶老师写的一篇文章考察黑格尔哲学体系的形成，追溯到耶拿逻辑，从耶拿逻辑到黑格尔的《哲学全书》，杨祖陶老师认为贺麟先生在世界黑格尔哲学研究中的一个贡献——这个贡献就是贺麟先生在世界黑格尔哲学研究中可能最清晰地描述了黑格尔哲学体系的结构，这个结构就是《精神现象学》作为导言，逻辑学作为主体，自然哲学和精神哲学作为应用逻辑的一个完善的哲学体系。①

我们上次课讲高老师开始哲学教科书体系改革，第一个问题我们追溯了教科书体系的形成，我们首先考察了旧教科书体系的理论来源，在马克思主义哲学原理教科书的体系中，也包含着黑格尔哲学体系的理论来源。这就是我们上次课讲恩格斯在《反杜林论》中第一次非常清晰地概括了唯物辩证法的三条基本规律和诸多范畴，而这三条基本规律正好是来自黑格尔的逻辑学。从黑格尔逻辑学的存在论，恩格斯概括出质量互变规律，从黑格尔逻辑学的本质论，恩格斯概括出对立统一规律，从黑格尔逻辑学的概念论，恩格斯概括出否定之否定规律，这是在马克思主义的文本中第一次出现的对辩证法三条规律的概括。我们也分析了旧教科书体系从恩格斯《反杜林论》中表述的唯物辩证法的三条规律和五对范畴，都是在黑格尔逻辑学中的一些基本概念，可能与现实、形式与内容、本质与现象、必然与偶然、原因与结果，这五对范畴和三条规律，都是从黑格尔逻辑学中吸取的。但是由于《反杜林论》是一部论战性的著作，恩格斯的说法，因为杜林本人有一个哲学体系，他在批判杜林的时候说，我也不得不跟着杜林的体系②，实际是表达了他对哲学体系的一些基本看法，这也包括我们后面还要讲的唯物论部分。

---

① 参见杨祖陶《黑格尔哲学体系问题——试论贺麟先生对黑格尔哲学体系构成的创见》，《北京大学学报》1988年第4期。

② 参见《反杜林论》第一版序言，《马克思恩格斯选集》第3卷，人民出版社1995年版。

我们上次课首先分析了辩证法部分，从黑格尔的辩证法到唯物辩证法，这里的一个根本转变，过去我们把它叫作颠倒——颠倒黑格尔的唯心主义辩证法。问题就是这个颠倒是如何可能的？到底应该怎样颠倒？这里我们缺少一些分析。我过去有两篇文章涉及这个主题，有一篇叫《什么是黑格尔辩证法的"合理内核"？》①，还有一篇就是《马克思的唯物史观对黑格尔辩证法的颠倒》②，都谈了我对一些颠倒的看法，这个以后我们在讲高老师教科书体系改革的核心理念的时候再去详细展开分析。

所以追溯教科书体系的理论来源，黑格尔的辩证法肯定是一个重要的理论来源。按照高老师后来写的一些文本，我们看到的另一个来源是18世纪法国的唯物论。高老师非常具体地考察了我们教科书的，比如说世界物质统一性的诸多原理——高老师几乎是在教科书的最重要的一些观点和概念中——找到18世纪法国唯物论的相应论述，可能更多的是霍尔巴赫的一些说法。还有一个就是恩格斯在批判杜林的世界模式，论述的世界物质统一性的这一部分，《反杜林论》中的一部分。还有一本可能更重要的就是列宁的《唯物主义和经验批判主义》（以下简称《唯批》），特别是关于物质概念的定义，就是来自列宁的《唯批》中。

我也注意看了一下我上次给大家展示的《马克思主义哲学》，这是中央"马工程"做的一项工作。什么叫"马工程"呢？从2003年开始，中央宣传部，开始了一项叫马克思主义理论建设工程，简称"马工程"。目的很明确，就是要强化、加强我们中国的马克思主义理论的意识形态的指导地位。这项工作现在仍在继续，我们学校孙正聿老师，连续五六年的时间参加这项工程的一项工作，这就是编写哲学专业的马克思主义哲学原理教科书。作为首席专家的是我们现在的教育部部长袁贵仁老师，还有

---

① 李德学、孙利天：《什么是黑格尔辩证法的"合理内核"？》，《长春市委党校学报》2002年第3期。

② 孙利天：《马克思的唯物史观对黑格尔辩证法的颠倒》，《马克思主义与现实》2008年第2期。

中央党校的、国防大学的几位老师。主要撰稿人可以说是集中了我们国内马克思主义哲学界最优秀的一批中青年学者，孙正聿老师、南开大学王南湜老师、复旦大学吴晓明老师、北京大学丰子义老师、北京师范大学杨耕老师……从这本书的大纲的制定，一直到出版，我印象中至少改了十五六稿——不断地修改，不断地听取一些意见。我当时作为教育部评审专家，可能至少有五六次参加从它的大纲到其中的一些手稿的审议，提意见。可能在这些专家里我提意见是最少的，因为我知道他们写得很艰难，能不提就不提。现在这个教材已经出版了，原则上应该成为高校哲学系的通用教材，这是中宣部编写这部书的一个使用的去向，是作为全国高校哲学专业马克思主义哲学原理的通用教材。从20年代末到30年代一直到新中国成立初期，这段可以看作是教科书体系形成的时期。从20年代末到30年代初，一直到我们国内艾思奇本的出现，再到现在的马克思主义工程编写的《马克思主义哲学原理》，就总的体系结构来说并没有发生根本的变化，后边我们还要分析它这个体系。杨耕老师为了编写这个教材，收集了从20年代末开始，国内外，主要是苏联和我们中国的哲学原理教科书的大纲，他一共收集了几十种，我上次向大家展示了这个大纲。

从比较中我们能够看到，我国哲学原理教材具有中国特色的部分是第三部分，这就是我们上次讲课说的，传统教科书有唯物论、辩证法、认识论、历史观四部分，在苏联的哲学教科书体系中，可能它的认识论部分相对讲得比较少，我们的教材讲得多。为什么有这个特色呢？可能有两个方面：（1）就是在抗日战争时期，毛泽东在抗大有一次讲演，即后来写作的《实践论》。这样就有毛泽东的《实践论》作为中国编写哲学原理教科书的一个理论基础。（2）很显然也是有中国特色的实践需要，所以特殊地强调认识论部分，也在于毛泽东这一代共产党人对马克思主义哲学有一种自觉的工具意识。我这里所说的自觉的工具意识是指——列宁好像最初提出这个口号，"马克思主义哲学是无产阶级的伟大的认识工具"。毛泽东当年也有一句著名的语录，叫"让哲学从哲学家的书本里和课堂上解放出来，变成人民群众手里的锐利武器"，这是我年轻的时候大家都能背诵的一句话。毛泽东基于这样一种把马克思主义哲学作为无产阶级革命和社会主义建设的思想武器的意识，所以也特殊地强调认识论的这部分理论的重要性。

最后一部分，就是唯物史观。唯物史观的理论来源，也可以看作是与黑格尔哲学体系相比，或者说是与其他哲学体系相比，我们认为它是最能体现马克思主义哲学特点和性质的一部分。所以最近几年国内俞吾金老师、孙正聿老师，好多人都特殊强调历史唯物主义、历史唯物论作为世界观的意义。

简要地说，哲学原理教科书体系的理论来源，一是有马克思主义经典文本的依据，比如恩格斯的、列宁的、毛泽东的。当然，过去把传统哲学原理教科书叫斯大林模式教科书体系，斯大林的哲学思想起了更重要的作用。20年代末，斯大林到苏联科学院哲学所和一批青年哲学教师座谈，包括米丁、后来的尤金他们这些人，后来出现的哲学原理教科书体系可能和斯大林的这次座谈有着直接的关系，实际就是等于给这批青年哲学家分配编写教科书这样一个任务。这些文本现在随着一些档案的解冻也都陆续地开始披露，所以也把它叫作斯大林模式教科书体系。它的成熟形态就是我们上次讲课所说的斯大林主持写作《联共（布）党史》第四章第二节，这就是后来教科书体系的规范的成熟形态。另一方面我们也分析了它也有着哲学史上的依据：黑格尔的辩证法，法国18世纪的唯物论，这是教科书体系形成的一些理论根源。

（二）教科书体系形成的实践根源

第二条我想简要地和大家分析一下教科书体系形成的实践根源。这种实践根源应该说有我个人的一些思考，我好像还没有在论文中系统地表述这个思想，我印象中表述过一次，是在给咱们现在还在进行的，马克思主义学院主办的"思想理论人生一百讲"的系列讲座，我做第一讲。在这个讲座中我谈到了下面我要谈到的一些看法。第二个能表达我这个看法的是我指导的一篇博士论文，标题是我定的，叫作《马克思哲学革命之后的形而上学补写》①。在这篇论文中，作者也比较详细地考察了教科书体系形成的过程，也吸取了我提出的一些看法，包括我这里所分析的实践根源。

按照我的理解，这种实践根源可能主要有这样几点。一就是苏联和我们国家都是作为经济社会发展比较落后的国家，或者说东方国家，进行无产阶级革命和社会主义建设这样一个实践特点。这个实践特点要求什么呢？一个就是要求给予那些基本没有任何理论准备的革命群众以坚定的解放承诺——可能我们很多参加革命的农民（因为中国参加革命是以农民为主体，大都是不识字的文盲），那么要吸引这些人参加革命就必须给出一个坚定的解放的承诺，否则我们就无法吸引文化比较落后的劳动群体参加，或者说进入无产阶级革命。这个坚定的解放承诺，一方面吸取了中国传统的农民起义的一些思想资源。大家都知道几千年封建历史上，毛泽东概括说大小有数百次农民起义，农民起义的口号差不太多，打土豪、分田地、均贫富，这是利用农民的那种自然的平等主义思想，这几乎是农民起义的共同纲领，从黄巾起义到太平天国，这是可以利用的传统思想资源。从马克思主义立场出发，就需要把那个解放的承诺变成一个规律的体系，诉诸规律的必然性。怎么能让老百姓相信跟着无产阶级政党去革命就能获得解放呢？这就要在理论上论证社会主义必然战胜资本主义，这个必然性就要诉诸历史规律——历史发展的客观规律。而历史发展的客观规律需要自然规律的自然前提，如果整个世界没有自然规律的客观性、必然性，就很难论证人类社会发展的规律性、必然性，所以它最后必然形成一个以客观规律为本体的哲学体系，这是由我们无产阶级革命和建设的实践所要求的。

大家想一想，在20世纪20年代末30年代初，在世界哲学的视野中，世

---

① 侯依成：《马克思哲学革命之后的形而上学补写——苏联教科书哲学形成的历史和逻辑》，吉林大学博士学位论文，2007年。

界哲学处于怎样的状态呢？在东方，从苏联到我们中国是教科书体系在形成的时期。在西方，正好是西方马克思主义刚刚开始出现，可能典型的是葛兰西的《狱中札记》，再稍晚一点有卢卡奇的《历史与阶级意识》。他们达到了怎样的认识？可能从葛兰西开始，正好和东方相反，原因可能就在于，西方发达资本主义国家的无产阶级革命面对的是另一个无产阶级和劳动人民群体，那就是有较高文化素养的无产阶级和劳动人民群体。要使西方的无产阶级和劳动人民参加无产阶级和社会主义革命，那么他们感受到的和东方不同。葛兰西要求的是文化领导权，卢卡奇意识到需要无产阶级的主体意识。什么意思呢？就是说对有较高文化素养的西方无产阶级来说，只有在文化、思想、主体意识方面认同马克思主义，才能不断壮大革命队伍。

我们通俗地说，用今天"三个代表"的说法，只有文化的先进性才能吸引无产阶级参加无产阶级革命。这正好是西马的实践根源。因为卢卡奇、葛兰西这些人都是西方共产党的领袖人物，葛兰西是意大利共产党领导人，卢卡奇是匈牙利的，后来我印象中卢卡奇做过匈牙利共产党的政治局委员，也是高层的领导人，他们从领导西方国家的无产阶级革命实践中感受到的和东方完全不同。所以他们更强调的不是客观规律体系，而是个人、阶级、文化思想观念的主体意识的自觉。在这个意义上，我在给马克思主义学院做那次讲座的时候，我表达了这个看法，并不存在所谓东方是马克思主义，西方是马克思主义，谁是马克思主义的问题，都是马克思主义。因为马克思主义的实质，即是实践的理论，理论的实践，无产阶级革命实践活动本身，就是活的马克思主义。所以从实践活动的历史需要，在东方、在西方，出现不同形态、不同主导理念的马克思主义哲学理解，是正常的事情。所以我们不能狭隘地按照我们过去的看法，只有苏东的，包括我们中国的马克思主义哲学才是真正的马克思主义，西方马克思主义不是马克思主义，我觉得这是一种褊狭的理解。

如果说无产阶级革命实践的客观要求需要一种客观规律体系的哲学

原理，那么在东方落后国家的无产阶级革命，客观上则要求一种高度集权的无产阶级政党的领导。这种集权要求，过去毛泽东有五个统一：统一思想、统一行动、统一指挥等，总之就是要求一种高度的统一。我在读大学本科时看过一位南斯拉夫的领导人德热拉斯（吉拉斯）写的一本小册子。在20世纪40年代末，1948年左右，德热拉斯是南斯拉夫共产党的第三号领袖人物，第一号是南斯拉夫的领袖铁托，第二号领袖是卡德尔，第三号就是这个德热拉斯。他写的这本书好像叫《新阶级》①，我看的时候是香港竖排版的，不知道现在这部书还有没有大陆出的版本。这本书很有意思，我觉得在国际共产主义运动史上这是非常值得重视的一本书。

这部书第一次做了这样一些工作，比如说第一次揭示了斯大林模式的社会主义和传统哲学原理教科书的内在关联。哲学原理教科书和斯大林专制主义有什么关系？这本书第一次有这样一个分析，我觉得这个分析到现在看仍然成立。按照德热拉斯的分析，哲学原理教科书的基本原理，世界是物质的，物质是运动的，物质运动是在时空中进行的，时空中的物质运动是有规律的，这些规律是质量互变、对立统一、否定之否定，这些规律在人类社会历史中表现为社会基本矛盾运动的规律，生产力和生产关系矛盾运动的原理，经济基础和上层建筑矛盾运动的原理，这是教科书体系的一些基本结构。这些原理它怎么能够和个人崇拜，和集权专制发生关系呢？这里最重要的就是刚才所说的认识的原因。因为这里有一个经典的，到现在可能也是没有人怀疑的马克思主义命题，那就是有这样一个判断：认为人类社会历史发展的客观规律，与自然规律不同。人类社会发展的客观规律，因为是和人们的利益相关的，所以只有自身利益和人类社会历史发展相一致的先进的阶级，才能认识人类历史发展的客观规律。具体说就是马克思的那个判断，"无产者在这个革命中失去的只是锁链。他们获得的将是整个世界"。②什么意思呢？就是无产阶级和人类社会发展的客观

---

① 吉拉斯：《新阶级》，陈逸译，中共中央政法委员会理论室1981年版。

② 《马克思恩格斯选集》第1卷，人民出版社1995年版，第307页。

趋势、客观规律，它在利益上是一致的，无产阶级革命，无产阶级失去的只是锁链，没有别的可失去，因为无产阶级一无所有，他们获得的将是整个世界。所以无产阶级的自身利益和人类社会发展的客观规律是一致的，所以只有无产阶级才能认识、掌握人类社会发展的客观规律。这是一个基本判断。列宁也有关于群众、阶级、政党和领袖的学说："谁都知道，群众是划分为阶级的；……在大多数情况下，至少在现代的文明国家内，阶级通常是由政党来领导的；政党通常是由比较稳固的集团来主持的，而这个集团是由最有威信、最有影响、最有经验、被选出担任最重要职务而称为领袖的人们组成的。这都是起码的常识。"①其中蕴涵的结论就必然是德热拉斯所做的判断：只有无产阶级领袖才能认识人类社会发展的客观规律，无产阶级领袖就可能成为真理的化身。这种观点在今天看来，我们很难接受，但是就在今天，中国的马克思主义哲学界仍然有很多人相信这个真理，其中他们也坚持这样一些看法，只有无产阶级领袖才能发展马克思主义，普通的哲学工作者、哲学家，没有资格发展马克思主义，为什么呢？因为你不"最"。只有成为无产阶级领袖才能认识人类社会发展的客观规律，才能发展马克思主义。在这样的意义上，我们可以说，德热拉斯在这本书中揭示的原理，也就是传统哲学原理教科书如何成为斯大林模式，或者说斯大林计划经济社会主义的理论基础，这就不可避免地出现个人崇拜、个人迷信等等这样一些现象。

第二就是，也是非常重要的，我认为德热拉斯比毛泽东更早地提出了党内特权阶级的问题，他叫"新阶级"。毛泽东当年用的词叫"党内走资本主义道路的当权派"。德热拉斯认为，按照这样一种哲学体系，按照苏联模式的社会主义必然出现一个特权者阶层，我们甚至也可以说真理被分成不同等级的无产阶级领袖特权，当然最高领袖就是最高真理。我上次讲课也和大家讲，在我年轻的时候哲学也具有神秘性，不是说所有人都有资格去说哲学、谈哲学甚至是学哲学，因为哲学隐秘地标志着一种认识论的

---

① 《列宁全集》第31卷，第23—24页。

特权。学哲学，是给予不同领导阶层以一种认识论特权的合法性证明。为什么领袖就高于群众呢？因为领导懂哲学，因为领导能认识客观规律。在这样的意义上，这是说它必然出现一个所谓特权者阶层，德热拉斯这个分析是很重要的。毛泽东在"文化大革命"时期提出的一些看法也值得我们进一步深思。毛泽东说党内出现了资产阶级，党内有走资本主义道路的当权派，这些判断也有他的根据。我们今天也得承认，党内有腐败分子。问题就是怎么去消除特权者阶层？怎样消除腐败？毛泽东的尝试应该说在历史上是非常有创举的一项措施，因为我们年轻时候都经历过，这就是后来宪法明确取消的"四大"：大鸣，大放，大字报，大辩论，通俗地说就是最广的、最开放的、最严厉的群众监督。我记得至少我在县里工作的那七年时间，在全县范围内至少有三四次"大字报"高潮，满街，各个机关、各个单位、各个学校都是大字报。那个时候揭露出来的领导问题最多的是生活作风问题，说贪污好像很少，因为那个时候确实是有这种群众运动的严厉的政治监督手段。但是这种监督成本太高，社会成本太高。全国什么也不干了，都去写大字报，社会成本、代价太高。所以改革开放以后，在中国宪法上明确取消"四大"。那么我们能不能有一种代价不是太高的、成本不是很大的、又很有效率的监督机制？这可能也是需要探索的问题。

所以德热拉斯早在40年代揭示出的党内特权者阶层的问题，可能一直是国际共产主义运动需要正确对待和解决的问题。到底怎么对待？到底怎么解决？因为德热拉斯后来亲西方，大家可以找一本书叫《苏南冲突经历1948—1953》①，苏联和南斯拉夫冲突的经历，在这本书中比较详细地介绍了那一段南共的历史，德热拉斯后来也被铁托清洗，被判了好像18年徒刑。70年代我在《参考消息》上看到了他刑满出狱，出狱之后到塞尔维亚大学去做教授，再后来就没有他的消息了。

我觉得这是很重要的一本书。像我刚才说的，至少有这两点很重要，

---

① 弗拉迪米尔·德迪耶尔：《苏南冲突经历1948—1953》，达洲译，生活·读书·新知三联书店1977年版。

第一，德热拉斯第一个系统地揭示了传统哲学原理教科书和苏联模式的社会主义的内在关联；第二，他可能最早揭示了国际共产主义运动，特别是无产阶级掌握领导权之后党内出现的特权者阶层的问题。

前面是从无产阶级革命实践的实践要求看传统哲学原理教科书的理论体系的必然性，那么苏联和我们中国，在东方落后的国家进行社会主义革命和社会主义建设的这种实践的历史要求是有着内在关联的。我刚才讲，我也不是完全在否定的意义上去揭示这种关系，而是说它有历史必然性，而这种历史必然性也可以说起到了积极的历史作用。这种积极的历史作用甚至直接包含着我们怎么理解改革开放以后的社会主义体制改革，也包括怎么理解高老师进行的教科书体系改革。因为高老师自己没有做出这个判断，只是我在介绍和评价高老师的工作的时候，我做这个判断。我的说法是，如果说我们当下的历史任务是突破苏联模式的社会主义。那么哲学的任务就是突破苏联模式的哲学原理教科书，因为苏联模式的哲学原理教科书就是苏联模式社会主义的理论基础。

2001年，我和高老师合写了一篇文章，是在《天津社会科学》发表的《马克思的哲学观变革及其当代意义》①。我们为什么要进行教科书体系改革？因为我们必须突破苏联模式的社会主义，那么苏联模式的社会主义为什么要突破呢？为什么要进行经济体制改革呢？事实上，苏联模式的社会主义在一段历史时期内确实起到了积极的历史作用。苏联30年代的社会主义建设，在短短的十几年的时间内，（社会主义的优越性，就是集中力量办大事）把有限的人力资源、财力资源、物力资源高度地集中起来，迅速地奠定民族工业化的基础。二战中为什么斯大林成为反法西斯主义的英雄？为什么发达的法国，当时也防范德国，构筑了一个著名的马其诺防线，但德国绕过马其诺防线，最后当时的总理贝当元帅签订了实际是投降协议。那是法兰西历史上最惨痛的一次失败，非常狼狈。可是德国打到莫

①　高清海、孙利天：《马克思的哲学观变革及其当代意义》，《天津社会科学》
　　2001年第5期。

斯科后却久攻不下，最后苏军全面反攻，直接导致法西斯主义的灭亡。实际正是因为苏联十几年的时间已经打下了重工业的基础，生产拖拉机很快就可以变成生产坦克，所以有能力和德军进行坦克大战。我们国家实际也是，新中国成立后我们也是用了很短的时间，应该说迅速地奠定了独立的民族工业体系，这个独立首先是重工业，我们长期地按照重、轻、农的国民经济发展战略，重工业优先，然后是轻工业，最后是农业，这样一个发展战略它的好处是在很短的时间内就可以打下一个独立的民族工业的基础。大家现在都知道的"两弹一星"，新中国成立后不久原子弹、氢弹、卫星这些最尖端的高科技的产品我们迅速地生产出来，这都是当时的计划经济模式的社会主义所具有的优越性。

但是为什么后来必须改革？我想这个必须改革的原因很简单，剧变前的苏东也好，改革开放前的中国也好，长期地按照一种重、轻、农的经济发展战略，最后必然出现问题。什么问题呢？那就是，经济学界用一个词叫"剪刀差"，实际就是靠剥夺农民进行工业积累，压低农产品的价格，剥夺农民来进行工业的积累。这样的一种经济结构，计划经济是有效的，我们可以说是一种积累型的经济体制，它是一种以工业积累为目标的经济体制。但是长期继续下去，必然出现人民物质文化生活水平长期不能得到提高的这样一个状态。这就是当年的一句口号，"勒紧裤带搞建设"，吃不饱、穿不暖，但是我们还要搞建设。老百姓时间长了就不行了，长了靠什么积极性去勒紧裤带搞建设呢？所以毛泽东一直到晚年，总是怀念革命战争年代那股劲，那种精神，毛泽东是希望通过全民族的这种革命热情支撑这种经济体制的发展。但是革命战争年代的那种热情、那么一股劲，只有在战争年代才是真实的。比如前几年我也愿意看《亮剑》，李云龙说不管面对多强大的对手，都敢于亮剑，那确实是表达了包括我们这一代青年时期的那种英雄精神，打过、打不过那是两回事，至少得敢打，得敢于亮剑。但是那个时候的这种热情是靠民族危亡，靠战争年代特有的险恶的生存环境，人的潜能、热情才能激发起来，而长在和平年代，说你还有那么一股劲，还有那种热情，实际上很难持久，所以社会主义经济体制的改革是必然的。最早从匈牙利开始，比如说从波匈事件开始，后来到捷克的"布拉格之春"，等等在社会主义阵营中不断地出现这种改革的尝试，就是要提高人民群众的物质文化生活，提高人民群众的消费。而一旦进行这种改革，计划经济就不灵了。按照经济学的原理（我也是外行），我们可以理解哈耶克等这样一些自由主义经济学家，一些政治哲学家他们提出的一些看法。他们当时都有一个对计划经济体制的一个根本批评，这个批评就是，实际人们的物质文化需求是不可计划的，原因就是人们的需求是一个充满差异的偏好体系。经济学有一个词叫偏好，哈耶克有两本书可以看作是对传统计划经济体制的一个经典批评，第一，那就是《通往奴役之路》。长期的计划经济是一条通往奴役的道路。第二，叫《致命的自负》，认为社会主义的计划无法满足人民群众的物质文化需要。我刚才说，如果以工业积累为目标的经济体制，计划经济是有效的，但是以满足人民群众物质文化消费为目标的经济体制，只能是市场经济。为什么呢？因为每个人的需求偏好是不同的，在那些最基本的刚性需求（至少吃饱），最基本的物质生活需要得到满足之后，人们的其他消费需要就是充满个体差异的偏好体系。没法计划，只能靠市场的价格信号对人们的需求进行最灵敏的反应。什么东西涨价了，那就是供不应求，就多生产；什么东西降价了，供大于求，就少生产，所以市场对人们的需求是一个最敏感的反应，就是价格信号。

在这样的意义上，我们就可以理解，第一，支撑计划经济体制的传统哲学原理教科书和传统计划经济体制都有着它合理的历史的必然性，也都有着它积极的历史作用；第二，这种历史作用随着历史的发展必然会遇到新的问题，这个问题可能最集中的就是，在无产阶级政党夺取政权建立社会主义制度以后，不可能长期地靠着革命战争年代的那种革命激情、热情支撑社会主义建设，它必须不同程度地不断满足人们增长着的物质文化需要，而一旦国民经济转向满足人们需要的生产体系，它就必然需要市场来配置资源，所以经济体制改革是必然的。而一旦要进行经济体制改革，传统哲学原理教科书的规律体系的本体论也需要相应的改革。如何改革呢？苏东也好，中国也好，在经过几十年的社会主义建设之后，人民群众的文化生活水平、文化素质也在不断提高，所以西方马克思主义对文化领导权的强调，对历史的阶级主体意识的强调，在东方也出现了这种实践需要。到现在为止，我们已经完成了中国高等教育从精英化到大众化教育阶段的转变，人民群众的教育水平、文化水平迅速提高，所以简单地用战争年代的那样一个客观规律体系的逻辑，可能很难使我们今天的人民群众接受这种哲学，因为我们有了更自觉的个人的主体意识。高老师后来，到90年代，有一篇我认为很重要的文章在《中国社会科学》发表，他揭示出了他前期哲学原理教科书体系改革的最真实的历史条件和主体条件，这篇文章的标题是《主体呼唤的历史根据和时代内涵》①，高老师在这篇文章中最清晰地指出了从传统的计划模式社会主义到我们社会主义市场体制改革的社会主义，主体意识发生了历史变化，所以社会主义改革的实质是要适应改革以来，或者说改革以后，人民群众或者说个人的主体意识的历史变化。

上面是就哲学原理教科书体系形成过程中的这种实践根源表达一些我个人的分析和看法，这些看法我可能最多的是和孙正聿老师进行交流，我还没有在文章和文本中进行过系统的表述，我想这些看法可以供大家参考，就是我们怎么理解传统哲学原理教科书形成的这种实践的历史条件，怎么理解传统哲学原理教科书和传统的计划经济体制的社会主义的关联，怎么理解计划经济体制改革的必然性，以及相应的怎么理解适应市场社会主义改革的哲学原理教科书改革的必然性。

（三）传统教科书体系形成的时代精神

最后我想简略地和大家交流一下第三点：传统教科书体系形成的时代

---

① 高清海：《主体呼唤的历史根据和时代内涵》，《中国社会科学》1994年第4期。

精神。我们把苏联模式或者叫斯大林模式教科书体系的形成追溯到20世纪20年代末到30年代初，考察一下这段时间整个世界哲学的理论趋势。大家想一想，我们看一下哲学史，西方哲学出现了哪些新的变化？有哪些能够表达这段时间的时代精神的总体趋向？我和孙正聿老师基本是一个共同的看法，那就是这段时间整个世界范围的哲学是一个科学主义哲学的时代。这期间最重大的几个哲学流派，比如说维也纳小组，洪谦老师用逻辑经验主义翻译这个学派，我们一些教材也用逻辑实证主义。逻辑经验主义或逻辑实证主义这是由20年代开始的维也纳小组在奥地利的维也纳出现的一个哲学群体，这个哲学群体可以说深远地影响了英语国家的，包括一直到今天的当代哲学形态。维也纳小组比较重要的一个文本，是纽拉特写的一篇文章叫《科学的世界观：维也纳小组》。我认为这篇文章是对维也纳小组或者说逻辑经验主义的一个纲领性的表达。在这篇文章中，纽拉特明确地把辩证唯物主义看作是逻辑经验主义的同盟。他的意思非常明确，明确地提到当时可能正在系统化、教科书化的辩证唯物主义是逻辑经验主义哲学上的同道，总体倾向是一致的，就是反对思辨、反对神秘的科学精神。在英语国家，二三十年代，也正是分析哲学开始兴起的年代。我们一般把分析哲学追溯到20世纪初，通常追溯到罗素和摩尔在剑桥大学三一学院领导的这场哲学革命，通常把它看作是分析革命的开始。而在德国，第一次世界大战战败后的德国，正是现象学开创的历史时期，以胡塞尔为代表的现象学是当时德国哲学的主流。现象学是什么？想一想胡塞尔的口号，"作为严格的科学的哲学"，胡塞尔的现象学是要超越经验科学自然态度思维的有限性，但也必须用"科学"的名义，或知识的名义，目标也指向那种严格的科学的哲学。所以在整个19世纪二三十年代，世界哲学的潮流是一种科学主义的潮流。

改革哲学原理教科书为什么如此艰难呢？高老师从80年代初期开始一直到1987年最后完成这项工作——《马克思主义哲学基础》的编写，那么为什么对我们国内马克思主义哲学原理的改革并没有起到一个应起到的作用？我和孙正聿老师反省，其中一个最重要的原因就是这种科学主义的时代特征。我们从小到现在接受的教育，包括当代的时代风尚就是一种科学主义的教育。这种科学主义的教育到什么程度呢？按照法兰克福学派的一个解释，科学主义已经成为一种意识形态，它已经潜移默化地成为不仅是一种认知的改变，而且是一种价值的态度。想想我们的日常用语，说这件事做得很科学，这里"科学"就意味着好，意味着善，意味着效率，意味着合理性。所以科学已经成为一种意识形态。我们提到的20年代的胡塞尔现象学，后来的海德格尔的存在哲学，可能是在西方国家最早对这种科学主义质疑或者说怀疑的哲学思潮。但是在他们那个年代，包括今天，可能整个哲学界，普通大众的日常意识仍然被这种科学主义意识形态笼罩着。

所以传统哲学原理教科书的那种科学主义的表达方式，科学主义的哲学理念，应该说仍然有着我们今天的时代精神的基础。真是说哲学不是科学了，那老百姓就想那不是科学就不用学了？实际不光我们中国，美国的罗蒂在一篇文章里回忆他读大学前后，那应该是1940—1950年的美国大学的哲学精神也是如此。第二次世界大战以后，或者说二战期间，我们知道的欧洲两个最重要的哲学组织，一个是维也纳小组，一个是法兰克福学派，他们的许多领袖都是犹太人，所以，在二战期间都避难到美国，到美国之后，维也纳小组的逻辑经验主义、法兰克福学派的社会批判理论也都被带到美国。按照罗蒂的回忆，随着维也纳小组，主要是维也纳小组逻辑经验主义在美国哲学界逐渐成为主导哲学理论，当年美国大学哲学系的学生一下子多了起来。为什么多了呢？因为人们相信哲学也成为科学了。通过逻辑经验主义的传播，大家知道逻辑经验主义的一个最著名的口号就是拒斥形而上学，赖辛巴哈有本书的标题也很醒目，叫《科学哲学的兴起》，所以到四五十年代的美国，一直持续到60年代，哲学系的招生情况大有好转，好转的原因就是人们相信哲学也已经成了严格的科学，所以有在英语国家持续了数十年的，可能到现在。据说（我不太了解），美国哲学系的主体课程体系仍然是这种分析哲学、科学哲学占优势的传统。尽管这几年分析哲学衰落了，科学哲学衰落了，代之兴起的是心灵哲学等等，但是心灵哲学和分析哲学、科学哲学的这种内在关联是不能否认的。美国哲学家奎因，你既可以说他是一个科学哲学家，也可以说他是一个分析哲学家，也可以说是一个心灵哲学家。至于说后来兴起，现在可能占主导地位的（这些年不敢判断了）以罗蒂、伯恩斯坦等好多人为代表，包括戴维森、普特南，他们晚期的工作多多少少可能用这个词表示，他们自己叫新实用主义，也可以叫逻辑实用主义——把美国传统的实用主义和科学哲学、分析哲学的逻辑主义结合起来的一种新的实用主义形态。

我介绍这些情况无非是想证明一点，那就是从工业革命以来，特别是19世纪以来，整个世界哲学的主导潮流是一种科学主义的潮流，这期间尽管有现象学的反抗、法兰克福学派的批判，但是从主流哲学说，是科学主义。我们传统哲学原理教科书体系也可以说是一种科学主义哲学的教科书体系，而我们今天要想改变人们这种基于朴素实在论基础上的科学主义信仰，真正让人们进入到符合哲学本性的哲学思维之中，显然仍然十分艰难。科学主义，按照王天成老师的说法，工具理性，这样的一种主流形态，什么时候不管用呢？或者说就个人来说，用工具理性原则、用科学主义原则无法解决的唯一问题可能是生死问题。也就是说一个个体，想想我们日常的生活，可能所有的事情都可以用工具理性的原则来解决，都可以按照科学的原则来解决，只有死亡的问题解决不了。死亡就每个生命个体说是他的形而上学事件，所以只有面对死亡的时候，人们可能才需要不同于工具理性、不同于科学思维的哲学思维。在这个意义上，柏拉图的话可能是成立的，"哲学是死亡的练习"，黑格尔的说法，"死亡是对意识的虚无化""死亡是意识的否定"，我们甚至也可以说死亡是对工具理性和科学原则的否定。一死方知万事空，那个利益最大化的工具理性原则，只有死亡才能真正否定它，活着的时候总是想利益不断地最大化，这就是我们今天的精神——利益最大化。所以在这个意义上，传统哲学原理教科书也有着它长期传承下来，一直影响到今天的这样一种时代精神的根源。关

于传统哲学原理教科书的形成我们就做这样一些分析。^①

（四）传统哲学原理教科书的弊端

我们前两次课讨论了传统哲学原理教科书形成的理论来源、实践根源和时代精神。高老师从教科书体系改革开始的80年代初，一直到90年代教科书体系改革基本完成之后，仍不断地思考改革教科书体系的学理的理由、实践的要求等等。高老师强调：我们把传统哲学原理教科书神圣化、教条化了，把它变成了马克思主义哲学的代表，过去是叫亚经典，实际是比马克思主义经典作家本人的文本更经典的经典——超经典。比如说"文化大革命"时期，传统哲学原理教科书的权威远远高于马恩列斯这些经典作家的权威。那个时候在机关写材料，你要是引一句马克思的话，而《人民日报》《解放军报》《红旗》杂志没有引过，那么是无效的，也不允许引。"文化大革命"时期张春桥好像还有一句话，说可以给马克思恩格斯贴一百张大字报。就是说只有官方意识形态说的马克思才是普通老百姓可以说的马克思，而官方意识形态对传统哲学原理教科书的这样一种地位的肯定，那么可能它就超越了马克思经典作家文本的重要性。

对于传统原理教科书的弊端，第一，高老师认为传统哲学原理教科书并没有表达马克思主义哲学的精神实质。即便是它表达了马克思主义哲学的精神实质，那么也容许或者说存在其他可能表达马克思主义哲学实质的教科书体系。所以高老师后来认为《马克思主义哲学基础》的编写和出版并不意味着它的理论结论是唯一的，而是做出一种区别于传统哲学原理教科书体系的另一种体系形式本身的尝试就具有思想解放意义。高老师也认为这样一种传统教科书的体系，其超经典的地位是由多年的极左政治所造成的。这也就是我们上次讲课所分析的，社会主义革命和社会主义建设实践的政治需要，它是一种政治需要的产物，后来也有极左政治的影响。

第二，高老师认为传统教科书的根本弊端在于它的一种本体化、实证

---

① 以上内容为2011年3月30日第四次课。

化的理论形态。本体化和实证化，都涉及对哲学根本性质的理解。我想关于本体化问题，我在讲关于实践观点的思维方式的时候，再和大家详细讨论。在这里我们只是简单地讨论一下教科书中的实证化倾向。我和大家讲过，在极左政治时期，工农兵学哲学用哲学，哲学被实证化，实际不可避免的就是被庸俗化。我们曾经说当时是用辩证法指导种花生、种小麦，用辩证法指导提高射击成绩，等等，这样的一种辩证法正好是列宁在《哲学笔记》中所批评的那种观点加实例的叙述方式或者说对辩证法理解的是一种观点加实例的叙述方式。比如说讲事物都是对立统一的，则举例，数学中有正负，化学中有化合分解，生物学中有遗传和变异，人类社会有阶级斗争，那么人的思想认识有感性和理性……什么都是对立统一。把对立统一作为一个普遍性的公式加上实例的证明，这就是过去我们教科书所叙述的典型的辩证法。辩证法就是观点加实例，或者说用一个公式，然后企图解决一些实证的实际生活的问题。

　　这种实证化的倾向实际上，一方面是因为我们上次课所说的传统哲学原理教科书的时代背景是一种科学主义的背景。哲学是科学，哲学就要和其他经验科学一样有着实证经验的效果，哲学要不是科学，哲学要不能解决实际问题，那么哲学就是无意义的。这种观点不仅在传统教科书中得到表现，而且在整个教科书形成的历史时期也就是20世纪，这一百年的西方哲学的整体趋向也是一种科学主义的趋向，也存在着这种所谓实证化的倾向。而实证化的结果呢？这里从哲学性质上来说，就必然混淆了哲学和经验科学的界限、混淆了它们不同的理论性质、混淆了它们所要解决的不同的问题性质。所以孙正聿老师说写《哲学通论》几十万字就是一句话——哲学不是科学，就是要辨析哲学和科学的界限，要没有这样一个界限，哲学就没有必要存在了。如果说哲学就是科学，那么有科学就足够了，何必还要哲学？在这样的意义上，大家如果以后做深入的研究，可能会发现说哲学是科学，这个科学是有着不同含义的。比如说黑格尔也认为哲学是科学，胡塞尔也认为哲学是严格的科学哲学。这些经典哲学家们也都使用哲学是科学的术语，但是他们理解的科学和我们现在所理解的那个经验科学实际是不同的含义。

科学在黑格尔、胡塞尔的文本中，它有着特有的含义，甚至我们可以说黑格尔所说的哲学是科学和胡塞尔所说的我们的哲学是严格的科学，都是高于我们所说的通常的那种对经验科学的理解。他们所说的科学就是具有绝对性、普遍性、必然性的知识。而在黑格尔和胡塞尔看来，我们通常所说的经验科学恰恰不够科学。经验科学怎么不够科学呢？黑格尔和胡塞尔至少都有这样一些批评（这就进入到了比较专门的带有研究性的理论课题），经验科学到底怎么不够科学？按照黑格尔的看法，首先，经验科学不具有必然性。因为经验科学我们也可以把它叫作偶然发现的科学。比如说放射性现象的发现，伦琴射线、X射线等，可以说经验科学的一些划时代的贡献往往来自偶然的经验发现，它没有必然性，没有逻辑的必然性。当然要从整个科学史的自身进展，我们也可以说只有在具备了发现放射线这样一种物理现象之前的相应的理论准备，我们才能发现这种现象，比如说可能需要一些电子学知识等，那是从整个科学史（我们回过头去看），它可能具有的这种内在联系。但是哪一天由谁去发现一个新的物理现象完全是偶然的。其次，黑格尔认为经验科学是有限性的科学。所谓有限性就意味着经验科学所要处理的经验对象是有限的。而经验科学对某些有限的经验对象的科学处理实际要求着一种无限性的哲学理念。关于这点我们可以去看，比如说奎因的一篇著名论文《经验论的两个教条》，还有另一篇《论何物存在》，看看奎因在《论何物存在》中对物理学对象的哲学解释，他怎么解释物理学的那些物理客体。在这样的意义上，我们说经验科学所以可能，在黑格尔看来它是有限的，是依赖于一种普遍的纯粹思维规律的逻辑学。所以我们也可以说，在黑格尔看来，经验科学是应用逻辑，它在应用着一种普遍的逻辑科学。

那么在胡塞尔看来，这样一些有限的经验对象所以可能，用胡塞尔的说法，我们把它叫作意向性构造的结果，而这种意向性构造又基于人们在生活世界中的那种原初的意向性构造。通俗地说就是这个道理，为什么小孩到6周岁或7周岁才能去学科学？这也就意味着需要学龄前的生活世界经验。刚生下来没法学科学，只有在确立了比如说最简单的（这是皮亚杰儿童心理学的概念）客体守恒，达到这样一个心理阶段才可以开始学习科学。据说小孩刚生下来的时候看到的世界就是个动画片的世界，看见的就存在，看不见的就消失。到什么时候小孩有这种客体守恒的观念呢？比如说拿他一个特别喜爱的玩具，你藏到身后他知道歪着脖子去找，这个时候他相信这个玩具不会凭空消失。皮亚杰认为这时候儿童有了客体守恒的观念，那就是说经验科学所以可能依赖于在经验科学之前的生活世界的意向性构造。我们还可以找出很多理由去追溯经验科学的哲学根据。经验科学是偶然的、有限的，它依赖于生活世界的意向性构造。经验科学在黑格尔看来，既然是偶然的、有限的，那么也就避免不了主观的任意性。这就是黑格尔在《小逻辑》中花很大篇幅讨论的思想的客观性问题。

高老师当年也批评传统哲学原理教科书的实证化倾向。公式化、形式化、实证化、庸俗化等等这些传统教科书的弊端实际是内在关联的。只要公式化就必须要用实例来填充，那么用实例填充必然就实证化，而用实例去实证就必然把哲学庸俗化，而要求哲学具有实用的效果和后果，就必然把哲学混同于经验科学，这些都是内在关联的。

第三，高老师认为传统哲学原理教科书最大的毛病，当时他用一句话叫"见物不见人"，实际就是忽略人的主体地位。当然，我们传统哲学原理教科书也讲人，高老师也说并不是说没有讲人，也讲人民群众创造历史，也讲人的意识能动性，也讲人对事物的反映是革命的能动的反映，但是最后归根结底，人类的认识、人类的能动、人类的历史作用都还归为一句话，最后都是要发现和持有自然社会历史发展的规律。人类所有的能动性、创造性，推动历史的积极作用等等，最后都还归于服从客观规律。在这个意义上，高老师认为它确实是见物不见人。那么邹老师当年也有一句话，邹化政老师当时的说法是，传统哲学原理教科书把人变成了历史的玩偶。人成了历史的玩偶，什么意思呢？大家想一想我们教科书对人的理解和解释。人的本质在其现实性上是一切社会关系的总和，社会关系规定了人、决定了人的本质，那么最后人就变成了在规律和各种社会中被牵动的由无数条线牵动的一个玩偶。所以人没有真正意义上的自由和主体的规定。人变成了一个被历史、被规律、被社会关系所操纵和控制的玩偶。这样理解的人根本不可能具有什么创造历史的积极作用，也不可能具有人所具有的尊严。

实际类似的悖论在哲学史上，康德早有思考（这个问题大家可以不断地去思考，实际不会有一个终极的答案）。康德在《纯粹理性批判》中关于宇宙论的四个著名的二律背反，其中第三个就是讨论自由和必然的关系①。如果从经验科学的因果性理论去看人，那么人就是一个被决定的没有任何自由的存在。你想一想，说一切都有原因，包括我现在说"一切都有原因"这句话也有原因，我们可以被还原，现在西方心灵哲学用一个词，叫物理学还原主义，我们的一切行为都还原为最后的物理决定，还原为一个一元的物理决定。当我说"一切都有原因"这句话的时候，那是因为我大脑皮层一个特定的神经状态决定了我说出这句话，而我这个大脑皮层的特定神经生理状态又是和它此前的特定神经状态有着因果关联。这样一个无穷追溯可以追溯到一个决定论最后没有任何自由的物理学解释，人的一切都是被决定的，人没有自由。但是要从另一方面去想，这就是康德《实践理性批判》的立论基础。为什么人类社会有道德有法律这样一些社会存在呢？道德是用否定性的道德舆论或者说用肯定性的道德舆论调整和规范着人们的行为，法律是用强制的手段去规范人们的行为。那么这种规范何以可能呢？为什么说犯错误要受处罚？因为按照康德的看法，法律和道德的存在已经设定了人是有自由意志的。因为你有自由意志，把你的行为后果看作是你自己的选择，所以才要对你实施惩罚。我印象中黑格尔在《法哲学原理》中对惩罚的理

---

① 康德：《纯粹理性批判》，邓晓芒译，人民出版社2004年版，第374—379页。

解和我们也不一样。按照我们通常对惩罚的理解，仅有否定性的消极意义：我犯了罪，我受惩处，这是我罪有应得。但是黑格尔却说，所以惩罚你是对你的尊重。犯罪了，判你几年徒刑，我们认为这就是仅仅有否定性的后果，黑格尔认为那是对你的理性能力的尊重，把你看作是一个具有自由理性能力的人才惩罚你①。那么大家想一想，什么人不应受惩罚呢？精神病患者不受惩罚，精神病患者杀人了，可能也不会受惩罚。原因是什么？他没有这种理性的自由能力，他不具有人的自由和尊严。在这个意义上，惩罚，黑格尔认为也是一种尊重，惩罚是尊重——没把你当作精神病。说我喝醉酒了，我的说法就是假定我们喝醉酒的那个神经状态和一个精神病人的神经状态在生理学上是完全相等的，但是喝醉酒犯罪却要受惩罚，精神病犯罪不受惩罚。为什么呢？因为喝醉酒是你自己的选择，你可以不醉酒，精神病不是自己的选择，不是自由的后果。在这个意义上，惩罚的不是这样一个特定神经生理状态，而是你的自由意志。所以康德的《实践理性批判》把道德实践的存在和自由意志的存在看作是相互设定的。有道德就意味着有自由意志，有自由意志就意味着有实践理性，有道德。所以这些问题康德认为按照因果决定论的解释原则，那么它是经验科学的，它可以解释现象界的一切物理现象，但在这个意义上没有自由。而在本体的意义上，康德设定了自由意志的存在。所以最近有人写文章论证康德《纯粹理性批判》的实质，那就是康德要为一种道德形而上学奠基。我们也可以说康德否定的是物理学形而上学，肯定的是自由意志的实践理性的形而上学。

类似这样一些问题，我们传统哲学原理教科书并没有真正地深入思考，而只是接受了一些现成的哲学史上的结论，从而不可避免地陷入一些悖论性的状态。一方面我们肯定人有能动性，意识有能动性，人民群众具有创造历史的积极作用；另一方面，按照高老师的分析，我们所有

――――――――――

① 参见黑格尔《法哲学原理》，范扬、张企泰译，商务印书馆2009年版，第122—123页。

的能动性、主体性，最后又都被归结为服从规律性，实际等于用规律否定了一切自由和能动的主体规定。从而高老师认为，如果说是在计划经济时期，这样的一种哲学体系可能有着，比如说有利于一种中央集权的政治需要，而到了社会主义改革时期，就需要呼唤每一个个体即每个人的创造性、主体性，所以必须改革传统哲学原理教科书对人的理解。这个思考一直持续到高老师的晚年。高老师在教科书体系改革以后提出实践观点的思维方式，以实践观点的思维方式进一步去思考人作为哲学的奥秘，一直到晚年仍然去思考人的类生命和类哲学。我印象中是高老师有病以后，辽宁人民出版社出版了一本随笔《人就是人》，那可能是高老师最后的一本著作。

二、高老师哲学原理教科书改革的基本思路

那么关于哲学原理教科书改革，以上是我们讲的第一个问题，传统哲学原理教科书形成的根源，第二个我想讲一下高老师哲学原理教科书改革的基本思路。高老师自己在他的十年哲学思想回顾中，就是80年代到90年代这十年，认为教科书体系改革有两篇文章很重要。其中一篇就是《论辩证法就是认识论》①，另一篇就是我刚才概略介绍的高老师在一篇文章②中对改革传统哲学原理教科书理由的自述。《论辩证法就是认识论》这篇文章集中体现了高老师改革传统哲学原理教科书的思路。

---

① 高清海：《论辩证法就是认识论》，《社会科学战线》1983年第2期。
② 高清海：《走哲学创新之路——十年哲学思想自述》，载《高清海哲学文存》第1卷，吉林人民出版社1997年版，第312—352页。

（一）辩证法就是认识论

1983年发表的《论辩证法就是认识论》这篇文章，我当时印象特别深刻。因为这篇文章发表以后，当时是孙正聿、孟宪忠两位老师又合写一篇文章，标题是《列宁关于辩证法就是认识论的基本思想及其现实意义》[①]，其主要内容就是要对高老师这篇论文进行补充论证，从人类认识史发展的逻辑来论证辩证法就是认识论。

实际上高老师改革传统哲学原理教科书的基本思路，同《论辩证法就是认识论》这篇论文中阐述的基本观点是基本一致的。《马克思主义哲学基础》这部新的哲学原理教科书是按照认识论的模式或者现在更愿意叫的"范式"，依据认识论的范式写作的。"范式"这个词是科学哲学家库恩使用的一个术语，paradigm我们译作"范式"或"典范"，现在我们国内学界也都大量使用。叫模式也好，叫范式也好，叫核心理念和基本思路也好，总之，辩证法就是认识论，是教科书体系改革的一个指导性原则。《论辩证法就是认识论》这篇文章的第一部分是"辩证法就是认识论的内涵"，这部分最为重要。到底怎么理解列宁在《哲学笔记》中说的这句话，"辩证法也就是（黑格尔和）马克思主义的认识论：正是问题的这一'方面'（这不是问题的一个'方面'，而是问题的实质）普列汉诺夫没有注意到，至于其他的马克思主义者就更不用说了"[②]？列宁在《哲学笔记》中相应地还有几段话作为这个立论的背景，比如说辩证法、认识论、逻辑学三者是一致的，是同一个东西。然后说马克思没有给我们留下辩证法，但是留下了《资本论》的辩证法。最后列宁发表了一个感慨，说"不钻研和不理解黑格尔的全部逻辑学，就不能完全理解马克思的《资本论》……因此，半个世纪以来，没有一个马克思主义者是理解马克思

---

①　孙正聿、孟宪忠：《列宁关于辩证法就是认识论的基本思想及其现实意义》，《社会科学战线》1985年第4期。

②　列宁：《哲学笔记》，人民出版社1993年版，第308页。

的！！"①列宁在《哲学笔记》的这一系列论述，突出的就是这样一个问题——辩证法就是认识论。

传统哲学原理教科书也知道或者说引证列宁的这个判断，也知道列宁的"辩证法就是认识论"这种表述。但是传统哲学原理教科书怎么理解辩证法就是认识论这句话的？很简单，就是把辩证法作为自然、社会、人类思维的普遍规律运用到具体的人类认识过程的研究，揭示人类认识的辩证运动。人类怎么认识辩证运动呢？从实践到认识到实践再到认识，这是一个辩证运动的过程。那么认识内部的过程是从感性认识上升到理性认识。毛泽东曾概括说认识过程有两个飞跃，第一个飞跃就是从感性飞跃到理性认识。感性认识包括感觉、知觉、表象，这是我们通常说的感性认识，那么理性认识包括概念、判断、推理。从感性认识上升到理性认识，这是一个飞跃过程。怎么飞的，怎么跃的？毛泽东有一个解释，叫感性材料积累多了，经过去粗取精、去伪存真、由此及彼、由表及里的加工改造制作，就会使认识产生飞跃。第二个飞跃就是从理性认识到实践，毛泽东认为这是意义更重的飞跃。这些说法都没有错，问题就是缺少内在这种机制和原理的根据——怎么实现从感性到理性的飞跃？这个机制和原理到底是什么？

我过去在国内的几次讨论会上都做这样一个判断：我认为从认识内在过程的机制和原理说，德国古典哲学是为人类文明史做出了最大的贡献。从康德的《纯粹理性批判》开始，关于感性认识怎么飞跃到理性认识，包括感性认识如何可能，经验知识如何可能，康德都有他的解释。上面我们所说的毛泽东的解释实际上是一个形象的类比，去粗取精、去伪存真、由此及彼、由表及里这样的对感性材料的加工这样一些表述实际上是一些形象的类比。问题的关键在于你怎么知道什么是粗、什么是精、什么是伪、什么是真？这就意味着当我们对感性材料加工制作之前，我们已经有了某种理性认识，否则那个粗、精、伪、真，你无法辨别。在这样一个

① 列宁：《哲学笔记》，人民出版社1993年版，第151页。

过程中，什么样的认识机制和原理实现了这个飞跃？这正是德国古典哲学的贡献。我个人认为，德国古典哲学所揭示的这样一些机制和原理，过去邹化政老师把它叫作意识原理，而按照邹老师的看法，意识原理就是人性原理。因为人区别于动物就在于我们有意识性，就在于我们能够实现感性认识上升到理性认识的飞跃。所以意识性就是人性，意识原理就是人性原理。这是从近代哲学以来，我印象是1690年洛克写《人类理解论》，接着是莱布尼兹写了反驳洛克的《人类理解新论》，贝克莱写了《人类知识原理》，是发展洛克的，休谟写了《人性论》。我们今天看休谟的《人性论》正好回答了邹老师的这个问题。因为休谟的《人性论》讨论的就是意识的原理问题，那它为什么叫《人性论》？显然就是按照我们刚才的意义，意识性就是人性，意识原理就是人性原理。而近代哲学的意识原理就是我们所说的认识论，这种认识论作为内涵逻辑就是我们所说的辩证法。

　　高老师在《论辩证法就是认识论》这篇论文里提出了一个很机智的问题。教科书对辩证法就是认识论的理解，实际上是把它理解为是辩证法应用于认识论，辩证法作为更高普遍性的规律，那么应用于一些具体的认识规律原则，这就是传统教科书的理解。高老师认为如果说列宁强调辩证法就是认识论，那么我们也可以说认识论就是辩证法。我认为这是一个很机智的问题，如果辩证法和认识论、逻辑学三者是一致的，是同一个东西，那么当然也可以说认识论就是辩证法。如果反过来说，认识论就是辩证法，那么就不会存在一个外在应用的理解。把辩证法应用于认识论，这实际上是一种外在的应用。如果我们认同辩证法和认识论是同一个东西，我们就不会犯教科书这样的一种理解错误。

　　那么，究竟在什么意义上认识论就是辩证法？我在我的博士论文里用这样一种表述，我说辩证法是人类认识史的理论凝结，或者说辩证法是理论形态的认识史[①]。那么认识论呢？反过来说，如果说辩证法是理论形态

---

① 　参见孙利天《论辩证法的思维方式》，吉林人民出版社2006年版，第52—57页。

的认识史，辩证法是认识史的范畴凝结，或者说是以辩证法范畴的形式表达了认识论，它是以辩证法范畴的形式表达的认识论，那么认识论也可以说就是辩证法的自然形态。我刚才讲孙正聿老师和孟宪忠老师他们合写的那篇文章，突出了列宁的另一个命题，就是辩证法是认识史的总计、总和、结论。所以得出的一个结果就是，它是以范畴的形式、以理论形态的形式所概括的人类认识史，所以它才能是人类认识史的总计、总和、结论。

反过来当我们说认识论就是辩证法的时候，我们至少可以得出一个更重要的结论，没有离开认识论的辩证法——离开认识论就没有辩证法。

关于认识论就是辩证法，高老师在文章的第二部分中做了更细致的表述，应该是"辩证法的实质是思维反映存在运动规律的科学"。什么意思呢？那就是只有在人类的理论思维中，才有辩证法和形而上学的真实区分。我和大家已经分析过，在感性经验的水平上，没有辩证法和形而上学的区分。哲学家，唯物主义也好、唯心主义也好、辩证法也好、形而上学也好，他们的感性经验是一样的，不会有另一个眼睛、另一个耳朵。比如云在飞啊、旗在飘啊这样一些感性经验在感性直观水平上并没有辩证法和形而上学的区别。

那么辩证法和形而上学的区分从哪出现？这就是恩格斯在《自然辩证法》中的一个说法，以概念的本性的研究为基础的辩证法到近代才出现，也就是到黑格尔才出现真正意义的概念辩证法①。也就是说只有在我们用思维去把握存在运动规律的时候，才有形而上学和辩证法的真实区分，才有概念本性的辩证处理。高老师当年分析列宁在《哲学笔记》中的一个说法，我们的思维为什么会陷入形而上学？大家想一想，当我们知性理解概念的时候，所有的概念按照知性逻辑或者说形式逻辑的要求，概念的外延、概念的内涵是确定的。列宁在《哲学笔记》中说概念具有僵死性、凝固性、隔绝性，高老师在文章中都引了这样一些说法，僵死和隔绝，这是

---

① 参见《马克思恩格斯选集》第4卷，人民出版社1995年版，第331页。

概念的本性，否则概念就要模糊。大家都知道，没有一个概念的精确的内涵和外延，在形式逻辑上就会犯很多逻辑错误。比如通常举例子说"白头翁在铲地"，然后说"白头翁飞起来了"。这两句话分别说都不错，第一句是说白发的老人在锄地，第二句话中的白头翁是指一种鸟，是指鸟飞起来了。要放在一起说，就有了逻辑错误。因为第一个白头翁是一个白发的老头，而第二个白头翁是一种鸟，我们也把它叫作偷换概念的逻辑错误。所以形式逻辑要求在同一思维过程中，同一概念必须保持同一确定的含义，否则这个思维就要陷入混乱。在这样的意义上知性思维的概念所具有的确定性，使它的内涵和外延是僵死的，使它的外延和内涵同其他概念是相互隔绝的。列宁对黑格尔辩证法的解读，黑格尔辩证法要干什么？就是要使概念活化起来、燃烧起来、流动起来，打破知性思维所划定的概念的僵死性、隔绝性。使概念联系起来、运动起来才能把握存在的运动。

在这里正好又出现了我们刚才所说的科学或者说经验科学和哲学的区分。经验科学的认识目的是有限的，那么知性概念的确定性、僵死性、隔绝性是经验科学必须遵循的思维本性，否则经验科学就不可能有它的经验的确定性。那么只有在解决康德和黑格尔意义上的理性概念的时候，也就是康德在《纯粹理性批判》第一次明确提出的理性概念的类型，那就是上帝、心灵和宇宙整体这些理性概念（理性概念我们也可以说就是超越的形而上学概念），只有在解决这样的概念的时候才开始进入形而上学，才会需要辩证法。上帝存不存在，如果存在怎么证明，有没有一个心灵，心灵是不是不死的，我们能否把握宇宙整体……关于这样一些概念，实际上康德做了形而上学的知识划分，关于上帝的学说是神学形而上学，或者说理性神学，研究心灵整体的是理性心理学，研究宇宙整体的是形而上学的宇宙论。所以从康德这三个范畴可以大致划定形而上学的基本领域：理性神学、理性心理学、理性宇宙论。只有在真正把握这些形而上学的问题的时候才需要辩证法，才需要让概念流动起来、联系起来、燃烧起来、活化起来。否则用知性的概念把握理性，大家都知道康德的结论是只能陷入辩证的幻象：这么说也行，那么说也行。大家也知道康德在这方面做了很多工作，从理性神学，我印象《纯粹理性批判》是把西方一千年的宗教神学关于上帝存在的证明一一地加以反驳。本体论证明、目的论证明，一一地进行反驳，最后认为这些证明之所以不成立，其原因我们如果从黑格尔的意义上看，那就是用知性概念的方式去解决理性概念问题。

那么黑格尔认为知性概念作为有限的思维不足以解决这些超越的形而上学问题，但是还有一种较高级的思维方式，这就是思辨的思维，就是辩证法，辩证法能够解决这些超越的形而上学问题。所以在这样的意义上，我们可以从这里看到经验科学和哲学的不同指向、不同目标、不同的思维方式、不同的理论性质；我们也才知道辩证法究竟从哪里产生。也可以说正是在人类要认识那些无限的理性问题的时候才有辩证法，所以离开认识论就没有辩证法，没有脱离认识论的辩证法。说辩证法是人类认识的总计、总和、结论，无非是说整个人类认识史作为哲学史、人类认识史其中所凝结着的那个哲学范畴史的发展。而这种范畴史也是王天成老师特别强调的西方的形而上学知识。什么是形而上学知识？我们也可以说在西方哲学的发展史上（中国哲学可能会有一些不同），就是哲学范畴的发展史。在这个意义上，我们对哲学史上的那些最重要的基本范畴的准确把握是最重要的哲学基本工作。

对于这种范畴史，没有什么我怎么理解，他怎么理解，只有唯一的正确理解：对就是对，错就是错。所以邹化政老师当年和我们现在这些老师的教态不同，要是有十个同学给邹老师提问题，可能有九个要被邹老师训斥。为什么呢？邹老师一听你提的那个问题就不对，不对就批评。为什么批评呢？因为在邹老师看来，这里就是真理的知识，没有什么你理解，我理解，一就是一、二就是二，真就是真、假就是假，对就是对、错就是错，这就是哲学意义的真知识。我们现在可能正是因为我们的知识不够那么准确、不够那么严格，所以还容许同学说"我怎么理解"，实际是没有你的理解，哲学史上怎么理解就怎么理解，这就是作为知识形态的形而上学。

在这样的意义上，大家想一想，如果按照这样一个逻辑，在感性认识水平上，经验对象、感性对象没有所谓辩证法和形而上学的区分。只有当我们用思维去把握无限性的理性概念的时候，也就是说用思维去把握整个世界最深层的逻辑结构的时候，才出现知性和理性概念的区分，才出现了知性思维和理性思维的区分，才出现了辩证法和形而上学的区分。在这样的意义上，认识论就是辩证法，没有离开认识论的辩证法。只有这个认识过程中才会出现辩证法和形而上学的差异，也才有辩证法的内在理由。

当然，以上的理解只是从列宁《哲学笔记》的背景去理解，如果要还原到黑格尔的对思辨思维的理解，可能会有其一些更为丰富的理解。什么是理性概念？理性概念可能就是人类精神的永恒的活动性和超越性。所以精神活动性这个词可以看作是辩证法的本体。我过去的解释是，只要我们一睁开眼睛，一有所思所想，我们的思维就开始活动，思维和精神的这种活动性是一个无限性，而这种无限性必然指向一些超越的无限对象。大家想一想，我们日常生活那个哲学问题从哪出现呢？按照王天成老师（前两天我们一起聊），我觉得他那个感悟是对的，就任何一个个体说，在日常生活中，真实遇到的哲学问题从哪开始——可能是从死亡开始。什么意思呢？那就是，日常日用的生活逻辑，按照现在流行的所谓功利主义原则或者叫利益最大化原则，基本都可以解决。什么事该怎么做，怎么做合理呢？就是使我自己的利益最大化，按照这个原则完全可以解决我们生活的所有问题，包括学习。为什么要学习？因为学习是人力资本投资，因为我们学习是为了以后更高的社会回报。所有这一切我们都可以用利益最大化原则来解释和解决，但是可能只有死亡的问题解决不了——就个体说，死亡的问题解决不了。为什么？因为一死方知万事空，死是对所有利益的终极否定。利益再大，最后一死什么都没有了，所以按照利益原则解释不了生死问题。可能也只有在这样一些所谓生死问题的思考中，个体才开始进入这里所说的无限的理性形而上学。而只有在把握这些无限理性形而上学的问题时，辩证法才有它的合理性。

如果在经验科学中我们用辩证法，比如种花生用辩证法、种土豆用辩证法，可能反倒把这个土豆花生都种乱套了，因为没有了那种经验知识的确定性。所以思维如何把握存在运动的规律，我们如何用概念的形式，特别是在理性概念的水平上去把握世界的形而上学问题，那才是辩证法的实质。也正是在这样的意义上，认识论就是辩证法。

高老师在这篇文章中提出的第三个命题，强调的是辩证法是世界和人的思维共同遵循的规律。那么用黑格尔的表达方式，就是逻辑学和形而上学的合流。这个观点可能是比较难理解——思维规律怎么就和存在规律是同一个规律呢？逻辑学怎么就是存在论呢？逻辑学怎么就是世界观呢？这里可能最关键的就是我们已经和大家讨论的辩证法作为思辨的逻辑是真理的逻辑、是内容的逻辑——是思想内容的逻辑。辩证法是关于思维规律的逻辑学。逻辑学的原初意义就是关于思维规律的科学，那么关于思维规律的科学怎么能成为存在规律的科学？原因是思维规律的研究可以有形式规律、内容规律的不同研究。如果说传统逻辑，我们也把它叫作亚式逻辑，亚里士多德所奠基的形式逻辑，它是在思想内容中抽取出思维的形式结构加以研究。概念、判断（判断又可以分成质的判断、量的判断、关系判断等）、推理，我们从中抽取出它共有的形式结构，然后对形式的结构进行研究判定，研究思维形式的规律。

我印象中前三四年吧，我们曾经请中山大学鞠实儿老师到我们这里讲过一次当代逻辑学的趋势。从形式逻辑到现代西方的我们所说的符号逻辑，或者说现代逻辑可能也出现了形式逻辑向内容逻辑转变的趋向，这可能是形式逻辑一个比较新的动向。这也就会使传统形式逻辑的性质发生根本改变。而邹化政老师把西方近代以来的哲学，包括我们说的1690年出版的洛克的《人类理解论》，看作是内容逻辑，或者叫内涵逻辑。形式逻辑是以概念的外延关系为基础，而内容逻辑则是要研究概念的内涵关系。外延关系我过去讲，通常我们用欧拉圆来表示，说这个是种概念、这个是类概念、这个是上位概念、这个是下位概念。大的概念比如说人，所有的人都是有死的，这是作为类，那么小概念作为类分子说苏格拉底是人，所以苏格拉底也是有死的，这是典型的三段论推理，而这种推理的逻辑基础建立在概念之间的外延关系上。所以形式逻辑的公理可以概括为两条，类具有的属性其类分子必然具有，类不具有的属性其类分子也必然不具有，所以传统形式逻辑的推论，它是建立在概念的外延关系的基础上。而说辩证法是内容逻辑，认识论是内涵逻辑，那么都意味着它区别于形式逻辑的思考方向。

　　这个思考方向比如说我印象中康德开始，康德认为先验逻辑就是真理的逻辑，这里所说的真理逻辑就不是形式逻辑的真理，而是内容的真理。不脱离思想内容就在思想内容之中考察思想内容自己的必然运动，这才会有所谓内容的真理，或者说是内涵的逻辑。那么思想内容是什么呢？思想内容无非是在思想中所把握到的存在，所以思想内容的真理就是存在的规律。所以黑格尔说，就是在《小逻辑》里面的话，"因此逻辑学便与形而上学合流了"①。也正是列宁的一句话的出处，"辩证法、认识论、逻辑学三者是一致的，三者是同一个东西"②。关于思维的规律因为是关于思想内容的规律，思想内容就是在思想中所把握到的存在，思想内容的真理就是存在的规律，所以思维规律和存在规律在辩证法中是同一的。在这样的意义上，思维与存在实现了统一，那么可能其他方面复杂的问题就会出现了。比如说这里可能有几乎是所有后黑格尔哲学的出发点，后来人们拒斥黑格尔、批评黑格尔正是从这里出发。比如说我们传统的哲学原理教科书认为，黑格尔思存同一性是唯心主义命题，把存在统一于思想，这是唯

---

① 黑格尔：《小逻辑》，贺麟译，商务印书馆1980年版，第79页。

② 列宁：《哲学笔记》，人民出版社1993年版，第290页，原文为"在《资本论》中，唯物主义的逻辑、辩证法和认识论[不必要三个词：它们是同一个东西]都应用于同一门科学，这种唯物主义从黑格尔那里吸取了全部有价值的东西并发展了这些有价值的东西"。

心主义，这是我们的批评。

那么想一想海德格尔，海德格尔从黑格尔这里能够提出什么批评，那就是思维所把握到的存在只是柏拉图主义的思维方式，或者说是整个西方哲学作为柏拉图主义的各种变种，都是把存在在思维中做逻辑的规定，或者说存在成了思维规定的存在。海德格尔进而认为用思维规定存在，那么就可以发展到用思维去宰制存在。用思维宰制存在就是我们今天这个时代的控制论的思维方式。我们要用我们的思维把整个世界，海德格尔叫划分为不同的存在者区域，也就是物理的、化学的、生物的、军事政治的等不同的存在者领域，我们把它割裂开来，分割开来。然后海德格尔用了一个词，这个词有几种译法，座架、支架，把整个世界我们形象地说纳入一个座架，这个座架类似一个几何学坐标，我们就把整个世界控制在这个坐标之中。我们是用一个坐标式的体系对存在者，海德格尔说是完成了对存在者的宰制和控制。海德格尔认为这是从柏拉图主义以来一直到黑格尔西方哲学的根本的思想方向。

还可以从后现代主义去看，存在能都归结为思维中的存在吗？那个存在异质性、非同一性、差异性、不规则性，通俗地说是没有规矩不能成方圆，我们可以用规矩，规是圆，矩是方，把我们的对象世界都规矩起来，但是总会有一些不合规矩的，不合规则的东西无法纳入规矩之中。所以这就有了整个后现代哲学对传统哲学的批评，同一性哲学是死亡哲学，存在总有不能被纳入思维中的，我们把它叫作存在剩余吧，剩下来的那些不规矩的、异质性的、差异性的、非同一性的存在，这正是后现代主义哲学所关注的东西。

依从类似的这样一些命题，我们可以把很多哲学问题都贯穿起来。反黑格尔主义、反柏拉图主义，怎么反的，从哪开始反的，为什么要反，这种同一性会不会导致死亡哲学——如果把整个世界都纳入同一的技术座架中，没有了异质性、没有了多样性、没有了不规则性、没有了非同一性，这样一个逻辑所控制的世界，思维规律和存在规律完全一样的世界是不是一个很可怕的理性世界？那么包括我的自然情感，我的喜怒哀乐惊恐悲，我的爱情等等这样一些东西怎么能理性化呢？要找对象完全理性化，那当然最后就是什么房子啊、车子啊——爱情完全被理性化就没有了爱情，变成了经济的理性计算。那不能被计算的东西可能正是生命的本质，所以这里才有整个后现代哲学对传统哲学的反抗。好像第一个是阿多诺开始说，同一性哲学是死亡哲学，然后法国哲学家利奥塔也有这个说法，同一哲学是死亡哲学。阿多诺说，同一性哲学要对奥斯维辛大屠杀负责，阿多诺甚至说"奥斯维辛之后没有诗"（也作"奥斯维辛之后，写诗也是野蛮的"）。至于说是黑格尔主义，黑格尔哲学的柏拉图主义是不是真的要对纳粹的奥斯维辛大屠杀负责？我觉得这是需要思考的问题。实际上任何哲学都必然具有特定的政治后果。可能包括我们哲学原理教科书，也不必然说是一定会如何如何，而那是逻辑的必然性。而只有逻辑才有必然性，那句话很漂亮，事实上什么都可能发生，逻辑才有必然性。奥斯维辛大屠杀作为一种事实可能有一些逻辑的缘由，但不是逻辑的必然性，不是说有黑格尔哲学一定有奥斯维辛大屠杀，不具有这样意义的必然性。

　　高老师这篇论文《论辩证法就是认识论》最后一个标题就是：辩证法——最全面最丰富最深刻的发展学说，这是列宁的一句话，叫"最完整深刻而无片面性弊病的关于发展的学说"[1]，就是全面发展的学说，辩证法是"最全面最丰富最深刻的发展学说"[2]。这里我想发挥一个看法，在黑格尔看来，或者说从辩证法的意义上看，什么是发展？发展实际只能是精神和生命的事情。孙正聿老师指导的张以明就考察过黑格尔辩证法的存在基础[3]，天成老师也写过相关的文章，《黑格尔概念辩证法中的个体

---

① 《列宁选集》第2卷，人民出版社1960年版，第442页。

② 高清海：《论辩证法就是认识论》，《社会科学战线》1983年第2期。

③ 张以明：《实践的中介意义——论黑格尔辩证法的存在基础》，《吉林大学社会科学学报》2003年第3期。

生命原则》①，实际都特别关注生命的本体意义，精神的本体意义。原因就是我们通常所说的那个全面发展，我们所说的自由发展实际只能是精神和生命才有的事情。能说石头发展、能说桌子发展吗？实际发展的实质，这就是当年邹化政老师概括的辩证法原则要求，那就是自己运动、自我否定、自身发展。发展只能是自己运动、自我否定、自身发展，都是生命本体和精神本体的这种自我同一的东西才有所谓真正意义的发展问题。生命、精神的实质是自我差异，自己和自己相区分，自我否定，自己和自己相对立，最后才能有真实的自我发展、自身发展。所以说辩证法是关于全面发展的学说，实质只能是精神和生命的全面发展，更具体地说，就是人的自由全面发展。②

（二）否定之否定的思维

实际上，高老师关于辩证法的理解也经历了几个阶段。50年代中期，高老师就写了一本小册子——《唯物辩证法的实质与核心》，那里就非常详尽地论述了当时他对辩证法精神实质的理解。我们过去教科书也好，包括50年代初期的高老师也好，都认为对立统一规律是辩证法的实质和核心。对立统一规律是矛盾规律，矛盾思维规律是辩证法的灵魂，这是当时，包括现在的教科书都是这样一个看法。但是我们看高老师在《文存》里收录的50年代青年时期写的《唯物辩证法的实质与核心》中他有一个说明，他认为辩证法最重要的可能是否定的思维，即否定之否定的思维③。后来，应该是在80年代中后期我跟随高老师读博士的时候，有一次高老师就明确地提出了这个问题：你怎么理解对立统一规律和否定之否定规律的

---

① 王天成：《黑格尔概念辩证法中的个体生命原则》，《天津社会科学》2005年第2期。

② 以上内容为2011年4月6日第五次课。

③ 参见高清海《高清海哲学文存》第3卷，吉林人民出版社1997年版，第261—283页。

关系？我当时也没有深入地思考，从高老师后来的文本中我知道，高老师对辩证法的理解经历了一些重要的思想转变。到他晚年，他已明确地认为否定之否定的这个否定性是辩证法的实质。文本根据，可以说有很多。比如说马克思《资本论》第二版的跋，对辩证法实质的理解，说辩证法在对现存事物的肯定理解中同时包含对现存事物的否定的理解，即对现存事物必然灭亡的理解，所以辩证法在本质上是批判的、革命的[①]。后来的另一段马克思在《1844年经济学哲学手稿》中，对辩证法的一个表述也是高老师这种理解的文本根据，就是作为创造原则和推动原则的否定性的辩证法[②]，这是当年马克思在《手稿》中对黑格尔辩证法实质的理解。辩证法是什么？是一个推动原则、创造原则，是一个否定的辩证法。

高老师为什么得出这样的关于辩证法实质的理解？实际不仅仅是从马克思的文本中，最关键的是，这也是孙正聿老师对高老师最佩服的一个看法，那就是在80年代末期，高老师写的《哲学与主体自我意识》这部书里，高老师第一次明确地表达了这样一个看法，那就是实践作为一种思维方式的意义，最关键的就在于——实践是人和世界的否定性统一关系。高老师实际是从实践观点思维方式的角度切入到对辩证法实质的理解，所以否定，特别是人的实践所固有的这种人和世界的否定性统一关系，高老师认为这是马克思哲学革命的实质。实践为什么叫否定性统一关系？从经典文本中我们知道列宁有一个说法，世界不能满足人，人必须改变世界，使它满足人的需要。人对世界和其他动物对世界的关系不同，其他动物对世界的关系是在一种自然的秩序中，自然获得的统一性，人却必须通过实践去改变、改造世界，使它满足自己的需要。所以人对世界的关系是否定性的统一关系。而这种否定性也正好可以说明人类全部文明的根源，人类的全部文明来自对世界的这种否定性的统一关系，不仅在物质生产实践中需要改变自然对象的物理形态，而且人在全部文明活动中都是对自然的否

[①]　参见《马克思恩格斯选集》第2卷，人民出版社1995年版，第112页。

[②]　参见《1844年经济学哲学手稿》，人民出版社2000年版，第101页。

定。为什么说它是一个创造原则，是一个推动原则？我们在思想上有所创新，也必须对已有思想进行否定，我们的文学艺术形式要有所创新，也必须对已有的文学艺术形式进行否定。在这样的意义上，人和世界的这种否定性统一关系可以说是对黑格尔以来的所谓辩证法实质的一个重新理解——它是活动原则、是创造原则、是推动原则、是一个否定性的原则。类似的这样一些思想，在高老师自己的思考中都经历了一个漫长的深入研究的过程，不断地否定自己——高老师也是不断地否定自己。

我们上次课也讲到最后一条，高老师说辩证法就是认识论，说辩证法是全面的、无片面性弊病的、关于发展的学说。发展的实质是什么？实际只能是人的发展。严格说自然界可以说有进化、有变化，但是很难说它有什么发展，发展的实质就是自我否定。这个自我否定、自身发展（这也是当年邹化政老师给我们讲课的时候对辩证法特殊强调的一个要点），对于我们的实际生活、对于我们现实的状态有什么意义？

有些时候，不是说我的每一句话都很有意义，但是我在课堂上讲的一些看法，大家如果真的能够有所领会，有可能是获益终身的。比如说我从这里引出这样一个看法，也是上次一个同学课间提出：老师能不能给我们讲一讲大家就业、升学存在的困惑，你怎么看？上学期我给你们上一届的同学专门讲了一堂课，那就是我们应该有自我发展、自我成长的自觉意识。现在都讲人生规划、职业规划，把它作为一门学问，有很多相关的专家。前两天我们学校就请来一位人生规划专家来给大家作讲座。我不是说这些知识就没用，但是这些技术性的、职业操作层面的所谓规划，对大家来说肯定不是最根本的。最根本的应该是什么呢？最根本的就是自觉成长的意识，青年时期要有一种自觉成长的意识。这里所说的自我成长实际就是自我完善。我说有一些话是经典，包括我们讲课时候老师也是把自己这一生的人生经验凝结在其中的一些看法，大家未必觉得多重要，但是有些话，只要你真的是按照那个去做，我们就注定会有一个美好的未来，没有任何疑问。不要看就业如何，就业的时候家长的社会关系、社会资源如何，可能最初的就业分配会受到这些外在因素的影响，但是决定人一生的最根本的还是自己。自己靠自己的什么呢？实际就是一种强烈的自我成长、自我发展、自我完善的渴望。有没有这种真实的渴望很重要。我也和大家讲过，孔子那些话很简单，"三人行必有我师焉""敏而好学，不耻下问"，这些话几乎都已经变成我们口头禅，谁都知道——但是有几个人真能做到？真的以一种虚心的、开放的心态面向生活、面向周围的人群，如果我们能够随时随地发现在我们身边的几个人，每个人都有什么优点，我们都能把它自觉地吸取过来，大家想一想，我们会是一个什么样的状态呢？你肯定是日趋完美。我们现在有没有这种意识呢？我们现在都已经比较麻木、比较迟钝，我们甚至总是以一种否定性的挑剔的眼光看周围的同学，看的总是毛病，从来没看出来谁有什么好处。按照这样一种态度去生活，你就不可能在自己的生活的群体中获得最有效的成长资源。这个意义上，孔子的话经典不经典？对不对呢？肯定对，但是做起来却很难，有几个人真正能做到呢？我这里说的这种自我成长的意识，实际是一个很普通的道理。我在校外有些场合也讲这个道理，什么是人生的意义？我也和大家讲，官不是越大越好，钱不是越多越好，越适合自己越好，这都是一些浅显的道理。

那么什么是人生的意义？我把《中庸》里的三句话按照现代哲学的思维进行了一种"曲解"，这要是按搞中国传统哲学的、搞哲学史的人的看法，肯定说你说得不对，但是我觉得我这种理解很有道理。《中庸》的三句话，"天命之谓性，率性之谓道，修道之谓教"，我用现代思想解释这三句话：第一，天命之谓性，就是每个人的自然禀赋，我们先天的遗传的获得，这就是我们的天命。按照罗尔斯的看法，这种获得是偶然的，是一种概率的，什么意思呢？就是按照罗尔斯的看法，这里所说的天命或者说基因是偶然地分布在某一个体身上，所以它带有偶然性。[1]通俗地说，就

---

[1] 参见约翰·罗尔斯《正义论》，何怀宏等译，中国社会科学出版社1988年版，译者前言。

是人类数千年上万年进化的优秀的基因，偶然地分布到某一些个体身上，这个人生来就聪明，那就是他的天命，有的人就不太幸运，可能获得的自然遗传就不是那么很优秀，那也是他的天命，也是他的性。第二句话叫率性之谓道，这里我把率理解为（过去中国哲学史更多地把它理解为统率的意思，用道去统率性，这是中国哲学史界的传统理解）任凭，任凭我们的自然天赋都能得到充分的实现，这就是道。在这个意义上，拥有好基因的要努力、要刻苦、要实现你的潜能，而遗传基因不是很好的也需要刻苦努力。我的说法，一粒树种：如果是灌木丛，那就长成一棵最好的灌木丛；如果是一棵白杨树，就长成一棵最好的白杨树。在这个意义上，每个人，这个是《易经》的话，叫各正性命。我的解释可能不是很符合传统文本，但是我觉得意思反倒应该差不多，所谓各正性命也就是各尽其性，也就是率性之谓道，要把自己的自然天赋都充分地实现出来。没实现的，本来你天资很好却不努力，这是对自然资源的浪费，浪费了你的好基因。在这个意义上，我们要各正性命，各得其所。为什么说官不是越大越好，钱不是越多越好？因为那不是你的性命，适合自己就是各正性命，各得其所，在这个意义上，这就是生命的完成。所以我也把中国儒家思想叫作可完成的形而上学。我把我们的自然天性都充分地实现出来，各正性命，这就是生命的完成，这就是生命的意义。最后一句话叫修道之谓教，我把教解释成，国家也好、学校也好、社会也好，所谓修道，就是创造一种良好的秩序，使每个人都能各正性命，都能率性，这就是所谓教和教化的作用。按照这样的三句话，人生不也是很简单吗？人生的意义不也很简单吗？我们有一些什么样的自然禀赋，我们就要尽自己最大的努力把自然禀赋充分地实现出来，那么这就是把自然赋予我们的潜能通过我们的努力得到实现。

而这个过程正好就是辩证法的实质，就是所谓发展的实质。发展就是不断地在建立自己的规定性的同时，也在不断地否定已有的规定性。所谓今日之我和明日之我就应该是一个不同的我。中国的那句话大家也都知道，士别三日当刮目相看，三天我们就应该有一个新面貌。儒家的说法还有"苟日新，日日新"①，所谓日新盛德。如果我们真的有这样一种日新月异、苟日新日日新的这种新新不已的生命状态，当然我们是仁者无敌，我们就注定会有一个美好的未来，没有任何疑问。至于那些外在的资源啊、社会关系啊，可能只能暂时地对我们有一些影响。我想可能在中国的哲学课堂上，能把这样的一个道理说给大家，大家要真的能努力地践行，肯定会获益终身。当然，你光明白道理不去做那不行。说苟日新日日新，说是今天学会了一个游戏，明天又学会了一个游戏，这也是苟日新日日新，那最后，新新不是不已，新新而已，新了也就而已，没有什么用。

　　而这里所说的自身设立自己的规定性，那就是每一天的我就是一个特定的规定性，第二天的我否定了第一天的我，我又获得了更丰富的新的规定性，这才是发展。这是一个分析与综合相统一的过程，这就是辩证法。我们教科书也讲辩证法的思维方法，归纳和演绎的统一，从抽象到具体，分析和综合……一共讲五种方法，但是讲分析和综合的时候都是这么想，分析就是把东西拆开，综合就是把它装起来。辩证法思维就是分析和综合的统一，分析是拆开考察细节，综合是装起来考察整体——这是典型的知性思维。实际分析和综合，至少从休谟到康德再到维也纳小组甚至到整个分析哲学，是有其严格的逻辑规定的，严格的分析就是 $A = A$，分析命题就是 $A = A$。所谓分析命题按康德的说法，是宾词包含在主词之中，所谓分析命题就是把包含在主词之中的宾词或者叫谓词陈述出来②。康德举的例子就是物体是有广延的，因为按照康德的看法，广延性已经包含在物体这个概念之中，所以说物体是有广延的，无非是把物体已经包含的广延性分析出来，陈述出来，这是康德的说法。比如说像奎因举的例子，鳏夫就是单身汉，这是分析命题，是 $A = A$ 的同一命题，维特根斯坦把它定义为重言式命题，这种命题不需要经验的验证，仅凭它自身的逻辑形式就能保证真值的有效传递。综合命题或经验命题是主词和宾词没有逻辑的必

① 《大学》。

② 参见《纯粹理性批判》，邓晓芒译，人民出版社2004年版，第8页。

然关系，是靠经验把主词和宾词联系起来，所以桌子是黄的是典型的经验命题，因为桌子可以是黄的，可以是红的，可以是黑的。这个命题对不对靠什么？得靠经验检验，所以按照休谟、康德这些人的看法，所谓综合命题就是经验命题，综合命题就需要经验加以检验。所以休谟说，如果一本书既不是由分析命题构成的知识，又不是由经验命题构成的知识，这就是无意义的假知识，那么就把它烧掉吧。这正是后来逻辑经验主义拒斥形而上学的最早表达，因为他们认为形而上学就既不是分析命题也不是综合命题，所以是无意义的假命题，这就是维也纳小组的一个基本判断。

在这样理解的分析和综合的基础上说分析与综合的统一，理解所谓辩证法，才能知道什么是真正的分析和综合的统一。最典型的就是昨天的我和今天的我作为同一个我是 A＝A 的分析命题，自我等于自我，但是又正是因为自我不断地建立新的规定性，不断地否定自己，所以自我在自身发展中日益丰富和全面，在这个意义上，自我又是一个综合的命题，综合的概念。今天的我和明天的我，明天的我作为对今天的我的否定，肯定有比今天的我更多的规定性，而这些规定性所产生的丰富性、差异性又统一于一个自我，它是一个综合命题。在这样的意义上，自我的成长和发展既是一个分析的过程，是我等于我，又是一个综合的过程，使我产生自身差异而又自身同一。

所以说，真正严格意义的分析和综合统一的辩证法实际只能是自我发展的辩证法，只有自我的发展过程才是分析和综合的统一。按照这样的原理我们知道每个人的自身成长，他所以是自我等于自我——因为按照黑格尔看法，每一个阶段的自我都是全体，昨天的我、今天的我和明天的我同作为自我，自我等于自我，只能说今天我的更为多样的、丰富的、深刻的规定性潜在地包含在昨天的我之中，在自我之中有根据，只不过是没有把它实现出来，在这个意义上，自我等于自我。那么另一个意义上，自我又等于非我，等于自身差异。原因是把昨天的我，或者说今天的我的潜在的规定性在明天得到实现，在这个意义上，今天的我和明天的我可能又有了差别，又有了不同——他比昨天的我可能更丰富、更全面、更具体，这才是所谓自身发展。

三、高老师教科书变革的意义

我们已经讲了传统哲学教科书的形成，高老师变革传统哲学教科书体系的指导思想，最后我想简略地说一下教科书变革的意义。高老师的哲学教科书体系改革工作从80年代初开始一直到1987年出版《马克思主义哲学基础》下册，历经了7年左右时间。《马克思主义哲学基础》出版以后，我也和大家介绍过，好评如潮，80年代的苏联《共产党人》杂志发表评论，"吉林大学以高清海为核心的学术群体充当了中国哲学改革的先锋"，当时国内马哲界的权威学者，肖前、黄枬森、陶德麟等老一辈的学者纷纷发表评论，认为这是从20世纪30年代初以来，经历了半个多世纪，第一部突破苏联模式教科书体系的令人耳目一新的著作。

首先，我们说《马克思主义哲学基础》的出版，它最直接的意义是，奠定了吉林大学哲学学科的学术地位和学术声望。而要从它的理论意义和学术意义去分析，我在2008年写了一篇文章，当时是纪念十一届三中全会三十周年，那篇文章标题就叫《马克思主义哲学研究认识论转向的意义》[1]，实际说的就是高老师教科书体系改革的意义。从学理上说，我认为至少有这样一些意义：那就是把马克思主义哲学理解为认识论，或者说按照认识论的理解去重新理解马克思哲学，应该说是最符合西方哲学的古

---

[1]　孙利天：《马克思主义哲学研究认识论转向的意义》，《江苏社会科学》2008年第4期。

典精神。到现在为止，西方哲学的古典精神实际就是认识论，或说知识论。哲学就是对世界的认识，或者说哲学是对世界最高普遍性的认识，或者说哲学就是形而上学知识。这是从两千多年西方哲学史的历史看，哲学就是认识论，就是知识论，这没有什么疑问，只是到20世纪以来，所谓现代哲学变革之后，人们对这样的一种哲学观开始质疑。把马克思主义哲学理解为认识论也就意味着把马克思主义哲学作为一种客观知识来对待。一旦它是一种客观知识，那么这也就意味着我们多年来让哲学从属于政治从属于权力的那样一个历史已经终结，在这个意义上，高老师教科书体系改革的意义是最重大的。因为在我年轻的时候，全社会、全党、全民学哲学，但是那个时候学哲学要干什么呢？要巩固无产阶级专政，哲学是为政治服务的，哲学本身没有客观知识的意义。所以要突破那样一种以政治为中心的哲学模式，我觉得从认识论来理解马克思哲学是唯一可能的突破口，所以它的意义特别重大。以后提出实践唯物主义，包括高老师提出实践观点的思维方式，现在也有很多对哲学的新的理解，其前提是必须冲破斯大林模式的政治中心主义的哲学理解，哲学不再是政治的附庸，哲学不再是政治的视域，从而才能有独立的哲学研究。在这个意义上，我认为包括苏联也好，包括国内学界的评价也好，只是从形式上看教科书体系改革的意义。仅仅是说毕竟有了一个不同于斯大林模式的教科书体系，这只是它的形式意义，从它的学理意义上，到今天，可能人们还没有理解或者说重视教科书体系改革的真实意义。

其次，按照认识论来理解马克思主义哲学，或者说把马克思主义哲学理解为认识论的体系，我认为，到今天，即便有现代哲学转向、有现代哲学对古典哲学的批判，那么它仍然有着哲学自身的内在合理性。2001年左右给博士生讲课的时候，我讲了一个观点，后来我也写了一篇稿子，题目叫作《哲学体系的自身区分及其循环论证》[①]。在这篇文章中我认为，要说现代哲学的转向，我们国内更多谈的是实践转向、生存论转向，这

---

① 孙利天：《哲学体系的自身区分及其循环论证》，《长白学刊》2002年第4期。

些固然是现代哲学的最新一些发展，但是并没有否定哲学作为认识论的根本的理论性质。比如说这样一些逻辑，一般说西方近代哲学实现了认识论转向，从古代的本体论哲学转向了近代的认识论哲学，然后从近代的认识论哲学，我们也可以说转向了语言哲学，转向了生存论哲学，等等。那么，这些转向的内在逻辑是什么呢？大致可以用这样两句话来概括这两个转向，从古代的本体论哲学转向近代认识论哲学的逻辑理由，那就是哲学界经常说的一句话，叫作"没有认识论反省的本体论是无效的"。古代哲学想直接断定本体，这实际到康德是一个转折，康德之前的哲学，实际更准确的说法，不一定是本体论，我们也可以叫作独断论。康德用这样一些词，理智形而上学、知性形而上学，这样的形而上学实际是要直接断定存在或者世界的本质。世界的本质是精神啊、世界的本质是物质啊——直接要断定世界的本质，所以用康德的看法，它的实质是用知性概念规定无限的理性对象，所以最后只能是一种独断论的哲学。这种独断论的哲学为什么是无效的？通俗地说就是这个意思，不管你说世界的本质是物质，还是精神，是世界统一于物质还是世界统一于精神，但是所有这样一些说法，都是人的认识；这些认识有没有根据，需要对认识本身进行反思和反省，这就是康德为什么要回过头来考察人的认识能力。因为你所有的关于世界的形而上学论断都是人的观念和认识，而人的观念和认识自身的可能性、可靠性是古典哲学缺少反思的。所以认为没有认识论反省的本体论是无效的——无论你说世界是什么，那都是你的认识，如果对你的认识本身缺少认识，那么你的认识就是无效的。

　　实际上黑格尔在《小逻辑》《大逻辑》中批评唯物主义，也是按照这个逻辑来批评。黑格尔的说法就是唯物主义实际是唯心主义，什么意思呢？唯物主义把物质看作是世界统一性的基础，看作是世界的本质，但是"物质"是什么呢？物质是哲学家的观念，以哲学家的这样一个物质的观念作为世界的统一性基础，正好是唯心主义，这也就是"认为事物的真理即在思想中了"。①实际类似的说法，当年邹化政老师，包括恩格斯也使用这个说法，物质是最高的抽象，物质是对世界的最高抽象，是一个观念，是一个概念。黑格尔抓住这点说，以一个观念和概念作为世界的本质，正好是唯心主义，只不过是不自觉的唯心主义。在这样的意义上，从古代哲学转变到近代的认识论哲学就有着一个内在的必然逻辑：哲学、形而上学知识，作为认识，需要对认识何以可能，即对认识的能力、认识的可靠性基础进行反思性考察，这才有近代哲学的认识论转向。

如果说从近代哲学转向现代哲学，比如说我们叫生存论转向，从认识论转向生存论，也可以用一个逻辑理由来说——这个逻辑理由就是人们怎样认识决定于他怎样生存。在这样的意义上，大家也可以理解马克思哲学在近代哲学到现代哲学转向中的意义。按照马克思的说法，不是人们的意识决定社会存在，而是社会存在决定人们的意识②。就是说你怎样生存你就怎样认识，海德格尔的说法就是生存领会。我们在日常生活中，通过言谈，通过模棱两可，通过说话等语言交往，我们在接受着一种平均化的、日常的生存领会。自从生下来学母语，我们就在领会着我们的生存。为什么叫平均化的日常生存领会呢？按照海德格尔的看法，因为我们是通过别人怎么理解或者说大人怎么理解，我们就怎么理解生活、理解生存。而在海德格尔看来，这种领会恰恰是沉沦、平均化的生活领会，是非本真的生存领会。在这个意义上，海德格尔说，生存论作为基础本体论是全部哲学的出发点③。什么意思呢？就是说我们在日常生活中所形成的这种生存领会决定着，或者说规定着我们对整个世界的理解和认识。如果我们以一种非本真的生存领会，平均化的、日常的、沉沦的领会——别人怎么理解时

---

① 黑格尔：《小逻辑》，贺麟译，商务印书馆1980年版，第114—115页。

② 参见《马克思恩格斯选集》第2卷，人民出版社1995年版，第32页。

③ 海德格尔：《存在与时间》，陈嘉映、王庆节译，生活·读书·新知三联书店2006年版，第16页，原文为"因而其他一切存在论所源出的基础存在论必须在对此在的生存论分析中来寻找"。

间，我们也怎么理解时间，别人怎么理解死亡，我们也怎么理解死亡，那么这样的一种领会我们就不可能有——海德格尔所说的——面向自由的真理。你怎样存在，你怎样生存，你怎样理解自己的生存，你就怎样理解世界。以后我还会讲高老师的一些思想和这里的关联性，高老师后期也讲人的类生命，也讲人是哲学的奥秘，也讲哲学怎样理解人就怎样理解世界，实际思路和海德格尔有比较相近之处。怎样理解人，怎样理解生命，我们就怎样理解世界，反过来说也一样，你怎样理解世界就怎样理解人。如果我们是在平均化的、日常的、流俗的知识和观念中去理解我们的生存，我们就会如此这般地理解世界，反过来，我们如此这般地理解世界也就会如此这般地理解我们的生存。

那么，在现代哲学出现了由认识论向生存论的转向之后，认识论还有没有意义？我在《马克思主义哲学研究认识论转向的意义》里特殊强调这样一些看法，生存领会也是一种认识，生存领会的本真和非本真，流俗的和真理的理解，仍然是一种认识，对本真非本真的流俗的真理的这种判断和区分，仍然需要认识论的知识。并且我也简单地讨论了比如说语言转向，从认识论转向语言哲学，也有一些内在的逻辑。认识论我们也可以把它叫作意识哲学，这是哈贝马斯使用的区分。哈贝马斯在《后形而上学思想》这部著作里区分了现代哲学的几个转向，其中就有意识哲学转向语言哲学[1]，我们也可以说由认识论哲学转向语言哲学。

这里边它有一些内在的逻辑。比如说我和孙正聿老师都使用这样一些判断，为什么会有这个转向——意识是内在的，语言是公开的、外在的。要分析意识，就得反思人的内在性，而语言是公开的、外在的；再比如说语言是公共的，意识是个体的、私人的。大家都知道从索绪尔语言学开始区分言语和语言，我们现在的说话行为就可以叫作言语行为。而语言就是一套规则化的符号系统，那是公共性的，所以从研究内在的意识转向研究

---

[1]　于尔根·哈贝马斯：《后形而上学思想》，曹卫东、付德根译，译林出版社2001年版，第42—47页。

外在的语言，从研究个体的私人化的意识，转向公共语言，都使语言的研究可以反过来深化传统哲学的关于意识的研究。更准确地说，语言研究、语言哲学更客观、更好操作，意识哲学只能通过反思，语言则是一个直接可面对的客体。在这样的意义上，研究语言就比研究意识似乎是更科学、更客观。

此外，可能更重要的是，按照斯鲁格的看法，从意识哲学转向语言哲学，更为深层的理由是心理哲学向逻辑哲学的转变。意识可以从心理哲学角度去研究，但是语言哲学更关注的是语言的逻辑。大家也都知道在胡塞尔的现象学中也经历了这样一个从心理主义向逻辑主义的转变。这个转变如果根据高老师倡导的"笨想"——要是细想、笨想，原因可能很简单。为什么会有心理主义的哲学取向呢？按照我过去的笨想，人类的全部文明都是人心理活动的结果，用马克思的说法，人类的全部文明都可以说有对象化、外在化的显现，而包括工业在内的全部文明产品，都可以说是打开了的人类心理学。马克思在《1844年经济学哲学手稿》中说，人们也按照美的规律去生产[①]。在人类的全部有形的、无形的、物质的、精神的文明形态中，都对象化着人的自由的意志，对象化着人的心理和想象。比方说，造这个桌子不仅从实用的、功利的、满足需要的目的来生产，而且按照美的规律来生产，那也就是说，在每一个时代的历史文物中，我们都可以看到那个时代的美学趣味，都在这些物质产品中，在文物中，对象化地表现出来。如果这个基本原理成立，人类的一切文明——物质的、精神的、政治制度的、文化的都是人心理活动的结果。那么很简单，把人的心理活动的规律搞清了，人类的全部知识都得到了终极的、最后的哲学说明，这就是心理主义哲学的根据。

所以当初胡塞尔的第一部著作，1890年的《算术哲学》就是要把算术还原为计数的心理活动，从心理活动来解释数学，进而我们可以设想用心理活动解释全部科学、全部人类文明。按照这样的思路，心理哲学就

————————

① 参见马克思《1844年经济学哲学手稿》，人民出版社2000年版，第58页。

成为为人类文明最终奠基的形而上学或者说哲学。但是后来为什么胡塞尔又出现了由心理主义向逻辑主义的转变呢？就是刚才说的，心理活动具有主观性、内在性、私人性、不确定性，更重要的，没有知识上的逻辑必然性。主观的、内在的、私人的、个体的心理活动，如何能够产生具有普遍性、规律性、逻辑必然性的知识？所以从认识论哲学转向语言哲学，从意识哲学转向语言哲学，其中逻辑主义的纲领起了根本作用。这个逻辑主义的纲领我印象是在罗素的文本中得到一个最清晰的表述，罗素的表述大概是，人类的全部知识只有两种，一种是直接亲知的知识，当下的直接感受，那么罗素认为这种知识是当下自明的，我现在能看到学校的校旗、国旗在飘，我直观地看到这样一个事实，是直接自明的。另一种知识是听别人说的，或者是通过书本说的这种间接的知识，罗素认为那都是推理的知识[①]。别人说的你信不信，书上说的你信不信？关键要看它有没有逻辑理由，这种间接的知识、推理的知识，罗素把它叫作模态的知识。所以简单地说，除了直接经验的亲知，一切人类知识都是间接推理的知识。把间接推理的逻辑搞清楚，人类的知识大厦就有了稳固的基础，所以罗素和他的数学老师怀特海当年合写了三卷本的《数学原理》，力求把当时所有的数学知识还原为逻辑。我们甚至还可以设想，把物理学、化学、生物学……所有不是直接经验的知识都还原为逻辑知识，这就是整个20世纪西方哲学语言哲学转向最深层的，用罗蒂的说法，实际是一种对逻辑的崇拜，对那种具有客观性、必然性知识的信念。

在这样的意义上，从认识论哲学转向语言哲学也有着它内在的逻辑，但是我在文章里提出的，没有展开论证的一个观点，大家也可以和我一起思考：我认为知识的迷惑和不确定性不是来自语言，仍然是来自我们，我把它叫作意识的事情——我想不明白，我脑袋里有一个问题，有困惑，不是语言问题，不是语言状态，而是意识状态。在这样的意义上，我甚至断定，即便有语言哲学的转向，传统哲学作为近代哲学的认识论哲学、意识

---

① 参见罗素《哲学问题》，商务印书馆2007年版，第35—46页。

哲学，仍然有着它存在的意义。这个好像别人也有类似的论证，问题不在语言，问题在于我们的意识，要解决意识的问题，仍然需要近代哲学的认识论哲学。

所以从学理的理由看，尽管高老师很快否定了自己《马克思主义哲学基础》对哲学的认识论理解，也可以叫理解范式，但是我想高老师那一阶段的工作，从学理上讲，可能仍然有一些问题需要我们继续去思考。①

---

① 以上内容为2011年4月13日第六次课。

第二讲　实践观点思维方式和哲学观念变革

　　高老师哲学教科书体系改革的工作是以1987年《马克思主义哲学基础》的下册出版告一段落。1988年高老师又迅速地写出了《哲学与主体自我意识》一书。在这本书里，高老师第一次提出"实践观点的思维方式"的概念，也可以说是一个核心的观点。当时由吉林大学出版社出版这本书，恰逢吉大出版社建社十周年，当时的主编、社长决定做一些宣传工作，其中就包括正要出版的《哲学与主体自我意识》。高老师委托我给这部书写书评，我看到的是出版社打印的初稿，按照初稿写了一篇书评。后来出版社这项计划取消了，高老师让我把这篇书评转投到《哲学研究》。1989年初，《哲学研究》发表了这篇书评。书评的标题是"一种对马克思主义哲学的新理解"。我可能是第一个从头到尾读这部书的人，当时看了确实感到很振奋，书评写了八千多字，一气呵成。

　　"实践观点的思维方式"提出的时候，正是高老师创作欲望、创作热情、精神状态最好的一段时期，高老师后来又连续写了几篇哲学观念推进断想。高老师认为用实践观点的思维方式去看马克思主义哲学和传统哲学所有的问题，都会带来哲学观念的新变化。这些重要的哲学观念高老师是比较重视的，比如说在《哲学与主体自我意识》中明确地提出为主观性正名①。我们传统哲学原理教科书多年来以客观规律的本体论体系来理解马克思主义哲学，所以把主观性看作是万恶之源，高老师在《哲学和主体自我意识》中非常机智地反驳传统教科书的这种立场。高老师认为要没有主观性，人就退化到动物的水平了，问题不是主观性是恶是善，而是什么样的主观性、何种主观性？随后，高老师又发表了影响更大的一篇文章——这也是屡屡受到批评的1989年《时代论评》杂志第一期上发表的《超越唯物唯心的对立》。后来在当年的《哲学研究》又写了一篇，这就是《突破真理论的传统狭隘视界》。这一系列的文章，围绕唯物唯心的问题、真理问题，等等。我们可以说传统教科书所涉及的这样一些最根本的最重大的理论问题，高老师用实践观点的思维方式都做出一些新的解释。

实践观点的思维方式为什么如此重要？为什么通过实践观点的思维方式就可以带来对马克思主义哲学和传统哲学的全新的理解？我想用三四次课的时间来讨论实践观点思维方式和哲学观念变革的问题。

一、实践观点思维方式的含义

首先，我想和大家讨论的就是实践观点思维方式的含义。高老师在哲学原理教科书体系改革的过程中，上次讲课我们说是从认识论的理念来重新编写马克思主义哲学教科书。那么在完成教科书编写之后，高老师认为需要从一个全新的思维方式变革的角度来重新理解马克思哲学。高老师在这·段思考的思维方式，到今天仍然是哲学不能回避的最重要的问题。大

① 具体内容参见《高清海哲学文存》，吉林人民出版社1997年版，"哲学与主体自我意识"部分。

家可以看一下高老师的这篇文章①。首先他讨论了什么是思维方式，什么是哲学思维方式。我们还可以思考哲学思维方式是怎样形成的，哲学思维方式具有怎样的作用。这一点非常明确——高老师明确地在这篇论文中把世界观看作是哲学思维方式，一种世界观就是一种哲学思维方式。大家都知道，我一再强调列宁在《哲学笔记》中对黑格尔的评论，即认为黑格尔的辩证法、认识论、逻辑学三者是一致的。我们通常也可以说世界观、认识论和辩证法三者是一致的。

　　世界观为什么就是一种思维方式？思维方式到底是什么？实际我们可以通过各派不同哲学展开对思维方式这个概念，或者说也是哲学的核心问题的理解。比如说最具代表性的牛津日常语言学派哲学家斯特劳森有一本书，叫《个体》②，这也是首都师范大学的陈嘉映老师非常关注，向国内读者推荐的一本著作。斯特劳森区分了两种——我们也可以把它叫作是——概念方式或思维方式，他认为哲学可以是一种描述的形而上学，也可以是一种修正的形而上学。我们先说描述的形而上学。因为我没有去读这部原著，我只是看陈嘉映老师的一些解译和他的介绍，仅从一些有限的文本，我们可以感觉到，所谓描述的形而上学就是要揭示出一个民族、一种文化传统在理解和把握世界时候那些最基本的概念。描述形而上学就是要把渗透在日常语言中、渗透在人们的日常理解中那些潜在的、不自觉运用的最基本的概念方式揭示出来。我们可以把它叫作一个民族、一种文化自在形态的世界观。过去都有这种说法，说是一个正常的成年人不管学不学哲学，都有世界观，都有对整个世界的系统的看法和根本的观点，实际就是这里所描述形而上学所要揭示的那种自在形态的基本概念方式。我们在理解、领会世界的时候，在认识世界的时候，在对待世界的时候，在不自觉地在运用着康德意义的那些基本范畴、先验范畴，也就是那些最基本的概念。大家联系康德哲学、黑格尔哲学就知道什么是那些最基本的概念。比如说我

---

① 　指《论实践观点的思维方式》，印发给同学。

② 　彼得·F.斯特劳森：《个体》，江怡译，中国人民大学出版社2004年版。

和大家讲过黑格尔说"树叶是绿的",恩格斯说"紫罗兰是香的",列宁说"伊万是人",当我们做出这样一种简单的判断的时候,那么列宁、黑格尔都认为我们在应用范畴。我们在应用一些什么范畴呢?按照康德的看法,我们在应用一些我们自己不自知的先验范畴。说树叶是绿的,我们按照康德的范畴表,可以说这是在应用着实体和属性的范畴,树叶是实体,绿色是属性,这是实体和属性的范畴。那么按照列宁当时的看法,说伊万是人,伊万是一个个别,人是一般,我们是在应用个别和一般的范畴。所以一些学者认为,辩证的思维是人的意识所固有的,我们学不学辩证法我们都在应用范畴,学不学辩证法我们都在辩证地思考。孙正聿老师也非常重视这句话,我们曾应吉林人民出版社的约请编了一套面向中小学生的小册子,就是针对每一个哲学家写一个小传,好像是四万字左右,非常薄的一个小册子。孙正聿老师写的是黑格尔,我写的是康德。这个小册子里孙正聿老师对黑格尔的解读,提到黑格尔七个著名的哲学隐喻,其中有这样一个隐喻,那就是不学辩证法、不学逻辑学我们也在应用逻辑,"正如无须研究生理学,都能消化一样。"①这是黑格尔的一个隐喻,我们学不学生理学我们的胃肠照样在蠕动,照样消化,所以逻辑学不是教人思维的,生理学不是教人消化的。黑格尔的这个隐喻强调的就是思维规律的客观性。学不学逻辑学、学不学辩证法,我们的思维都按照思维固有的规律在运行。同样的,学不学营养学、学不学生理学,我们的胃肠照样在按照生理规律去消化。所以我非常欣赏休谟的一句名言,"自然决定人怎样呼吸,也就决定了人怎样思维。"实际休谟这是在一种自然主义的立场上理解思维规律。而黑格尔的说法是,自然决定了人怎样消化,也就决定了人怎样思维,强调了思维规律的这种客观性质。这种客观性的一个具体的逻辑表现就是应用范畴,而这些范畴,像黑格尔的质量度、本质、现象,等等这些范畴构成了一个民族、一种文化认识和理解世界的最基本的概念方式。这些概念方式或者叫思维方式,就是一个民族、一种文化的世界观,

---

① 黑格尔:《小逻辑》,贺麟译,商务印书馆1980年版,第67页。

也可以说就是它自在形态的，用马克思的说法，是作为"文明的活的灵魂"的哲学。所以斯特劳森和陈嘉映老师他们通过日常语言学派所做的工作，旨在通过日常语言的分析把一种语言、一种文化、一种世界观最核心的、最基本的概念方式描述和揭示出来，如个体、时间、空间等范畴形式，这是所谓描述形而上学可能给予我们的这样一个启示。

按照海德格尔和我的理解，这里所说的基本的概念方式不仅是一种认知的框架、思维的框架，而且是一种价值的、态度的、情感的框架。也就是说为什么我这里说是立场、观点、方法，我们还可以加上态度、感情，这个基本的概念方式和思维方式不仅为一个民族、一种文化、一种语言认识和理解世界提供了范畴的基础，而且它规定了人们对待世界的基本态度和价值。所以我在我的博士论文里说，辩证法作为思维方式是认知概念框架和价值态度框架的统一①。尤其在中国的思想传统中，我们说改变世界观、改造世界观，毛泽东尤其强调的是变立场、变态度、变感情。毛泽东对中国知识分子有深切的了解，1942年延安整风运动的时候毛泽东就一再讲，也可以说是表达他一生对知识分子基本态度的一些说法，说不要看农民脚上有牛屎，手是黑的、脸是黑的，但是他们的心灵比小资产阶级知识分子更干净。所以要变态度、变感情，一直到1968年毛泽东号召知识青年到农村去接受贫下中农再教育。那么贫下中农要教育知识青年什么呢？要教育知识青年要有劳动人民的价值态度和感情。在这样的意义上，立场不仅是一种视域和视轨，用西方的一个词，叫地平线，一种理解的地平线，海德格尔有时候也用（我们翻译成）视轨。它影响我们的认知——立场影响认知。通俗的说法那就是，站着看，站在高山之巅看，蹲着看，趴着看——我们所处的立场决定了我们看到的不同世界。那么哲学怎么看呢，哲学按照海德格尔引证尼采的说法就漂亮了，"哲学……就是在冰雪之间和高山

---

① 参见孙利天《论辩证法的思维方式》，吉林人民出版社2006年版，第147—175页。

之巅自由自在地生活"①，这就是哲学的立场。

我们有不同的立场，当然有不同的视域；有不同的视域，自然看到不同的世界。而立场同时又是一种态度，又是一种情感。所以我们可以理解为什么作为一种思维方式，作为一种文明的、活的、灵魂的这种哲学可能长期在各民族文化的传统中起到替代宗教的作用。以后大家可以一起去思考，那就是德勒兹使用过的一个词——概念形象②。仅有概念好像还不够，概念可能能够解决认知理解的问题，还需要形象，需要具有个性和感性特征的概念形象才能有感召，才能有感动，才能解决人们的感情问题。所以那个超越的形上的本体在哲学中当然被把握为理念，而在宗教中，不管任何发达的宗教如何反对偶像崇拜，发达的宗教包括基督教都反对偶像崇拜，但是形象又是不可或缺的。因为只有一种形象，有一个全知全能、仁慈的、有感情的上帝或者说超越的神，才能满足人们那种超越的情感需求。

黑格尔对宗教有充分的哲学解释，他在《精神现象学》中对基督教的解释是很漂亮的，说基督教是一个绝对的宗教③。而我印象中，当年邹化政老师也在我们的课堂上用圣父、圣子、圣灵三位一体的原理来解释黑格尔的逻辑学。圣父、圣子、圣灵三位一体，如果说圣父是本体，那么圣子耶稣基督就是圣父的肉身化的、世俗化的现象的表现。要是圣父完全是一个脱离现象的本体，那么他就无法被人们所理解，所以圣父必须表现为和我们人一样有肉身的、可见的、可直观的现象，这就是耶稣基督。而使圣父和圣子贯通起来的就是逻辑原理，也就是灵魂，使圣父、圣子共同具有的那就是它的本体表现为现象的规律。所以黑格尔的本体论，

---

① 海德格尔：《形而上学导论》，商务印书馆1996年版，第15页。

② 参见德勒兹、迦塔利《什么是哲学？》，张祖建译，湖南文艺出版社2007年版，第215页。

③ 参见黑格尔《精神现象学》下卷，贺麟、王玖兴译，商务印书馆1979年版，第228—257页。

邹老师当年非常兴奋地用一个谜语的形式来表述——我存在我又不自身存在。只有黑格尔才解决了这个永恒的本体之谜。什么意思呢？就是说本体它存在，但是它不能自身存在，它只能在现象中存在，同时它又是现象的根据。18世纪之前的哲学康德和黑格尔使用的一个基本判断，叫理智形而上学。这些翻译在汉语中，特别是像贺麟老师的翻译，应该说是非常精确的，可以说是千锤百炼。康德、黑格尔对独断论的也可以说是知性形而上学的批判。在我们中文语境中有时候译成理智形而上学，有时候用知性形而上学。我印象中贺麟老师解释，什么时候用理智呢？那就是理智是在相对于情感意志的时候，也可以说是在心理学的语境中译"理智"，相对于情感、相对于意志，它是一种理智化的、理性化的形而上学。那么是什么时候译的"知性形而上学"呢？相对于思辨意义的理性、相对于理性形而上学、思辨理性的形而上学，或者简单地说区别于理性形而上学，它是知性形而上学。我想我们现在的翻译者可能很难有这样一种精细的思考。区别于情感的、直观的、意志的，是理智的；区别于理性的、思辨的，是知性的。传统知性形而上学或理智形而上学的根本错误就是设想本体的自身存在，一旦设想本体的自身存在，那么它不能解决的本体论困难就必然出现。比如说本体为什么要表现为现象？上帝本来是至善至美至真至纯，为什么要创造一个相对不那么美、不那么真、不那么纯的世界呢？他不是待着没事找事吗？而且最难的另一个问题——如果本体上帝是一个至善至真至美至纯的存在，那他创造的世界中那个不好的东西从哪来呢？所以《圣经》中说人类的祖先受蝮蛇的引诱，偷吃了智慧之果，从而失去了乐园。那么细想那个蝮蛇从哪来的呢？所以最后归结为一个和上帝对立的撒旦，魔鬼撒旦。但是撒旦的本体性依据如何呢？他是不是包含在上帝之中？如果不是，那么就是一个二元论的世界观，必然是一个二元论的世界观。而按照高老师和邹老师他们的说法，本体的概念就是一，一旦是二，就不是本体，所以类似的这样一些困难就必然出现。所以邹化政老师认为黑格尔哲学的真实的贡献，那就是，合理形态的本体论只能是辩证的①。也就是说，只能像黑格尔那样来解决本体和现象这样一些复杂的哲学难题：（一）得承认有本体存在；（二）本体又不能单独地自身存在，本体只能在现象中存在。那么说本体在现象中存在，本体是不是不重要了呢——本体又是现象的根据。

即便是按照黑格尔这样一种对基督教的绝对宗教的理解，黑格尔哲学也不可能完全取代基督教。原因就是绝对理念毕竟缺少一个仁慈的上帝形象，没有感性形象，我们怎么去在现象中找一个圣子的存在呢？对于我们中国世俗化的文化来说，只能是道德文章的杰出典范。中国历史上那些道德文章的杰出典范，他们具有概念形象：他们既是天理，又是肉身。所以在中国的思想史上我们没有那种超越的宗教信仰，因为一定意义上中国历史上的那些道德文章的杰出典范可能就已经具有宗教的意义。后来把孔子神圣化、把孟子神圣化、把关云长神圣化、把岳飞神圣化……都有着它的思想逻辑或者说是文化逻辑。过去我和博士生们交流过，包括韩愈，韩文正公，过去也是建立寺庙被神化，被祭祀的。他们究竟能够达到怎样的那种概念的高度或者说理念的高度呢？当年尼克松访华，基辛格他们对周恩来都有类似的评价，说在美国这样一个历史较短的国家，造就不出周恩来这样杰出的人物。我想这是真实的，原因就在于中国历史上的这样一些杰出人物，他们既是一个肉身的人，又是理念的化身。当然人们也指责他们日常生活的一些毛病，包括对毛泽东，包括对周恩来……金无足赤，人无完人嘛。如果说从他作为一个人的意义上去看他，他也有人性的弱点，所以黑格尔的说法是"仆人眼中无英雄"。毛泽东身边的卫兵啊、医生啊、熟悉他的人，肯定不会把他神圣化，他和老百姓一样，和普通人一样也有着人的弱点。几年前复旦大学吴晓明老师到我们学校来作讲座，我认为他那个判断是很精彩的。说毛泽东传记作者、周恩来传记作者一再夸耀他们发现了什么新的史料、新的事实，吴晓明老师有一句话说得很漂亮——"这

---

① 参见孙利天《论辩证法的思维方式》，吉林人民出版社2006年版，第76页。

些传记作者的细节越真实，那么离伟人的本质就越远"。什么意思呢？那就是说如果我们把这样一些带有神人性质的杰出的典范仅仅从人的方面去理解，越真实、越看他是人，那么他就越远离了神。因为从历史的逻辑说，他们之所以成为伟人，在于他们不同程度地体现了那种历史的召唤，表达了历史必然性的要求，所以在他们身上体现的那种历史必然性的灵魂才是这些伟人的本质。所以越是关注他们的生活细节，越是把他写成一个和我们区别不大的人，他们身上所负载的那种历史的灵魂就越会被遮蔽。所以理解历史人物可能确实是需要这样一种——当然你可以一方面反对把人偶像化、神圣化，在这个意义上有思想解放的作用，但是另一方面也可能模糊了我们的历史视野，不懂得在他们身上所存在的那种历史必然性的内在要求。

黑格尔对历史人物大致也是这样的立场。他说拿破仑是骑在马背上的世界精神①，说是这些杰出的历史人物，一旦完成了他们的历史使命，就像脱去了果实的果壳②，就没有什么用了，说的都是这个意思。我刚才提到韩愈，有一年暑假我翻看李贽的《史学纲要》，说是当时安史之乱前后叛乱迭起，一会儿这个州郡反叛了，一会儿那个反叛了，有一次韩愈居然接受了招抚叛军的任务。王夫之以调侃的笔调写道，说老韩在两军阵前，威风凛凛，居然把叛军就给真的招降了。在这样的意义上，一个杰出的中国传统人物，如果他真的按照儒家文化践履笃行，就真的能够造就一种杰出的人格典范。中国历史文化有一个词我特别欣赏——"国士"，说某某人很厉害，当以国士待之。我印象中好像梁启超是十七八岁考举人，他的主考老师在他的考卷上评价"国士无双"。这个考官也很厉害，居然一眼看出来这个年轻人是国士。想一想梁启超几十年的这种思想文化活动确实是真正的国士，无愧这个称号。什么是国士呢？我的解释很简单，那就是在他身上寄托着国家民族的命脉和灵魂，他就是所谓的国士。我倒真的希

① 黑格尔：《精神现象学》上卷，贺麟、王玖兴译，商务印书馆1979年版，第3页。

② 黑格尔：《精神现象学》上卷，贺麟、王玖兴译，商务印书馆1979年版，第4页。

望我们年轻人有这样一种雄心壮志，有一种国士的风采和担当。当然最高级别的那就是世界级的，黑格尔所说的像拿破仑那样体现世界精神的人。拿破仑是骑在马背上的世界精神，黑格尔就是作为哲学家的世界精神。所以青少年时期的志向真实地决定着我们的立场、态度、情感。在这样的意义上，思维方式既是构成一种语言、一种文化、一个民族、一种世界观的认知概念框架基础，也是规定着我们对世界的基本态度、基本情感的基础。我所以引证海德格尔，就是海德格尔揭示出柏拉图主义哲学对存在，思维对存在的那样一种规定的态度，它是用思维去规定存在。我们说海德格尔哲学的几乎全部的意义就要改变这样一种用思维规定存在的存在态度，我们可以叫存在论态度。不用思维规定，还要思，怎么去思存在呢？这就是海德格尔一再强调的那种让思想移居，归属于存在，倾听存在的召唤，也可以说采取一种对存在倾听、接纳。他对"思"这个词的考证，就是一种询问的接纳①。我们说思想、思维的时候，按照海德格尔的思，不是用我们的逻辑范畴去规定存在，而是跳入存在之中，响应存在的召唤，在存在根基处，从存在的根基处去探索、去询问、去接纳。

二、思维方式的历史性内涵

高老师在《论实践观点的思维方式》这篇论文里非常详尽地分析了思维方式的不同层次，讲了哲学思维方式对其他具体科学的思维方式的一种

①　海德格尔：《形而上学导论》，熊伟、王庆节译，商务印书馆1996年版，第139页，原文为："讯问；常住于自身中而又展示自身者之以接纳态度止步。"

决定作用（这种决定作用因为时间关系我们不展开讲）。各门具体科学中的思维方式，用黑格尔的话说就是应用的逻辑学。最基本的概念，也可以说哲学思维方式，那么是大写的逻辑——是列宁意义上所谓大写的逻辑。

那么这里就涉及一种语言、一种文化、一个民族的世界观作为一种思维方式，它究竟是如何形成的？高老师在这篇论文里基本上是按照列宁的看法来解释思维方式的历史性内涵。高老师引用列宁那个说法，说经过实践的亿万次的重复，形成了这种逻辑的格，这种逻辑的格具有巩固性、公理性的性质①。在我们中国国内哲学界应该说是很多人都持有类似的看法。比如说李泽厚老师和高老师是相同的解释，这就是著名的李泽厚的"积淀说"。这种世界观、哲学思维方式是长期历史积淀的结果，经过实践的无数次重复才形成了一个民族、一种语言、一种文化具有逻辑的格的性质的那种巩固的公理性的（用孙正聿老师的说法）思维前提。

李泽厚老师的《批判哲学的批判》是我们国内改革开放后最早出现的康德哲学研究专著，当时我们正读大学本科。这本书刚一出版，邹化政老师就激烈地批判李泽厚的"积淀说"。与此同时，我们国内引进一门心理学，这就是瑞士著名心理学家皮亚杰的发生认识论，几乎为积淀说提供了儿童心理学或者说发生心理学的证明。皮亚杰也说，小孩儿生下来就有先天的动作图式，至少有两个，一个是吸吮反射、一个是抓握反射。意思是小孩儿一生下来就能抓住一个东西来支持自己的身体重量，后来有人解释说这是人从猴子进化来的一种遗传能力，抓住树枝不至于掉下去，这是一种生命本能。吸吮反射就是生下来就会吃奶。那么皮亚杰解释这种抓握反射和吸吮反射不断地泛化，从会吃奶到会吃主食，会吃其他食物，抓握反射从简单的这种生命本能到操纵其他的物体，手的这种操纵能力也不断地泛化。内化积淀就是说其他的动作经过无数次的重复也内化为一种动作的图式。

邹老师的反驳也很有力量。邹老师的反驳实际是基于德国古典哲学

---

① 参见列宁《哲学笔记》，人民出版社1993年版，第186页。

的立场上。那就是积淀也好、内化也好，为什么只有人才能积淀、才能内化？积淀、内化得以可能的先天条件是什么？这也正是刚才我和同学们讨论的同样的问题，那就是内在意识固有的能动性。要没有这个固有的能动性，什么也化不进来，什么也积淀不下来。内化所以可能、积淀所以可能，在于人的意识所固有的能动性。邹化政老师明确把它规定为思维规定感性的固有逻辑——只要有感性，思维就对它自动进行固有的规定。思维规定感性的固有逻辑我们可以说是德国古典哲学对整个人类文明的最大贡献，那就是思维能动性的原理。到底怎么能动的？能动是如何实现的？表达思维规定、表达思维能动性的范畴是如何进展的？或者说我们怎样去理解这种思维方式的内在发生呢？我们可以用现在的计算机进行类比。计算机有元语言，元语言我们也可以视作计算机在硬件结构中的最原初的逻辑。原初的逻辑实际很简单，就是0和1的逻辑。为什么用二进位制计算？原因就是（现在有微电子技术）原来电子技术比较简单的时候，只能用一个电路的接通和断开，即0和1作为二值逻辑来表达计算机的那个原初的结构功能。我们说它的硬件语言、源语言类似于刚才所讨论的构成一个民族、一种语言、一种文化甚至也可以说整个人类之所以成为人共同具有的元逻辑，那是最高的最抽象层面的思维方式。在这个意义上，我们不得不假定人的同质性。所以整个德国古典哲学，我估计可能包括我们哲学史的研究，专业研究也缺少这种自觉意识，那就是德国古典哲学从笛卡尔的我思到康德的纯思，到普遍的纯粹思维，实际它就是普遍的人类之思。

在这个层次上，我思、纯思、纯粹思维，并没有民族、没有语言、没有文化的差异——人所以是人，因为人都服从于这种纯思的规律。从我思的主观性、内在性，达到德国古典哲学纯思或者叫纯粹思想、纯粹思维的人类普遍性，这是哲学史的一个重要进展，我甚至认为到今天它仍然有着最根本的意义。因为要没有这个东西，现在我们所说的对话、交往，包括哈贝马斯的交往理性、对话伦理学，也包括当年亨廷顿讨论的文明的冲突等都成为不可能。我和天成老师也曾经讨论过这个问题，我把它叫作一种先验形而上学的假定。为什么叫假定呢？因为到底有没有这样一种纯粹的、普遍的人类之思我们现在还没有经验科学的证实。为什么说它是一个先验的形而上学假定？原因就是只要不同的文化、不同的语言、不同的民族、不同的世界观之间进行的相互对话，必然需要这种对话的前提，所以我把人的同质性、同一性叫作先验形而上学。为什么叫先验呢？因为在经验上、事实上可能不同的种族、不同的文化、不同的语言真的有不同思维方式。据说在一些西方人看来，中国人有点儿理性，阿拉伯人毫无理性。所以就可以想象好多西方人骨子里不可能有真诚的对话这种愿望。他认为你都没有理性，还和你对什么话？所以这也反证我的观点：只要是对话，就必须先验地设定人的同质性。要不然你和他对什么话呢——你和他对话的同时就已经假定这种同质性。

我注意到整个西方哲学在这个问题上——我们下一次课讲高老师真理观的时候还要涉及类似的问题——那就是真理概念的不断"弱化"。比如说从古老的符合论的真理观"蜕化"到普特南的合理的可接受性。"合理的可接受性"①，这是普特南的真理定义。他把那种符合论的真理观叫神目观。我们过去认为真理就是主观认识同客观实际相符合。后来教科书为了深化一点儿，认为真理是人的认识对客观世界及其规律的正确反映。加进了规律——主观认识同客观规律相符合，这已经深化了一些。但不管怎么定义真理，这种符合论的真理观在普特南等人看来都是一种神目观。为什么叫神目观呢？人的认识和世界符合就是真理，不符合就是谬误。那么怎么知道符合不符合呢？很简单，从逻辑上说只有人跳出世界，人在世界之外，站在一个神的立场去看，才能看出我们的这个认识和那个对象符合不符合。你想一想是不是这个道理？而包括雅斯贝尔斯这样一些存在哲学家一个核心命题就是人只能内在于世界之中去认识世界，这也是孙正聿老师这几年多次提的一个看法。我们无法薅着自己的头发去飞离这个世界，

---

① 参见希拉里·普特南《理性、真理与历史》，童世骏、李光程译，上海译文出版社2005年版，第55—56页。

然后回过头看我们的认识和这个世界符合不符合，我们只能内在于世界之中去认识世界。所以存在哲学更关注的不是跳出世界看我们的认识和世界符合不符合的传统真理观，而是内在于世界，人在旅途、思的旅途上我们和存在、和宇宙的交流感。[①]

普特南合理的可接受性就是真理——我们接受一种认识是真理，因为它具有合理的可接受性。那么再到我最近看到的一个文本，就是罗尔斯早期的英国女博士奥尼尔，对真理的理解进一步"退化"到"可理解性"[②]。什么是真理？真理就是可理解性。那么还原到这里，就是可对话性。当我们和某一个对方去对话的时候，我们已经先验地假定他和我们的同质性，他和我们的可交流性、可理解性。所以我的说法，这是一个先验形而上学的真理。很明显，如果没有了这个真理，那么人类不同民族只能是丛林法则——弱肉强食。我记得我有一篇论文还明确地说，你要认为对方没有理性，那么你只能亮出拳头[③]。没有可理解性、可交流性、可沟通性、可对话性，那就只有弱肉强食。

在这样的意义上，我们说作为元逻辑层次的类似于计算机那个所谓机器语言，有机器语言才能有各种软件语言编程，而它的硬件结构的逻辑就是源语言。在这个意义上的思维方式可能是德国古典哲学纯粹思维、纯思逻辑意义的思维方式，而这个思维方式不可能靠积淀、靠实践、靠内化——它没有历史、没有文化的差异。而历史文化差异可能恰恰因为有元逻辑的能动作用。所以我想李泽厚老师和高老师讨论的哲学思维方式是第二个层次的哲学思维方式，那就是一种语言、一种文化、一个民族在历史生活过程中所形成的带有民族语言文化特性的哲学思维方式——只有这样意义上

---

① 雅斯贝尔斯：《智慧之路》，柯锦华、范进译，中国国际广播出版社1988年版，第二章。

② O.奥尼尔、陈晓旭：《一个努力与整个世界沟通的哲学家》，《世界哲学》2010年第5期。

③ 参见孙利天《哲学为什么没有被遗忘》，《天津社会科学》2005年第2期。

的哲学思维方式才有可能进行修正、变革，这就是斯特劳森的修正的形而上学。我觉得高老师的讨论在这个意义上是非常清晰的，不是在普遍的人类之思、纯粹思维意义上的思维方式，而是作为一种语言、一种文化、一个民族世界观的思维方式，它才有变革的需要，变革的可能。

所谓修正形而上学、变革哲学观念可以说是哲学创造的实质，而哲学要做的工作就是创造概念。我前年匆匆地翻阅了一下德勒兹和迦塔利合著的《什么是哲学？》。这两个人对哲学的定义很简单：哲学就是创造概念，而且要创造的是具有形象的概念，概念形象①。为什么要创造概念呢？叶秀山老师和王树人老师合编的书《西方哲学史》，它前面的序言就是德勒兹的立场，从混沌中创造秩序。哲学要干什么呢？哲学就是在思维、思想所面对混沌的世界中给出秩序和界限。怎么给出秩序和界限？就是通过概念平面、通过创造概念，把思想的混沌给予秩序。

德勒兹和迦塔利讽刺我们当代的哲学，说创造概念本来是哲学最本已的工作，可是现在这项工作更多地由广告策划商、广告商去做——广告商们不断地在创造新概念，哲学反倒创造不出新概念②。我也和大家讲过，按照罗蒂后期的思想，《偶然、反讽与团结》那部书中的一个思想，文化的进化也是说出新话语、创造新概念③。罗蒂的类比是用这么一个符号"Meme"④，我们可以把它翻译成文化媒母，类似于生物基因的文化基因。自然界的进化可能是由于某条偶然的宇宙射线使一个基因发生变异，结果产生了一个新物种。那么人类文化的进化可能就是偶然的机缘说出了某个新词——这一下子就不得了了，有了新词就有了新观念，有了新观念

---

① 参见德勒兹、迦塔利《什么是哲学？》，张祖建译，湖南文艺出版社2007年版，导论部分。

② 参见德勒兹、迦塔利《什么是哲学？》，张祖建译，湖南文艺出版社2007年版，第213—214页。

③ 参见罗蒂《偶然、反讽与团结》，徐文瑞译，商务印书馆2003年版，第11—35页。

④ 参见罗蒂《语言的机缘》，《哲学译丛》1992年第2期。

就有了新行为。人类的文化也类似于生物的进化，在遗传和变异中不断地演化。不管他们的这种哲学立场我们能不能接受，但是这一条肯定很重要，哲学思维方式的变革，哲学思维方式变革的实质是创造新概念，改变人们思考的概念方式和概念框架。

三、实践观点思维方式的推进

高老师创造了一个新概念——实践观点的思维方式。至于说怎样实现哲学思维方式的变革、怎样推进哲学观念的改变，高老师也做了我们列举的很多更细致的工作。《为主观性正名》《超越唯物唯心对立》《突破传统真理论的狭隘视界》……所有这些工作一定意义上都是在创造着新概念。其中影响最大的就是1989年在《时代评论》第一期发表的《重新评价唯物论唯心论的对立》，高老师当时是做这个杂志的主编。我们当时跟高老师读博士，对这篇文章的整个思考、酝酿过程应该说是非常了解。这篇文章最初是1988年在延吉召开的"东北三省哲学观念变革学术讨论会"上宣读的。在这之前，高老师已经写出初稿有半年多的时间了，几次和我们一起讨论这篇文章。高老师当然知道超越唯物唯心对立这个命题在我们中国的哲学语境中所具有的这样一种根本性的意义。他很谨慎，但是又不吐不快，所以在1988年的这次会上高老师的发言就是这篇论文。

我要具体讨论这篇文章提出的超越唯物唯心对立这个观点，而更重要的是高老师对实践观点思维方式的理解，把它的对立面设定为本体化思维方式。实践观点思维方式区别于传统哲学的思维方式，传统哲学高老师概括为自然观点的思维方式、存在观点的思维方式、意识观点的思维范式、人本学观点的思维方式①。高老师的立论基础是从人和自然的关系出发，在人和自然的对立统一性中来定义各种传统哲学思维方式。自然观点的思维方式就是从自然发生论的立场来理解人本身（人也是自然的一部分），用自然的观点来解释一切。高老师把存在观点定义为从脱离人的自然出发，从存在出发理解人、理解世界。意识观点就是从脱离人的现实感性活动的意识出发来理解整个世界。意识观点应该说最具有思辨性，这也是近代唯心主义哲学的实质。意识观点作为近代哲学的一种思维方式，它最强有力的逻辑基础是——世界是被意识到的世界。包括像培根这样一些哲学家也说过类似的话，"初学哲学，我们都是唯物主义，精研哲学，最后都是唯心主义。"为什么最后都是唯心主义？唯心主义的逻辑力量在哪呢？那就是存在也好、自然也好、世界也好，只有被人的意识所表象才是人知道的世界。好像马克思也使用过类似的说法，"意识在任何时候都只能是被意识到了的存在"②，没有被意识到的存在对人而言是一个悬而未决的问题。在这样的意义上，世界就是被意识所表象的世界。这个表象的世界是以意识为基础，所以意识原理就是世界的原理。

　　我过去通俗地解释这个观点，过去我的老同学秦光涛老师也有类似的这样一种解释。就是说我们所看到一个如此这般的世界，是由我们的意识所规定的，说我们能够看到一个三维的世界，是因为我们人就是一个三维的存在。我们如果设想人是一个两维的动物，只是贴附在地球上面的没有任何高度的一个两维存在，想一想我们能够看到一个什么样的世界呢？我们只能看到一个线的世界；如果我们就是一条几何学意义上的线段，是一个一维的存在，那么我们只能看到一个点的世界。我们所以能够看到长、宽、高这样一个空间的世界，是因为我们就是一个三维的存在。我们所以能够看到赤橙黄绿青蓝紫这样一个五彩缤纷的世界，因为我们的视神经能够接受的可见光波就是这么一段特定波长的光波，相反，如果我们视神经

---

① 参见高清海《高清海哲学文存》第1卷，吉林人民出版社1997年版，第116页。

② 《马克思恩格斯选集》第1卷，人民出版社1995年版，第72页。

能够接受的不是可见光波，而是X射线，我们看到的就是X射线机下的世界。所以在这样的意义上，我们看到的是什么样的一个世界依赖于我们意识的机能。前些年流传的一本哲学小说《苏菲的世界》，里面有一段话说的几乎是同样的道理，它无非就是把我们这个意识机能的变换给你戴上一个有色眼镜去看世界，假定这个眼镜长在我们的视神经上，说的也是同样的道理。如果这样的道理成立，我们看到的世界是为意识所表象的世界，我们所以能够表象如此这般的一个世界依赖于我们意识的表象能力。所以意识就成为世界的本体，它有很强的逻辑理由。

世界是为意识所表象的世界，意识如何表象世界依赖于意识固有的机能，意识的机能性原理就是世界的本体原理。那么我们现在怎么反驳这种唯心主义的逻辑？我们过去反驳的唯心主义实际上不是这种唯心主义，而是原始的、朴素的、万物有灵的唯心主义。说山有山妖、树有树精、河有河伯、土地还有土地神，万物都有一个灵魂，那是原始的万物有灵的唯心主义。这种唯心主义是原始的比较粗陋的唯心主义，容易反驳，那么我刚才说的这种唯心主义我们怎么批评？①

我们讲了实践观点思维方式的意义，介绍了高老师对哲学思维方式的理解，介绍了高老师对哲学思维方式的历史类型的划分，从自然观点的思维方式，到存在观点，到意识观点，到费尔巴哈的人本学观点。我们在讲近代哲学意识观点思维方式的时候提出这样一个问题，这也是学习哲学的一些最基本的问题，那就是如何超越唯心主义，如何反驳唯心主义的思维方式。

（一）实践观点思维方式对唯心主义的超越

我们说近代哲学的唯心主义是精巧论证的唯心主义，它和古代的那种直观的、万物有灵的唯心主义不同，它有着严格的逻辑论证。那么如何去反驳这种论证？实际包括列宁在内，很多哲学家都感到非常困惑。比如

---

① 以上内容为2011年4月20日第七次课。

狄德罗曾经感慨，明明知道贝克莱存在就是被感知，这是荒谬的，但是又觉得很难驳倒。列宁在《唯物主义和经验批判主义》中引证狄德罗的这个看法，讽刺贝克莱，说他像一架发了疯的钢琴，仿佛整个宇宙的和谐都发生在他的身上[1]。存在就是被感知，存在当然是我的存在，那么世界就是被我所感知到的、意识到的存在，从而我——感知的这个主体成为整个宇宙的核心，所以说他像发了疯的钢琴，整个宇宙的和谐都发生在他的身上。但是列宁也感慨说，虽然明知道他是胡说，但是从逻辑上又很难驳倒他，这就是我们上次课论证的那个简单的逻辑，存在是被意识意识到的存在，而意识到的存在依赖于人的意识和感知能力，从而人的意识和感知能力就是对我们显现的这个世界的本体。在这样的意义上，这个逻辑究竟如何反驳？我们知道的许多哲学家都对这个命题进行反驳，比如说英国剑桥大学的摩尔教授著名的反驳。在美国哲学家怀特编辑的《分析的时代》这部著作中，摩尔被称为哲学家的哲学家，怀特认为摩尔和罗素是20世纪最伟大的哲学家[2]。1903年他发表了一篇论文，标题就叫《驳唯心论》。摩尔用简单的逻辑分析：如果主词和宾词完全一样，存在和被感知是 A = A 的同一性，二者完全等同，那么说存在就是被感知这句话等于说A是A，我是我，是无意义的同义反复。而如果存在和被感知不完全等同，那么就不能说存在就是被感知，存在就是被感知就是一个逻辑矛盾。这是摩尔一个简单的逻辑分析。当时摩尔好像不到30岁，后来他也认为自己这篇文章写得比较浅薄，对这篇文章的观点也提出了一些修正。但是有人评论说，他示范了一种新的哲学工作方式，这就是后来著名的逻辑分析，用逻辑手段来分析和解决哲学问题。有人评价说罗素的摹状词理论开辟了哲学的新纪元。最早驳唯心主义的可能是康德的《纯粹理性批判》，大家看《纯粹

---

[1]　《列宁专题文集》"论辩证唯物主义与历史唯物主义"，人民出版社2009年版，第7页。

[2]　参见M.怀特《分析的时代》，商务印书馆1981年版，第17页。

理性批判》中有一节①，康德在那一节里专门批判贝克莱的存在就是被感知。康德认为，我们感知到的内容，或者说意识所感知到的内容总有外在于意识的给予性，从意识中分析不出来。我们所说的这些内容作为思想和感觉的质料，必然是外在于我们意识之外的一种给予性。

王天成老师也承认，要构造出这样一种反驳唯心论的理论，难度非常大。首先，你得把感知到的这些意识内容区分出哪些是意识自身所具有的，哪些是意识自身构造不出来的。意识自身构造不出来的必然来自意识之外的给予性，这种反驳唯心论的方式实际仍是康德式的思路。大家体会一下，《纯粹理性批判》中康德对唯心论的反驳，大致就是这样一种思路。那就是意识感知到的内容，有外在于意识之外的给予性，康德把它叫作感性杂多，所以康德断定感性杂多只能来自物自体，而不是来自意识。所以在这个意义上，我们过去批评康德是不彻底的，是二元论，因为康德承认在意识之外有一个物自体的客观性。

按照高老师对整个哲学史的理解，特别是高老师对马克思主义哲学思维方式变革实质的理解，高老师认为马克思哲学是用实践观点的思维方式超越意识观点的唯心主义。实际上我们后面要讲的这些内容已经是我们国内学界，至少是马克思主义哲学界都已经共同认可的基本内容。2001年我和高老师合写了一篇文章《马克思的哲学观变革及其当代意义》②。在这篇文章里，我们较为详尽地论证了马克思在《关于费尔巴哈的提纲》第一条中所提出的三种哲学思维方式。这是一些国内学界已经形成共识的对马克思哲学的基本理解，像王南湜老师、吴晓明老师，好多老师实际都已经把我们下边的这些论证看作是无可置疑的。《关于费尔巴哈的提纲》的第一条中，马克思有这样三个非常重要的判断。马克思的说法是，"以往的一切唯物主义（包括费尔巴哈的唯物主义）对现实、事物、感性总是从客

①　参见康德《纯粹理性批判》，邓晓芒译，人民出版社2004年版，第202—206页。

②　高清海、孙利天：《马克思的哲学观变革及其当代意义》，《天津社会科学》2001年第5期。

体的方面"，或者译成从客观的方面来理解，什么叫从客体的方面来理解呢？这里所说的现实、事物、感性，也可以说就是对人显现的意识世界，就是我们意识到的世界，意识到的存在、现实、事物、感性。这些现实、事物、感性作为我们意识到的对象，从前的一切旧唯物主义只是把它们看作是在人意识之外的客观世界的显现，而这只是从客体的方面来理解。"与之相反，唯心主义则抽象地发展了能动方面"，那么，唯心主义怎么理解事物、现实、感性呢？它是从能动方面来理解，即从意识的能动性来理解现实、事物、感性，用我们刚才的表述就是唯心主义意识到我们所看到的现实、事物、感性，或者说我们所看到的，比如外边的树，我们这个房间，我们这些人……都是人的意识所表象的存在，是为我们的意识机能所显现、所表象的现实、事物和感性。马克思批评说，唯心主义是抽象地发展了这种能动性。马克思说唯心主义当然不知道感性物质活动，或者说实践的意义。所以从实践去理解现实、事物、感性，这就是马克思实践观点的思维方式。那么，马克思实践观点的思维方式怎么理解现实、事物、感性呢？

我讲课经常举一个例子：我面前的这张桌子，我们看看这三种不同的思维方式怎样理解桌子。从旧唯物主义看这张桌子：桌子是外在于我们的意识的客观存在，为我们的意识所反映，在我们的意识之外，实实在在地客观存在着，这就是从客体方面来理解这张桌子。唯心主义从主体方面，从能动方面理解（像贝克莱理解的）：这张桌子就是我所感知到的桌子——这张桌子无非是我看到的黄色的外形、我触摸到的硬度等这样一些感觉的集合构成了这张桌子——物是感觉的复合。那么马克思如何从实践观点的思维方式理解这张桌子？既不从客体方面，又不从主体方面，而是从它作为感性物质活动来理解这张桌子，这张桌子就变成了实践的历史产物，它是人类实践的历史结果。只有经过人类的劳动、人类的感性活动才有这张桌子的存在。根据马克思的理解，这张桌子的制造者的两个目的，这是马克思在《1844年经济学哲学手稿》中的一个非常重要的观点，那就是既按照实用的目的来生产，又按照美的规律来生产①。这张桌子之所以是现在这个样子，第一，它要满足教学的工具的实用目的的需要，所以它的设计应该是能够安置、放置一些物品，至少放个杯子、几本书、几支粉笔，这是它的实用性目的。第二，更重要的是，马克思强调人类也要按照美的规律来生产，那么这张桌子的颜色、形状、用料的选择等，也体现了设计者、生产者的工艺美术的理想，他肯定认为这种造型是美的。甚至按照马克思的说法，这张桌子也是打开的人类心理学②——在这张桌子里面渗透着生产者、设计者的技术、技能，更重要的是体现了生产者、设计者的审美观念。所以我们对古代文物的考据、考证，我们可以通过发掘出土的一些文物看到当年生产者、制造者的美的感觉、美的观念、美的意识。马克思说工艺生产的历史是打开的人类心理学，也就是说在劳动产品中对象化着人的心理要素，人的心理要素在这些劳动产品中被历史地凝结和积淀。按照这种观点看这张桌子，这张桌子就是感性物质活动的产物。马克思和恩格斯在《德意志意识形态》中也讲过这样的例子，是说樱桃树。欧洲我们可以看到樱桃树③，从旧唯物主义的观点看，那就是一棵外在于我们意识的客体对象，从主体的能动方面看樱桃树，说它是为我的意识机能所表象的樱桃树，从实践观点的思维方式看樱桃树，马克思认为樱桃树对欧洲人的显示是历史活动的结果。原因是原来欧洲没有原生态的、自生的樱桃树，樱桃树是从其他洲移植到欧洲的树种。所以桌子也好，樱桃树也好，按照马克思的看法，都是人类感性物质活动的产物。

所以依据马克思的《关于费尔巴哈的提纲》第一条的三个判断，我们对哲学史上思维方式类型可以简单地划分为：旧唯物主义的思维方式、唯心主义的思维方式和马克思实践观点的思维方式。这三种思维方式对世界，对现实、事物、感性的理解有着原则的区分，在这样的意义上才能

---

① 参见马克思《1844年经济学哲学手稿》，人民出版社2000年版，第58页。

② 参见马克思《1844年经济学哲学手稿》，人民出版社2000年版，第88页。

③ 《马克思恩格斯选集》第1卷，人民出版社1995年版，第76页。

说马克思实现了哲学思维方式的根本变革。他不同于唯心主义的抽象能动
方面的理解，也不同于旧唯物主义的直观的理解。这里用"直观"，这
个词是非常准确的，旧唯物主义是直观的唯物主义。直观是什么意思呢？
通俗地说就是让人直接看到。人的意识本能地把直接看到的现实、事物、
感性设定为在我们之外的客观存在，我们本能地把它看作是一个外在于意
识对象对我们的显现。这里所说的直观在后来的哲学中，比如说在胡塞尔
的现象学中，就把它叫作自然态度的思维，那么用另一个词，也可以把它
叫作朴素唯物主义的思维。直观的唯物主义、朴素的唯物主义、自然态度
的思维，都是人的日常意识的本能倾向。如果我们不学哲学，如果不去反
思这些问题，谁也不会怀疑桌子、椅子、树在我们之外的客观实在性，因
为这是意识的本能，我们本能地认定物在我们之外的实在性。至于说为什
么会有这种本能，也有人做论证。我在读大学本科的时候看过一篇苏联的
副博士论文，相当于我们的硕士论文，这篇硕士论文出版了一本小册子，
我们也有了中译本，原文标题我记不住了。在这本小册子里，作者就论证
这种直观的、朴素的本能的意识：为什么相信物在我们之外的实在性。他
的主要论证是通过感知能力的统合，他主要是讲这几种感觉，比如说是空
间距离感，用我的眼睛一看，我到那可能大约三米的距离，这是空间的距
离感，然后是运动感，我走过这样一段距离，这是我感受到我自己在运动
的这种感觉，然后走到那个墙上，脑袋撞到墙上了，这是触觉。那么这种
空间的距离感、运动感、触觉感，这些感觉的综合统一使人本能地相信物
在我们之外的实在性。这种日常态度的思维，作为日常意识，在日常生活
中是充分的，不用怀疑，谁也不会怀疑这个墙、桌子、椅子对我们的实在
性，仅仅是在哲学思维的意义上，它才是朴素的。马克思对事物、现实、
感性的这种实践观点思维方式的理解，把它看作是感性物质活动的结果，
从根本上改变了哲学的思维方式。我刚才说的几点是马克思对思维方式的
概括，国内哲学界没有疑义。

（二）实践观点的思维方式是现代哲学思维方式的起点

但是高老师和其他学者不同，高老师进一步对马克思《提纲》中实践观点思维方式进行深化理解。马克思认为，实践观点思维方式的本质和实质，不在于提供了一种理解世界的新方式——你从客体方面，他从主体方面，我从感性活动的物质实践方面去理解，这当然是很重要——但是最重要的在于，马克思认为实践观点思维方式同旧唯物主义和唯心主义有着一个原则的思维方式变革，这个变革我们可以把它看作是从传统哲学到现代哲学的转变，这一点非常重要。高老师在1995年出版的《哲学的憧憬》的前言"哲学的秘密在于人"这篇文本里，第一次非常清晰地表达了从传统哲学到现代哲学转变的实质，其思维方式转变的实质，就是实践观点的思维方式是现代哲学思维方式的起点①。这样一个判断对我们国内的现代西方哲学研究可能意义也非常重大。

很多同学都知道复旦大学刘放桐老师是我们国内现代西方哲学研究领域的权威，因为在80年代初，他最早编写现代西方哲学教材，也就是我在读大学本科的时候（1981年、1982年）。现在大家看到的刘放桐老师编的《现代西方哲学概论》本子越来越厚，已经出了第六、七版了，而且应该说现在这个教材的质量也越来越高，各个章节都请复旦的研究专家撰写，所以它的质量现在应该说也是很高。刘放桐老师对高老师有一个评价，他认为高老师是真正的哲学家（这是孙正聿老师当面听他讲的评价）。刘老师为什么对高老师特殊地推崇？我印象应该是在十年前左右，我参加教育部的优秀社会科学成果评审，那年刘老师申报一篇论文，因为平时我们看到的终究有限，刘老师这篇论文我看了一下，才知道为什么刘老师对高老师如此推崇，原因就是在这个观点上他们完全一致——刘放桐老师也认为马克思哲学是现代西方哲学的起点。我想高老师的这个认知可能要比刘老师更早一些，所以能够得到刘老师的充分认可和高度评价。类似的现

---

① 参见高清海《哲学的憧憬》，吉林大学出版社1995年版，第1—30页。

象大家以后如果真的做哲学专业，逐渐会有更多类似的例证。孙正聿老师前两天和我说，刘放桐老师对他的《哲学通论》的一节评价极高，就是关于语言转向，现代西方哲学的语言转向。刘老师说，我们搞现代西方哲学的，搞语言哲学的，这么多人，谁也没有你这段文字把语言哲学转向的内在逻辑说得这么清楚。为什么会有这种情况呢？专门研究语言哲学的说不清语言哲学转向，反倒是搞马哲的说得这么清楚，什么原因呢？以后大家做专业研究就会体会到这里的内在学理性的必然性，那就是如果我们做一个专门领域的专家，研究现象学、研究分析哲学，更具体地研究一个人、一个文本，按照学术规范的要求我们可能越研究越精细，但是同时也会越琐碎，越来越陷入它的那些细枝末节之中，结果反倒跳不出来，要从外边比较地去看这个哲学理论的实质，这个很正常。这两种不同的研究范式各有利弊。

所以过去的说法可能也有道理，陆游的说法，说学诗"功夫在诗外"。学作好诗不是说天天去背唐诗、背宋词，遣词造句、精雕细琢才能作出好诗。我也是这个看法，我们现在的小学教育、中学教育存在的最大问题也在这里——缺少功夫在诗外的这样一个方法。我们从小学到中学，不断地写作文，为什么我们好多人写不好作文呢？因为写好作文不在于模仿范文，按照某些范文去结构，去提炼主题，去学各种描写方法，这些东西是写作知识、写作技巧，最重要的是——我们心灵的感受力的开发。一个小孩如果从来没有感受到春天的绿柳，《红楼梦》里有一个说法叫"鸭绿鹅黄"，看看现在，"绿柳才黄半未匀"，半绿半黄，多么细腻的心灵感受，没有这种感受你学再多成语，学再多写作方法，你的心灵是苍白的、空乏的，也不可能写出所谓的有真情实感的好文章。所以一个好的语文老师能在上语文课的时候领着孩子们去观察、去感受，去开放自己的感知能力和感性能力，去打开自己的心灵非常重要。实际中外哲学都有类似相通的地方，比如说庄子，庄子讲"真人呼吸以踵"，而马尔库塞在《单向度的人》中主张人的全身心的感性系统向世界开放。我们全身心的感性能力对世界、对宇宙打开，我们才能有一个活泼的、感性的心灵，而这是写好文章的前提。文章写得枯燥无味，就是因为我们已经关闭了自己的感性，关闭了自己的心灵，我们已经阻隔了自己向世界敞开着的那种细微的感受的能力。见到迎春花没有那种春天来了的喜悦，见到绿柳、见到杏花、桃花没有那种生机勃勃的新鲜感，我们如何能够写好春天？关键是这种真切的心灵感受。所以我们年轻的时候，我和大家一再讲这样一个看法，不要被功利的东西把自己束缚得过于封闭，我们仍然要给自己一个放松的、自由的心灵和精神环境，不会因为看迎春花感受到的那种发自内心的喜悦影响到我们哲学学习。康德有句话我很赞赏，大概意思是，对自然美的喜爱是心地善良的标志①。如果我们还能保持着对自然美的喜爱和鉴赏，至少说明我们不那么世故、不那么功利，所以是心地善良的标志。如果一个人对周围的一切美的感知都是麻木的、迟钝的，那可能说明他的心思太重了，自我的封闭也可能是达到了一定的程度。

回到我们自己的话题来说，这里所说的功夫之外，在自己的专业领域之外的这种鉴赏和判断能力，可能是大家以后做学术都能遇到的这种情况。搞语言哲学未必真的能够看清语言哲学，搞现象学未必的能够仅在现象学文本中懂得现象学。

说白了很简单，要明白现象学总得明白它在整个西方哲学发展的逻辑中所具有的特殊意义，要不然就不明白为什么出了个现象学。孙正聿老师多年有个困惑，都说现象学重要，胡塞尔重要，到底重要在哪？原因就是我们只能在整个西方哲学的宏观背景下才能看清它的特殊意义。所以高老师所提出的马克思哲学实践观点的思维方式是整个现代西方哲学的起点，这个判断得到了像刘放桐老师这样一些现代西方哲学专业工作者（我们也可以说专家们）的认可，这也是很正常的。

而更重要的是高老师的论证，不仅仅是做出一个独断，因为想做出一个判断，要有论证。为什么这个问题至关重要呢？为什么说它划分了传统

---

① 阿尔森·古留加：《康德传》，贾泽林等译，商务印书馆1981年版，第186页。

哲学和现代哲学的界限？高老师的论证突出地强调传统哲学思维方式，不管是旧唯物主义还是唯心主义，高老师用了一个词，都把它叫作本体化的思维方式。按照高老师的看法，现代哲学的起点可以说是去本体化，从而显示出一个最重要的哲学革命，不仅是对德国古典哲学的革命，不仅是对唯心主义的变革，也不仅是像我们教科书所说的吸取了黑格尔哲学的合理内核、费尔巴哈哲学的基本内核，实现了哲学革命。这里最重要的是高老师所理解的思维方式的变革。什么叫本体化呢？高老师用这样一些词，比如说还原论，先在本质决定，这是传统哲学思维方式的共有特点。所谓本体化也就是要在现实、事物、感性或对人显现的这个世界中，寻求一个终极的存在。要找一个终极的存在、终极的本体，用来解释说明一切对我们显示的现实、事物、感性，就不可避免地陷入一种还原论的思维方式。那么能找到什么样的本体呢？高老师列举了自然观点的思维方式、存在观点的思维方式、意识观点的思维方式、人本学观点的思维方式。自然观点的思维方式可能通常像古希腊自然哲学，总是从自然中去寻求某一个终极的本源，从泰勒斯找到水、赫拉克利特找到火、德谟克利特用原子，不管是用什么样的本源，都是把它作为一种自然存在，或者说是自然中的终极存在作为解释和说明世界的最高原则，这是自然哲学本体。那么意识哲学本体，大家都知道，高老师在《哲学与主体自我意识》中，把哲学叫自我意识，可以说自我意识的几乎每一个环节都可以成为唯心主义的本体根据。贝克莱找到的是感觉，感觉是终极的存在，当然也有因果经验论的那样一个前提，因为对感觉、感性的精细分析始于洛克。洛克分析了第一性质、第二性质的感觉，广延等这样一些感性是第一性质，而像甜、酸、苦、辣这样一些味觉是第二性质。第一性质是客观的，第二性质是依赖于主观的，依赖于主体的自身。贝克莱把第一性质也看作依赖主体的，从而把全部感觉作为世界的终极存在基础，大家也知道叔本华、尼采可以把意志作为世界的终极存在基础。黑格尔可以说是一个概念论者，他把一个具体的普遍性概念作为终极存在，就是他所说的绝对理念。实际所有的这些，感觉也好、意志也好、概念也好，都是高老师所分析的人的主体自我意识的不同环节，把某一个环节夸大都可以成为唯心主义的本体论体系的建构起点，实际都有道理。为什么都有道理？因为感觉也好、意志也好，甚至像费尔巴哈强调的那个爱的情感也好，所有这些都是人的主体自我意识的不同环节。

（三）传统哲学向现代西方哲学转变的思维方式变革的实质

我们刚才讲到一个非常重要的关键点，这就是从传统哲学向现代西方哲学转变的思维方式变革的实质。高老师认为马克思实践观点的思维方式终结了传统哲学的本体论化思维方式。而本体论化思维方式的实质是一种还原论、先在本质决定论，总认为对现实、事物、感性等我们所意识到的一切存在都可以找到一个先在的终极本质对它作出最后的解释。这是传统哲学唯物主义、唯心主义共有的思维方式特点。为什么说实践观点的思维方式终结了传统哲学的还原论、先在本质决定论？按高老师的说法，人是哲学的奥秘[①]。他认为所有这样的一种哲学思维方式和对人的理解密切相关，实际也可以说，传统哲学这种还原论的、本体化的思维方式是要为人找到一个终极的确定性基础。赖欣巴哈在《科学哲学的兴起》这部书中表达的观点可以作为一个佐证。传统哲学作为不可证实的无意义的假命题，为什么会产生？赖欣巴哈认为因为人有这样一种追求最后的确定性、获得一种终极的安全感的需要[②]。赖欣巴哈用一个很有意思的隐喻，说传统哲学，或者说形而上学是成年人的精神的父亲。哲学也好、宗教也好，最终的根源，按照赖欣巴哈的说法，是人希望有一个为我们提供终极确定性、终极安全感的强大的精神的父亲。所以我们可以理解上帝为什么被叫作父亲，是整个人类之父，不是我的、也不是你的，是所有人的圣父。这种对终极的安全感的确定性，赖欣巴哈还有一个说法，他用一个词叫"伦理

① 参见高清海《高清海哲学文存》第2卷，吉林人民出版社1997年版，第43—59页。

② 参见赖欣巴哈《科学哲学的兴起》，商务印书馆1983年版，第25—43页。

认识平行论"①。什么意思呢？就是说认识要找一个最后不可怀疑的确定性，人的心灵才能得到安心，否则我们总会被无穷的困惑所困扰。那么人类的伦理行为也需要一个最后终极的确定性，所以我们可以说传统形而上学充当了——孙正聿老师经常用这样一些说法——终极存在、终极解释、终极情感。而这种终极的情感可能是一种终极的安全感。高老师认为人的这种自身理解，实际表明人类是一种不成熟状态，人类的精神真正强大到不需要父亲的时候，人类才可能是所谓现代人。

那么，何谓现代人？大家想一想整个后现代主义哲学，包括现代西方的政治哲学、政治学、经济学、社会学……所有这些学科，改变了传统学科的一些什么观念呢？我们可以用一个词来表达整个现代人文社会科学转变的核心，那就是有限理性——人是有限理性的存在。最近我看网上介绍金融巨鳄索罗斯的哲学，第一条就是可错性，索罗斯也犯错；第二条好像叫反省，知道自己错了随时改正。很简单、很朴素，但是确实是表达着现代人自我意识的根本变化。人是一个可错的有限理性的存在，可以说这个观点导致了西方自由主义经济学、自由主义政治哲学的全面变化。自由主义经济学和自由主义政治哲学都奠基在有限理性的人的自我意识基础上。因为人是有限理性的存在，所以计划经济是不可能的，也正是基于此，哈耶克批评传统社会主义是走向奴役之路，是理性的自负。

哈耶克对我们传统的计划经济模式社会主义有两点根本批评②。第一点，说你设想一个万能的、全能的，比如说我们的国家计委把整个十几亿中国老百姓的衣食住行全部消费都能精确地计划出来，意思说需要多少衣服，需要多少鞋，需要多少牙膏，我都给你计算出来，然后我按照一个诺贝尔经济学奖的获得者的工作，瓦西里·列昂惕夫的投入产出表，我需要多少牙膏，我需要多少其他的化学用品，然后去倒着推，最后我需要多少

---

① 参见赖欣巴哈《科学哲学的兴起》，商务印书馆1983年版，第43页。

② 参见哈耶克《通往奴役之路》，中国社会科学出版社1997年版，第七章，以及哈耶克《致命的自负》，中国社会科学出版社2000年版，第五章。

机器，多少矿石……可以按照一个严格的投入产出表对整个国民经济做出精确的计划。那么计划经济到底可不可能呢？应该说在物质生活消费比较简单的时候可能还可以计划，一旦人们开始追求物质生活的丰富性，就无法计划。无法计划的逻辑依据就是人的需求是充满着偏好差异的体系，消费者的需求是无法计划的。所以，哈耶克批评计划经济是理性的自负。无法计划怎么办？只有实行市场经济改革。因为只通过市场的价格信号才能对需求做出最灵活的反应，所以用市场机制才能最有效地配置资源，满足需求。道理很简单，什么东西涨价了，那就是供不应求，就多生产点；什么东西降价了，供大于求，就少生产点。所以价格信号能够最灵敏地反映人们的有效需求。第二点，哈耶克批评计划经济必然导致走向奴役之路。怎么奴役呢？全国穿统一色的服装，吃一样的食物，这种经济状态被叫作"短缺经济""票证经济"。豆腐票、肉票、粮票，都是定量供应，最后必然对人的自由构成限制和威胁，从而走向奴役之路。哈耶克认为计划经济体制的社会主义是一种理性的狂妄。太相信理性了，实际上并没有那样一种全能的、万能的理性对一个国家的经济做出有效的计划，所以哈耶克把它叫作理性的自负。那么不自负的理性是什么呢？就是有限理性。

有限理性的这个观念带来的就是对整个世界理解的变化。高老师的说法是，人怎样理解自身，也就怎样理解世界。如果我们意识到自己是一个有限理性的存在，我们就不会去找世界中的无限的终极存在。反过来，高老师说，人怎样理解世界，也就怎样理解人，这是他90年代初的一个非常有震撼力的思想，人是哲学的奥秘，哲学怎样理解人也就怎样理解世界，同样，哲学怎样理解世界也就怎样理解人①。高老师认为现代人的自我意识的变化，这种有限理性，我们还可以用存在哲学的说法，也是有限存在。海德格尔对这种有限存在的表达，简单说就是有死性，人是有死的存在。人是有死性的存在，人是有限理性的存在，基于这样一种自我

---

① 高清海：《高清海哲学文存》第4卷，吉林人民出版社1997年版，第3页。

意识，高老师认为它必然改变传统哲学对世界的理解方式。那就是我们不再需要去找一个最后的、绝对的、不可怀疑的、终极确定性和终极的安全感。用存在哲学的说法，这也是孙正聿老师非常喜欢的一个说法，人在旅途，我们就是在世界中这样一个有限的、短暂的过客。当年苏轼在《赤壁赋》中的表达，"渺沧海之一粟，哀吾生之须臾"，人不过是沧海一粟，不过是世界中的须臾的存在，意识到这种有限性、有死性使人的思维方式发生了根本变化，这个变化在萨特的存在主义哲学中得到一个最清晰的表达：存在先于本质。从而否定了那种先验本质决定的传统哲学思维。按照萨特，我们是先存在，继而在存在中自我选择，自我创造自己的本质。而高老师解释马克思，我们是在历史的实践活动中创造和生成自己的本质，这一点和萨特的观点非常接近。

　　高老师对马克思实践观点思维方式的理解，人是有限的、有死性的、有限理性的存在，人在自己的实践活动中通过自己的实践活动创造和生成自己的本质，没有一个先在的本质决定我们。所以可以说本质和存在关系的颠倒，是传统哲学和现代哲学转变的一个重要环节。高老师用了一个很简单的例子，从发生学的意义上讲，孙子来源于爷爷，没有爷爷就没有孙子，但是他说，孙子的本质显然不能通过爷爷获得解释，你能通过爷爷这种先在性来解释孙子的本质吗？因为孙子的本质是孙子自我实践活动的结果，是他的自己生成，自己创造。当然你也可以说，爷爷决定孙子，那只是在遗传学的意义上，只是在生物学的意义上，但从人的社会性本质说，不可能通过爷爷来解释孙子。实际黑格尔也有类似的看法，你怎样行为，你就获得怎样的本质，你就是怎样的人。这接近于马克思这种实践观点的人的理解。

　　大家知道马克思实践观点对人的理解，在《关于费尔巴哈的提纲》中，马克思的原话说，"人的本质不是单个人所固有的抽象物，在其现实性上，它是一切社会关系的总和"[①]，所以费尔巴哈的唯物主义的一个根

---

① 《马克思恩格斯选集》第1卷，人民出版社1995年版，第56页。

本缺陷就在于不懂得人本质的社会性、历史性，所以只能做到对单个人本质的抽象、直观。什么意思呢？费尔巴哈看人，是从客体的方面、给予性的方面去理解，所以只能是直观到人的一个抽象的本质。比方说大家知道费尔巴哈直观核心就是爱，是"爱"把人们联系起来组成了社会。我们国内马克思主义哲学界长期对马克思这句话存在误解，我们理解马克思说人的本质是社会关系总和的时候，我们又把社会关系作为一个先在本质来决定人，而不懂得社会关系正是人在实践中生成的。所以我们传统教科书对马克思这句话的理解和高老师的理解完全不同：教科书说社会关系决定人的本质，社会存在决定社会意识，它无法解决的一个难题，实际我在很年轻的时候就想过这个问题，那就是人的道德责任和法律责任问题。大家想一想，如果我的一切本质都是由我所处的社会关系决定的，那么我胡作非为，我做坏事，我也不应该承担责任，承担责任的应该是社会关系，是社会关系决定了我必然如此。这也是康德道德哲学思考的起点。为什么我要承担道德评价的责任？为什么我要承担法律的责任？因为康德认为你是自由的，你有自由意志，所以康德论证自由意志和道德法律的存在是相互作为前提的，只要承认道德法律的合理性就要承认人是自由意志的人，只有承认人有自由意志，才有道德法律的存在。

马克思怎样理解这个问题？如果真的像我们用旧唯物主义的思维方式那样，我们虽然不在自然中找一个先在本质了，我们却在社会关系中去找人的先在本质，这是用旧唯物主义的思维方式理解马克思，那么最后，我记忆中当年邹化政老师给我们讲课的时候非常激动地说：人变成了历史的玩偶。各种各样的社会关系就像木偶后边的那些线，牵着我们做着动作，从而一切都是被决定的。而事实上人能是这样一个玩偶吗？没有自由、没有自主性，一切都被社会关系所决定？所以邹老师特殊强调，正是人创造了自己的社会关系，离开人的历史活动就没有那些社会关系。大家如果不到吉林大学哲学系来学习，也不可能有我们之间的师生关系，显然是你的选择、我的选择，你的实践、我的实践的历史结果，在这个意义上，是人创造了社会关系。用经典的辩证法可能有一个漂亮的解释：人在自己创造的社会关系中自身制约，自身发展。我创造了如此这般的社会关系，反过来，社会关系也规定我的本质，那么我又在自己新的实践和创造中改变自己的社会关系，这是典型的辩证法阐释。其中并没有一个先在本质对人的决定，所以高老师对人的这样一种重新理解，为他理解马克思实践观点的思维方式提供了一个重要的维度，那就是把人的主体自我意识，把人的自我理解的历史性变化看作是哲学思维方式变化的根源，看作是对理解世界思维方式变化的根源。

四、实践观点思维方式变革的意义

我们这里可以看到高老师对马克思实践观点思维方式的这种阐释具有多方面的意义。我们回过头来总结一下：第一，在人和自然的关系上，实践观点的思维方式把人和自然理解为否定性的统一关系。第二，在人对世界的关系上，实践观点的思维方式，把世界、现实、事物、感性（这就是马克思所说的那个世界，对我们显示出的现实、事物、感性，这几个词马克思用得非常漂亮，肯定也是经过斟酌的，他为什么不说客观事物、现实世界，而用了这三个词，现实、事物、感性，怎么理解现实、事物、感性？实际这里强调的现实、事物、感性对人的这种显示和显现，它已经避免了那种素朴实在论的术语。在人对现实、事物、感性的关系中，实践观点的思维方式提出了不同于旧唯物主义和唯心主义的新的理解方式）看作是感性活动的结果、看作是历史实践的结果。第三，马克思哲学思维方式，或者说实践观点的思维方式最重要的意义在于它通过人的自我意识的变化，理解传统哲学和现代哲学思维方式的区分的实质，这个实质是本体论化还是去本体论化？而这一点，我刚才说对理解整个现代西方哲学意义重大。20世纪以来，所谓拒斥形而上学的现代西方哲学也就是对传统西方哲学思维方式的一个变革。这种变革最后的根源，为什么能去本体论化呢？为什么不要去找那个终极存在、终极本质、终极确定性、终极根据？原因是人的自我理解的变化。人怎样理解自身，就怎样理解世界，人是有限的理性存在，也是有死性的存在，有限理性的存在不可能在世界中找到一个无限的、终极的本体依据，从而人自己就是自己的依据。这一点显示出现代哲学的思想力量。哲学家们必须得强大到足以承担自身的命运，每个人强大到自己成为自己的根据，才有可能抛弃传统哲学的思维方式，不再需要在自身之外去找自身的根据，从而才能把人自己理解为自我本质的不断的生成和创造过程。

那么能不能有一种更好的方法把传统哲学的先在本质决定论和现代哲学的本质的自我生成比较好地结合起来？我倒觉得中国传统哲学可以给我们以启发。我以前跟大家讲过的思路好像有点道理，这就是我和大家分析过的《中庸》中的那句话，"天命之谓性，率性之谓道，修道之谓教"。天命作为一种来自自然的禀赋，或者说自然的遗传，一定意义上是一种先在本质，但是这种本质只是一种遗传的可能性，我们也可以说是一种自然倾向，自然可能性的实现却是需要自我选择、自我创造的实践。而如果像我们所解释的那样，每一个人真的能够把自己的天命充分地实现出来，各正性命——这里所说的正命，就是堂堂正正把自己的命分、自己的可能性充分地实现出来。我的说法，这就是人生的意义，就是生命的完成，我甚至把它叫作是一种"可完成的形而上学"。在什么意义上它仍然是形而上学？因为它承认有天命，在这个意义上，是形而上学；什么意义上它又是现实性呢？因为它是可完成的，是可实现的。当然我们可以问，我怎么知道我那个天命是什么啊？因为孔子讲五十才知天命，到五十岁了你才知道天命。而实际上，在青年时期，正是因为我们不知道自己生命的界限，我们才是幸福的，要到五十岁就没什么意思了，为什么呢？知道了自己的界限，知道了自己生活的诸多的不可能性。所以在青年时期要大胆地探索和实践，无限地去开放自己的可能性。

我们上大学本科的时候，20世纪70年代末80年代初，中国刚刚开始改革开放，那一代大学生的精神状态正好是高老师实践观点思维方式最能准确解释的状态。从原来的革命的螺丝钉——我们青年时期的口号叫"我是一块砖，东西南北任党搬"，都是由党和组织安排我们的命运——突然传来萨特的遥远的声音，自我选择、自我创造，自己创造自己的本质。大学生们那种精神状态，那种青春的渴望一下子被激发出来。所以当时我说大学生看小说，实际也是对他哲学信念的一个证明，男生都看罗曼·罗兰的《约翰·克利斯朵夫》，女生都看《简·爱》，因为《约翰·克利斯朵夫》是一个平民化的男主人公的自我奋斗史，而《简·爱》也是一个平民的、底层的女孩自我奋斗的精神史，这正好是当时大学生精神的形象写照。到现在大家可能就会感受到自我选择、自我创造的空间日益狭隘、日益局促、日益逼仄，能够让我们自己选择、自由创造的空间似乎越来越狭小，这就是人们所说的社会阶层的固化，社会流动减少。所以这也是改革开放这三十年又经历了一个命运的轮回，当然现在是以自主选择的形式显示出这种选择的艰难。

那么在这个时候我们怎样去面对我们的时代，面对我们的生活，面对我们自己？就是我和大家一再说的，创造一个不可替代的卓越自我，让优秀成为习惯，最后结果终究取决于我们自己。短期的就业情况，等等这些和家长、和社会关系肯定有关系，但长远看，用稍微大一点的尺度，十年、二十年，不是说三年五载，用长一点的时间尺度去看人生，最后决定自己命运的是我们自己。

这是我们从高老师《论实践观点的思维方式》这篇文章里讲的第三个问题，从什么是哲学思维方式、哲学思维方式的历史类型、马克思实践观点思维方式变革的实质，还有最后一个问题就是实践观点思维方式变革的意义，高老师用论文的最后一部分讨论这个意义。但是这篇论文的最后这部分，应该说后面还有长长的下文，高老师以实践观点的思维方式意义的论证，接着就是他推出的哲学观念变革断想的系列论文，之一、之二、之三……所以大家在下一次课之前，看一下这两篇文章。高老师以实践观点的思维方式认为，它可以带来所有哲学观点、哲学观念的全面变革。大家看高老师的《重评唯物论与唯心论的对立》，看怎么用实践观点的思维方式重新理解唯物主义和唯心主义的对立问题。第二篇，就是《突破真理论的传统狭隘视界》，我们可以看高老师怎样理解实践观点的思维方式变革的意义，变革了哲学思维方式，就会对传统马克思主义哲学的所有问题带来一些新的理解，带来哲学观念的根本变化。①

五、实践观点的思维方式下的真理观

我曾经要求大家看一下高老师实践观点的思维方式变革之后他写的几篇文章，包括我们已经讨论过的《实践观点作为思维方式的意义》《论哲学观念的转变》，也就是当时哲学观念变革的几篇文章，比如说比较重要的《超越唯物和唯心的对立》。今天我想和大家具体讨论一下其中的一篇就是《突破真理论的传统狭隘视界》，这是高老师1994年写的一篇文章，《文存》里也收了这篇文章②。我所以和大家重点讨论这篇文章，我觉得这篇文章标志着高老师通过对马克思实践观点的思维方式的理解，不是通

---

① 以上内容为2011年4月27日第八次课。

② 高清海：《突破真理论的传统狭隘视界》，《哲学研究》1995年第8期；收入《高清海哲学文存》第2卷，吉林人民出版社1997年版，第98—108页。

过现代西方哲学的文献，他独立地达到了当代世界哲学最前沿的课题。在这个意义上，可以说这篇文章标志和显示着高老师的哲学思考已经进入到我们今天这个当代哲学的主流和前沿，在这个意义上也可以说高老师的哲学是中国的现代哲学，我后边将要论证这样一些看法。

（一）哲学真理的去"科学"化

这篇文章开始的入手处，高老师叫"问题的提出"。"问题的提出"这部分内容显示出高老师一种敏锐的语义直觉。大家看高老师怎么提出问题的？说我们要为真理而奋斗，追求真理，甚至要为真理而牺牲，这是我们通常说的一些话。从这些话中我们能体会出什么呢？人们为什么要为真理而奋斗？甚而为什么要为真理而牺牲？真理应该是什么？按照传统的真理观，从古希腊开始，人们把它叫作符合论的真理观，这种符合论的真理观，应该说是历史悠久。主观认识同客观实际相符合，这就是真理，我们把它叫作符合论的真理观。后来，我们国内的哲学原理教科书也对这样的传统的真理定义做了一些修改，比如说，正确反映客观事物及其规律的认识，我们加进了规律，不仅是主观认识同客观实际相符合，而且要达到主观认识同客观规律的符合，正确反映客观事物及其规律的认识我们把它叫作真理。但是尽管做这样的修正，高老师认为传统真理观作为符合论的真理观不可能使人们为真理而牺牲、为真理而奋斗。道理很简单，仅仅是说主观达到同客观实际的符合，如果这种符合没有别的意义，人为什么还要为真理而奋斗甚至是牺牲？在这样的意义上，高老师敏锐地发现，真理肯定是属人的真理，肯定和人自己的理想、希望、需要密切相关——如果真理和人的自身的理想、希望、需要毫无关系，人就不会为真理而奋斗，为真理而牺牲。

通过这样一种语义的直觉，高老师认为传统真理观可能表述的只是一种真理，按照高老师准确的判断，这种真理只能是直观认识所理解的科学真理观。大家注意这样一个限定，"是直观认识所理解的科学真理观"。

（1）它是以经验科学、自然科学为典范的科学真理观；（2）对这样一种经验科学的理解是直观的认识，即便是科学真理，如果从实践观点的思维方式去理解，也不简单地就是主观同客观，认识同对象的符合（至于怎样以实践观点的思维方式理解科学真理，我们在后面还可以继续去思考和讨论）。高老师认为除了这样的真理类型之外，肯定还存在着其他的和人的利益、人的希望，包括他晚年所说的和人的光荣和梦想密切相关的其他类型的真理。那么，我们为什么把这样一种直观认识的科学真理当作真理的唯一形式？这就触及当代哲学的核心——我说高老师的这些思考已经进入到现代哲学的主流和前沿，因为他和西方哲学、现代哲学的发展有很多处是完全一致的。那么按照高老师的分析，其中最重要的就是从近代以来，随着经验科学、自然科学的成功开始进入了科学的时代，科学真理成为了人类的典范形式，从而哲学也被科学化，哲学屈从于经验科学的形式，按照经验科学的认识方式去理解哲学。高老师认为如果近代哲学的主题是从哲学神学化中解放出来，那么它紧接着就陷入了一个新的陷阱，这就是哲学的科学化。欧洲中世纪，我们可以用这样一个判断，哲学成为神学的婢女，那么到近代哲学则成了科学的婢女。所以要突破传统真理观的狭隘视界，首先必须对哲学的科学化进行反思和批判，从而获得哲学自身。哲学不是神学，哲学也不是科学，哲学就是哲学。在这样的意义上，哲学去科学化可以说是整个现代西方哲学的主题，或者说是核心内容。

我们看看西方一些著名的哲学家是怎样回答和解决这个问题。以美国哲学家罗蒂为例，罗蒂认为科学哲学和分析哲学保留了对逻辑和科学的盲目崇拜，逻辑和科学是哲学发展中没有消化的最后的冰块。罗蒂认为，语言既非表达心理客体的媒介，也非表达外部物理实在的媒介，语言蕴含真理。他并不否认外部世界的客观存在，但认为关于外部世界的陈述只有在某种语言框架中才有真假问题，真理不是被发现而是被创造。①比如说从

---

① 罗蒂：《语言的机缘》，季桂保译，《哲学译丛》1992年第2期。

1948年左右，奎因的著名论文《经验论的两个教条》才开始对科学哲学进行系统的反思和批判，以后有科学哲学经验论的第三个教条、第四个教条的发现，这些教条的实质就是罗蒂所说的没有消化的逻辑和科学的冰块。最近我们也可以看到很多学者写文章分析讨论哲学的辩证运动，分析哲学向黑格尔的回归。在英语国家分析哲学开始衰落，替代所谓心灵哲学实际又重新恢复了分析哲学一再坚决拒斥的传统形而上学问题。分析哲学的辩证运动、分析哲学向黑格尔的回归，无非是要回归哲学本身，完成哲学的去科学化，重新回归哲学问题本身。

同样的在欧洲大陆，胡塞尔、海德格尔、伽达默尔，几乎20世纪最重要的哲学家们，他们的一个核心的哲学任务也是要实现哲学的去科学化。伽达默尔的一个评价[①]，在任何意义上，胡塞尔、海德格尔都不是反对科学，那么他们反对的是什么呢？反对的是科学主义，反对的是对科学和逻辑的盲目崇拜。科学有着经验科学普遍必然有效的方法，但是把科学作为人类理性的典范，把科学作为哲学的评价标准，甚至把它作为哲学的楷模，把哲学科学化却是一种科学主义。怎样反对这种科学主义呢？按照伽达默尔的一个评论，说胡塞尔的晚年提出了一个陌生的词：生活世界。生活世界这个词把人们带入到先于科学的领域，然后评价说：胡塞尔和海德格尔促成了20世纪西方哲学的决定性的转折，我们把它叫作转向生活世界[②]。生活世界，高老师这篇文章进一步去演绎真理的含义，他说不仅科学认识有真假问题，人类的生活也有真实的生活与虚假的生活之分，这些提法几乎与胡塞尔、海德格尔的理解完全一致。生活也有真理，海德格尔在《存在与时间》中表述为：本真的生存领会和流俗的平均化的，我们也可以说是虚假的生活领会、生存领会。高老师的说法，有虚假的生活，有真实的生活。生活还要虚假，高老师用的例子很典型。"文化大革命"时期的个人崇拜、个人迷信的生活，大家只能从影视作品中看到当年虚假生

---

① 伽达默尔：《摧毁与解构》，孙周兴译，《哲学译丛》1991年第5期。

② 伽达默尔：《摧毁与解构》，孙周兴译，《哲学译丛》1991年第5期。

活的一些影像，实际是一种宗教化的、仪式化的、程序化的、公式化的虚假生活。公式化到什么程度呢？早请示，晚汇报。我在中学有一段时间，学校有两年搞运动，这两年的生活就是高老师所说的虚假的生活：每天吃饭前，把饭放到桌子上，要向毛主席请示，要唱歌颂毛主席的歌。高老师认为这样的一种生活是虚假的生活，那么也有一种真实的生活，所以也有一种生活的真理。

回到我们刚才的问题，伽达默尔所说的胡塞尔晚年提出的"生活世界"这个词，它为什么那么重要呢？伽达默尔评论说，它把我们带到了先于科学的领域，先于科学的领域就是先于科学的生存领会①，我们也可以说这样一种生存领会使科学认识得以可能。我和大家过去讲过的一个最浅显的道理，小孩为什么不一生下来就去学科学呢？因为他需要一段对生活世界的理解力，如果没有学龄前这一段六七年的时间的生活世界经验的积累，他就没有能力学任何科学。在这样的意义上，生活世界是一个先于科学世界的世界，并且使科学世界得以可能。在这样的意义上，科学分析、科学认识、科学思维显然就不是人类最根本的——胡塞尔的表述——最原初的意向性构造。胡塞尔在他晚年最后一本著作《欧洲科学的危机和超越论的现象学》中批评欧洲科学陷入了危机。胡塞尔说得很漂亮②：第一，欧洲不是地域的概念，而是一个文明的概念，欧洲文明的实质是普遍希腊理性精神，欧洲科学危机的实质是希腊理性精神的衰落。那么欧洲复兴的任务，按照胡塞尔的表述那就是要使精神的不死鸟在焚毁一切的无信念的大火中重生，也就是重新确定希腊理性精神的欧洲的灵魂。希腊精神——理性精神为什么会衰落呢？按照胡塞尔的分析，这个分析我觉得还是很清晰，首先就是经验科学的成功使人们在人文科学的领域中也模仿经验科学，胡塞尔的说法，精神科学也效仿精密自然科学方法，结果

① 伽达默尔：《摧毁与解构》，孙周兴译，《哲学译丛》1991年第5期。

② 参见胡塞尔《欧洲科学的危机和超越论的现象学》，王炳文译，商务印书馆2001年版，第367—404页。

陷入失败，失败的结果导致了他所说的无信念的大火的怀疑主义。所以胡塞尔认为欧洲文明危机的实质是怀疑主义的猖獗，而怀疑主义的兴起是因为精神科学效仿精密自然科学方法的失败。精密自然科学方法按照胡塞尔的看法适应于死的世界，而精神哲学则要面对的是一个活的世界，这里的死和活可以显示出精神科学，或者我们通常所说的人文社会科学同自然科学的原则区分。

　　我看过一个说法，记不清出处了，说得很有意思。说自然科学研究不管如何精深微妙，研究微观物理，研究遥远的宇宙天体，但是自然科学的对象不会有意地欺骗观察者。你想一想那个微观物理世界尽管很微观、很深邃，也可以说很缥缈，但是基本粒子也好，还是其他物质结构层次也好，它不会有意地欺骗观察者。人文社会科学，在这个意义上是活的世界，人文社会科学要研究的是人的问题。从最早的一些人类学家去做田野调查，考察一些原始部落，尽管语言不同，文明殊异，但是短暂的接触之后就会发现那些被考察的原始部落有意地欺骗观察者。在这样的意义上，我们可以说人文社会科学实际真的是一种博弈，是研究者和研究对象的相互博弈。在这样的意义上，我们机械地模仿精密自然科学方法（比如说现在重数据、重量化、重模拟、重实验）做社会学、政治学、人文社会科学研究带来的结果由于对象的本质不同必然带来研究的失败，失败的结果就导致怀疑主义。在这里胡塞尔没有直说，隐晦地包含着对他的学生海德格尔的批评，他可能认为海德格尔也是一种怀疑主义。

　　而海德格尔要探索的是本真的生存领会，是面向死亡的真理。海德格尔怎么回应人们对他的这种怀疑主义的批评？我印象是在《哲学的终结和思的任务》中，海德格尔有一个巧妙的回答[1]，他认为盲目地效仿精密的自然科学方法，盲目地发展现代科学技术才是真正的怀疑主义，是真正的理性的疯狂。疯狂到什么程度呢？我们今天的科学技术的发展，包括日本

---

① 参见海德格尔《面向思的事情》，陈小文、孙周兴译，商务印书馆1999年版，第87页。

的核泄漏，可能都显示出人类理性的疯狂。在这样的意义上，按照海德格尔自己的理解，他要实现思想的移居，要回归到思想的根基处，恰恰是真正的理性主义，而盲目的科学技术思维恰恰是反理性主义，这是海德格尔为自己做的一个辩护。

伽达默尔1960年出版了名著《真理与方法》。伽达默尔提出的真理问题实际是从康德的《判断力批判》开始，提出的是一个美学的真理。除了科学的真理和我们刚才所说的生活的真理以外，还有美的规律、美的真理，从中发展出一种解释学的真理观。

总之，高老师提出这个问题，我们可以说是一个完全和现代西方哲学发展的逻辑相一致的现代哲学问题，那就是超出直观认识的科学真理，去追寻在直观认识的科学真理之外生活的真理、价值的真理、审美的真理，然后我们才会发现真理的本真意义。按照邹化政老师（我记不清出处，可能是他的一篇手稿里）对于哲学的定义——哲学是在人和自然的统一性中表达人自己历史必然性的最高意识形式。从这样一个哲学定义我们可以推论出邹老师所理解的真理，那就是在人和自然的统一性中表达人自己历史必然性的真理，不是表达和人无关的外界对象的规律，而是要表达自己历史发展的规律。用高老师的说法，那就是表达人自己的理想和追求，正是因为它表达人自己的历史必然性，表达的是人自己的理想和追求，他才能为真理而奋斗，为真理而牺牲。

（二）寻找哲学意义的真理

整个现代西方哲学的一个最核心的主题和任务就是哲学的去科学化，从哲学科学化中解放出来，重新获得哲学自身。可能有很多同学读过孙正聿老师的《哲学通论》，孙正聿老师对自己的《哲学通论》有一个总结，《哲学通论》就是一句话，哲学不是科学。这里说的哲学不是科学，并不是贬低科学，更不是反对科学。伽达默尔对胡塞尔和海德格尔的评论一样，在任何意义上，胡塞尔和海德格尔都不是反对科学。因为科学按照海德格尔的看法是从希腊的哲学视域中开启出来的，那么它是一种对存在者领域的控制和分割。海德格尔的这些话表达得都非常漂亮，对存在者领域进行分割，这部分是生物学的，那部分是化学的、物理学的，把它分割开来，然后对存在者领域实施有效的控制，这确实给人类带来了巨大的福祉。所以海德格尔讲哲学的终结，认为就是哲学终结于科学技术的完成。现代科学技术终结希腊哲学事业，当然海德格尔这种结论值得讨论，它只是海德格尔的一家之言。我在我的一篇文章里对海德格尔的判断提出批评①，我认为海德格尔把现代科学技术完全归结于希腊哲学事业，其中有一个他没有去区分的思想态度。我认为希腊思想和现代科学技术仍然有着不同，希腊思想按照海德格尔的看法是用思维规定存在，但是至少古希腊哲学有一种为学术而学术，为理论而理论的态度。它对存在的规定是为了理解存在而不是为了控制存在，我认为真正控制存在的这样一种思维方式始于近代哲学。把纯粹理论兴趣的希腊哲学转变为控制存在者的哲学，我认为这个转变最典型的就是培根的那句话：知识就是力量。希腊人把知识理解为美德，培根把知识理解为力量。知识是力量隐喻着人的那种把物体举起来，把物体放下去，推动物体的那样一种肌肉的力量。在这样的意义上，纯粹理论的思想转变为一种控制存在者的思想，这是我的看法。那么，按照海德格尔本人一以贯之的逻辑，认为哲学终结于现代科学技术，科学技术已经完成了对存在者领域的控制和分割。在这样的意义上，也可以说科学技术的发展就是西方历史的命运。但是海德格尔强调，到我们今天这个时代，应该寻求新的思想方向，应该有一个新的思想方向，所以他提出哲学的终结与思的任务。

　　我们看高老师的文章实际也可以感受到相同的思想路径，那就是从哲学的科学化中摆脱出来，寻找哲学自身，寻找哲学意义的真理。我们刚才按照邹老师的定义，哲学的真理实际是人自己历史必然性的表达。当然人自己的历史必然性不能脱离存在，所以邹老师把它限定为是在人和自然的

---

① 详见孙利天《纯粹理论生活的理想》，《吉林大学社会科学学报》2000年第6期。

统一性中表达自己的历史必然性。从真理论或者说真理观这个切入点去突破哲学的科学化，我觉得可能是胡塞尔、海德格尔、伽达默尔，一定意义也包括罗蒂这样一些重要的哲学家的共同选择。为什么要从真理去切入？因为真理可以看作是整个西方哲学的，用奎因的一本书名表述就是《真之追求》——西方哲学两千多年的历史任务就是真理的追求。当然也有人从语言上、从词源学上考证真理这个词，真和真理不一样，实际真和真理这个说法，在恩格斯、在黑格尔文本中都有类似的区分。奎因在《逻辑哲学》中花了很大的篇幅，讨论命题和陈述，传统认为只有命题才有真假，他认为命题可能是一个不必要的形而上学假设，陈述才有真和假①。但是真理呢？显然和真假完全不同。按照汉语的语义理解，真理至少是一个理念的系统，它不是一个命题的真和假，它应该是一个理念的系统。在西方的真理学说中，把这样一种真理观叫融贯论。我们刚才提到的奎因的那篇著名的论文《经验论的两个教条》实际是向真理融贯论回归。用黑格尔的区分是说，我们通常所说的真和假只是正确而已，很难叫作真理，说拿破仑死于某年某月某日，这句话只能说是正确的，不能说它是真理。

恩格斯也几乎和黑格尔同样的看法，他认为对一些简单的判断，真实的判断把它叫作真理是用大字眼说小问题，通俗地说树叶是绿的，说这句话是真理，那只能说是用大字眼说小问题，谈不上真理，只能说它是一个不错的说法而已②。按照这样的一种真理意义，现代西方哲学可能关于真理的讨论占据了核心的位置，是哲学的一个核心课题。从分析哲学的传统说，他们分别讨论了融贯论的真理观、实用主义的真理观，还有一种叫冗余论的真理观。冗余，因为真理这个词没用，只不过是表达了说话者的

---

① 奎因：《逻辑哲学》，邓庆生译，生活·读书·新知三联书店1991年版，第一章，第一节"拒斥命题"。

② 《马克思恩格斯选集》第3卷，人民出版社1995年版，第428页，"对极简单的事物使用大字眼"。

命题态度，这是分析哲学的一个专门术语。命题态度，表达说话者对自己的陈述态度，相信、怀疑、肯定、坚信等不同的命题态度而已。这些不同的真理观，坦率地说我研究不够，我只是粗略地翻过，比如说戴维森的《语义真理论》、普特南的《内在论的实在论》，因为一般认为奎因、戴维森、普特南是美国分析哲学的顶尖人物，有人把他们评价为别人难以望其项背的哲学大师。奎因、普特南、戴维森他们关于真理的问题都有非常细致的思考，我印象中戴维森至少把塔斯基（Alfred Tarski，波兰数学家、逻辑学家）的真理论改变为一种语义的真理论。而普特南一个很重要的概念就是对传统符合论真理观的批判，普特南认为传统的符合论的真理观只能是一种神目观。主观认识同客观实际相符合或不相符合，谁能知道呢？那么只有在认识和世界之外的另一个观察者，才能看到符合不符合。实际讨论实践是检验真理唯一标准的时候，已经不同程度地涉及这个问题。说白了，你的认识怎么知道你的认识是不是和实际相符合呢？进一步说这是一个悖论——判断认识同实际是否符合也是一个认识，这个认识同实际是不是符合，这将导致一个无穷的倒退，倒退到哪？倒退在人的世界之外，只有世界之外的观察者才能看人的认识同认识的对象是不是符合。所以普特南坚决地批判这种符合论的真理观，他把真理做了一个弱化的解释。什么是真理呢？普特南的定义是合理的可接受性，有充分的逻辑理由，有充分的经验支持的合理的可接受性①。雅斯贝尔斯在《智慧之路》中表达了相似的看法：哲学就是人在旅途，因为我们只能内在于世界之中去看世界，做不到在世界之外去看世界②。所以我们永远不可能达到我们的认识同实际相符合的真理的状态，只能是雅斯贝尔斯强调的，实际是人和存在、人和世界的交流感，而不可能有朝一日我们真的把自己

---

① 希拉里·普特南：《理性、真理与历史》，童世骏、李光程译，上海译文出版社2005年版，第55—56页，"'真理'是某种（理想化的）合理的可接受性。"

② 参见卡尔·雅斯贝尔斯《智慧之路》，柯锦华、范进译，中国国际广播出版社1988年版，第七章。

的认识同客观实际相比较，从而达到一个真理性的终极点——哲学就是不断地探索。

（三）符合论真理观的根源

那么，为什么会有这种符合论的真理观？可以说符合论的真理观符合我们日常生活直觉的真理观念。我们日常生活的直觉，什么是真、什么是假，都是认识同客观实际是否相符合。高老师的分析表明，符合论的真理观只能是在直观认识理解的科学真理的意义上，才是客观有效的。前提是直观认识，直观认识就是我们日常思维的本能。我们前面曾经分析过《关于费尔巴哈的提纲》中所涉及的理解世界的三种思维方式，而直观认识的真理实际上就是旧唯物主义，包括费尔巴哈在内的一切唯物主义都只是从客体直观的方面来理解世界，把世界看作是一个在我们之外既定的世界，把这个直接对我们显现的世界看作是实在的世界。这就是直观认识、理解世界的思维方式，从客体方面、从直观方面理解世界，而不知道这个世界、对象、客体，包括规律是人历史实践活动的结果。所以高老师从实践观点的思维方式引出他对真理的理解，从实践观点的思维方式看，存在、世界、对象是人的实践活动的结果，人的实践是人和自然、人和对象的否定性的统一关系。而这里所说的否定性统一关系，高老师认为传统符合论的真理观只是看到了肯定的方面：我们要有效地去改变世界，首先得让我们的认识同世界相符合。但是高老师认为，这只是人类实践的一个环节，我们要让自己的认识同客观实际相符合，最终仍然要实现人的目的，要否定自然的自然存在，要改变它的自然形态。在这个意义上，符合论的真理观表达的只是人的实践活动的一个方面。那么即便是对第一个环节，要改变世界首先得认识世界，要认识世界就得让认识同实际相符合，也存在着不同思维方式的理解。按照高老师这篇文章的分析，即便是直观认识的真理，实际也已经对象化成人的普遍性、人的理性。这样说可能就比较复杂，进入到哲学问题的深层次的领域。说在科学认识中对象化成人的普遍理性是什么意思呢？经验科学的认识，直观认识的真理，按照黑格尔的说法我们可以说是应用逻辑[①]。为什么他说是应用逻辑呢？因为自然科学家的科学认识得以可能，前提是应用范畴，那么范畴是什么呢？范畴是表达人类思维规律的普遍理性，那么，自然科学怎么应用范畴呢？

我给大家举一个例子，大家就很容易明白。20年前，我在长春的一个旧书摊上买到了一本理论物理学的论文集，这本书介绍了哥本哈根学派量子物理学家波尔、海森堡这样一些最重要的理论物理学家们的一些哲学思考。其中有一篇文章是一位哲学家写的。这个哲学家讲了这样一个故事：他原来是一个物理学家，而他为什么从一个物理学家变成一个哲学家呢？原因很简单，就是他学物理的时候，对一些基本的物理学概念的思考使他陷入了混乱。什么是功？什么是势能……可以说几乎所有最基本的，甚至像时间、距离、速度这样一些最基本的物理学概念到底是什么意思，他去问他的老师，老师不太明白。不太明白，他们又能熟练地使用这些概念进行思想操作，原因就是他们是从他们的老师那学来的怎么使用这些概念……最后他得出结论，发明这些概念的是希腊哲学家。理论物理学的那些最基本的概念是由希腊哲学家所创造的，希腊哲学家们创造的这些概念成为一直到今天物理学家们思考的前提。这些概念就是构成经验科学认识得以可能的普遍范畴。在这样的意义上，黑格尔所讨论的纯存在、变异、质、量、度、本质、现象等所有的黑格尔逻辑学范畴是经验科学思维的一个隐蔽的前提。物理学家们自己并不知道在运用哲学范畴。说起哲学范畴，我借用斯特劳森的那个说法——它是人类理解和把握世界最基本的概念方式，只不过是我们自己不知道而已。这些最基本的概念方式使一切认识，包括科学认识得以可能。

这也可以理解胡塞尔的哲学工作，也可以理解海德格尔。胡塞尔通过现象学的还原找出那个最原处的意向性构造的形式，从而使人类的认识

---

① 黑格尔：《逻辑学》，杨一之译，商务印书馆1976年版，第455页。

和价值得到最终的奠基，使哲学成为严格的科学的哲学。我们也可以看海德格尔在干什么，伽达默尔评论说他通过一种词源学的追寻力求找回已经失去的希腊存在经验①。海德格尔希望回到希腊文的原意，探寻最初的希腊人的感受和存在的经验是什么。比如说"自然"，用希腊文表示的"自然"，海德格尔考证说这个词在希腊文中原意是绽放和自身持存。我们今天说的自然科学的自然作为一个对象性的自然，海德格尔认为是从拉丁文开始的，是从拉丁文翻译的希腊文的这个词，这才有我们今天理解的作为对象性的自然。要回到原始的希腊存在经验，希腊人理解的自然是什么？可能是一个活生生的自我显露、自我绽放、自身持存的充满着生机和活力的自然，而不是作为一个僵死的物理学对象的自然。

在这样的意义上，按照高老师的看法即便是经验科学的真理、即便是直观认识理解的主观认识同客观实际相符合的科学真理，其中也灌注着人的本质的普遍化、对象化。至少对象化着使认识得以可能的普遍性范畴，没有这些范畴，经验科学的科学认识也不可能。经验科学认识过去最简单地说就是这样一个逻辑，科学认识从哪来的？我们用反映论说是对对象的反映。那么，反映如何可能？反映的规律和原理是什么？我们都知道地面不能当镜子，一个光滑的桌面可以模模糊糊地照出我们的影像，而一面玻璃镜子可以清晰地显示我们的面孔。为什么凸凹不平的地面不能反映，镜子就能反映？引用当年邹化政老师的一个经典的说法——物有物理，心有心理。物有物之理，它才有不同的反映，由于玻璃镜子的物理构造和这个凸凹不平的地面不同，所以有不同的反映。心有心之理，人能够反映，动物可能也有它的反映，那么人区别于动物的反映靠什么呢？靠心之理。什么是心之理？思维规定感性固有的逻辑就是思维规律的原理。思维规律怎么表现出来的呢？范畴，表达思维规律，表达思维能动性，甚而是构成一个民族、一种语言、一种文化认识和理解世界的基本概念方式。在这个意义上，高老师说科学真理表面上和人性无关，实际上恰恰是人性作为意识

---

① 伽达默尔：《黑格尔与海德格尔》，邓晓芒译，《哲学译丛》1991年第5期。

性的复杂问题。

在西方分析哲学的传统中，普特南提出合理的可接受性这个概念，一般认为传统的符合论的真理观在分析哲学中已经衰落。前不久我看到另一个思想方向，是罗尔斯的学生，她是比较早期的博士，奥尼尔①，一位女哲学家。我认为她实际是进一步弱化普特南的真理概念。按照奥尼尔的看法，要讨论全球正义的问题，就必须扩展理性的概念，真理无非是可理解性②。普特南还强调合理的可接受性，奥尼尔则强调可理解性。为什么强调可理解性呢？因为至少从哲学解释学到哈贝马斯的交往理论，到罗尔斯的所谓重叠共识，我们可以说凸显了另一种类型的真理，这就是交往的真理。从交往对话的真理要求出发，那么什么是真理呢？奥尼尔强调就是康德意义的可理解性。我曾经举过例子说，在一些西方人看来，中国人有点理性，阿拉伯人毫无理性。基于这样的看法，我们不可能有平等的对话和交流。那么对话意味着什么呢？我在2002年曾经写过一篇文章叫《信仰的对话：辩证法的当代任务和形态》③，我认为当代的辩证法确实可以理解为对话与交往的理论，但是对话与交往不是任何意义的对话与交往，不是商业谈判似的对话与交往，哲学的对话是信仰的对话，是我们刚才所说的构成一个民族、一种文化、一种语言的认识和理解世界的基本概念方式的对话。我也批评了赵汀阳老师的一个看法，赵汀阳老师曾经在一篇文章里宣告了对话哲学的破产④。赵老师的论证说：对话，一有时间成本，二是对话保证不了接受，所以对话哲学要破产。我在这篇文章反驳说：第一，对话确有时间成本，但是信仰的对话、哲学的对话没有那种商业谈判时

① 欧诺拉·奥尼尔（1941— ），英国哲学家，师从罗尔斯，曾在剑桥大学哲学系任教。

② O.奥尼尔：《一个努力与整个世界沟通的哲学家》，陈晓旭译，《世界哲学》2010年第5期。

③ 孙利天：《信仰的对话：辩证法的当代任务和形态》，《社会科学战线》2003年第6期。

④ 赵汀阳：《"天下体系"：帝国与世界制度》，《世界哲学》2003年第5期。

间成本的硬约束，因为商业谈判不可以无休止地对话。所谓商机也好，机不可失也好，总有很强硬的时间约束，但是哲学的对话、信仰的对话实际可以看作是漫长的人类文明史过程。可能是有人类以来，各种不同文明、不同语言、不同世界观就在对话，这是一个漫长的文明历史进程。至少在我们中国历史上有和印度佛学、佛教的对话，就是一个漫长的历史。我们今天理解高老师的真理观，理解高老师对传统真理观的突破也必须借助现代西方哲学的背景，否则一些问题我们就看不很清楚它真实的意义到底在哪里。第二，对话保证不了接受，我的看法就是正好相反，哲学的对话、信仰的对话恰恰不是以接受为目标，我说如果整个世界只接受一种信仰、一种哲学，那就是形而上学的恐怖。我们全世界只有一种哲学，只有一种信仰，这可能意味着人类文明的终结，世界末日恐怕就快要到来了。那么既然不以接受为目标，那还要对话干什么呢？实际我也提出了和奥尼尔相近的看法，那就是在和不同信仰、不同哲学、不同世界观的对话中拓展我们自己的理论视野。实际也就意味着可理解性作为前提，可理解性就是理性，就是真理。在哲学信仰对话的意义上，真理的概念可能只能如此。而可理解性是，我用了一个说法：先验的形而上学假定。我说只要我们去对话，就已经设定了对方是有理性、具有可理解性的，也就预设了人的同质性。邹化政老师当年把它叫作人的等价原理。即人和人、民族和民族、种族和种族相同或不相同那是一个事实问题、是一个经验问题，而且从事实经验的角度看肯定不同，相同用不着对话，所以对话就预设着区分，同时对话也意味着同质，预设着相互之间的可理解性，否则就是对牛弹琴。所以我把这种人的等价原理，人的同质性叫作先验的形而上学的假定。不是事实上它相不相同，而是只要我们对话，我们就预示着它的同质性和可理解性。

实际按照相同的思维逻辑，我们会得出相同的看法，包括高老师。我们过去一再评论高老师的伟大之处就在于他几乎从来没有借助现代西方哲学，但是却大致重演了现代西方哲学的一些最基本的理论环节。当年邹化政老师批评高老师，说高老师是中国式的存在主义，但是高老师不是通过读海德格尔、读萨特、读雅斯贝尔斯才有了中国式的存在主义，他完全是在对马克思主义哲学，对西方哲学史的内在逻辑理解中——人同此心，心同此理——和西方哲学达到了相似的观点。比如说，高老师的说法，这几乎完全是中国式的存在主义的表达，"人是其所不是"，那么存在主义哲学也说，人是开放的可能性，高老师所说的人是其所不是意思是，人实质上就是要扬弃自己当下所是，而去实现自己当下所不是。这不是很简单的道理吗？比如说我们现在的知识结构如果是一个当下，那么明天我们就要扬弃今天的当下，总得多少学一点东西，哪怕多认一个字，这也是学习，不断地否定我们已有的所是，而成为原来我们所不是。类似的这些看法，包括这里所谈的对真理的看法，高老师理论入口显然不是现代西方哲学，高老师这篇论文的理论是基于马克思实践观点的思维方式的理解，去理解真理问题。实践作为否定性的人和自然的同一性关系，是一种创造的活动。实践作为一种创造活动，恰恰不是要主观认识和客观实际相符合，我们也可以说是创造自己新的存在，否定自然存在的自然形态。我觉得高老师的这样一些思路非常新奇，但是它的意义，可以说这篇文章就充分地显示出高老师从马克思主义的理论传统中真正地进入现代哲学，这也难怪搞现代西方哲学研究的专家（这里最典型的是和大家介绍过的复旦的刘放桐老师）为什么对高老师十分赞赏。这是因为这些专家们从现代西方哲学的理论视野去看高老师的研究工作，他们会深切地感受到，这也是高老师对马克思哲学的一个评价，高老师认为——马克思哲学是西方现代哲学的起点。当然前提是高老师理解马克思哲学，高老师理解的马克思哲学才是现代西方哲学的起点，我们传统教科书理解的马克思哲学还是旧唯物主义的。这个词我不知道是不是我的"发明权"，但是我肯定是用得比较早的，2001年我使用这个判断，"传统教科书的思维方式处于前康德哲学阶段"。后来国内吴晓明、杨耕好多老师都使用相似的说法，大家都是有类似的共识。那么按照高老师的看法也可以说传统教科书，大家看这篇文章引证了费尔巴哈，我们基本处于法国唯物论的水平，人要绝对服从自然，人只能绝对服从自然。

（四）价值哲学视野下的真理

高老师在这篇文章的结尾处客观、诚实地提出这个问题的复杂性，高老师认为自己只是提出从实践观点的思维方式看直观认识真理的狭隘性和有限性，所以需要突破传统真理观的狭隘视界。那么怎样具体地进一步深化对真理的研究和思考，高老师明确表示期待大家去讨论。那么我们按照高老师的思路，按照高老师的期待，在真理问题上还能走多远？我们突破符合论真理观、直观认识的真理观这种狭隘视界的束缚，我们关于真理的问题还能有哪些新的体会和探求？这些问题从1994年到现在，我在国内的学术期刊还没有看到在真理问题上有重大突破的理论思考。我们可能认为这些问题是陈旧的老问题，从否定性的意义上，可能很多人接受高老师的看法，突破传统符合论直观认识的真理观，但是从积极的建设性方面，我们关于真理还能有一些什么样的看法？

最近这些年，德顺老师他们从价值哲学的视角进行的研究，我对德顺老师的工作成就了解不是很多。前年，全国的价值哲学年会在东北师范大学召开。我发言说，我倒觉得价值哲学研究其中最重要的一个环节，实际上从来没有深入研究的一个环节，那就是价值推理。什么意思呢？价值，包括伦理学的价值，往往是宣告规范。从摩西十诫开始就是规范，到胡锦涛的"八荣八耻"也是规范，但是规范得有道理、得有推理和论证。说以爱国主义为荣，以不爱国为耻，为什么？得有道理。我印象中好像是万俊人老师大致地讲过这个逻辑，为什么要爱国？为什么爱国光荣，不爱国可耻？可以讲这样一些道理：第一，每一个国民在一个国度里生活，每一个公民都享受着这个国家提供的安全、秩序和国家的公共资源。你想一想是不是有解放军保卫祖国，有警察维持社会治安，有路灯为我们晚上照明……国家给予我们这么多的生活保障，在这个意义上，你有理由爱国，这是一个理由。第二，可能还有一个更复杂的情感问题，那就是每一个公民，人作为人需要群体性的归属感。我曾经引证美国哲学家泰勒的一个说法，当年和高老师交流，高老师也觉得这个看法很有穿透力。泰勒说：每个人需要爱和被爱，尊重是爱的替代品，也可以说尊重是假冒伪劣的爱，因为人们得不到爱才要追求尊重，如果每个人都能得到充分的爱，他就不需要作为替代品的尊重①。大家想一想这个有没有道理？如果我们的周围，我们生活的圈子每个人都真诚地爱着我们，我们也爱着他，好像尊重就没有意义，还要尊重干什么？因为得不到爱才要尊重，才要有领导职务，才要有名头、名衔，所有这一切都是爱的替代品。心理学研究也证明了这一点，马斯洛的人本主义心理学有五个层次的需要，其中第一个层次是基本物质生活需要，第二个是爱的需要，以后才有安全感、自我实现感，还有一些高峰体验感，等等。在这个意义上，人这样一种群体性生物的本性要求是一种情感的归属，而作为一个国家的公民满足了他自己的这种情感归属，所以看中国足球连败会感到非常失望。在这个意义上，这种归属感实际是爱国的一个自然情感基础，当然可能还有许多其他理由……总之，任何道德规范要给出理由、给出论证、给出价值推理。这个价值推理在黑格尔那里可能就是他的精神哲学，所以我在那次会上说研究价值哲学可能最经典的文本是黑格尔的《精神哲学》，因为黑格尔明确地说精神哲学是最高的，也是最难的，因为它是最复杂的，它比自然哲学要复杂得多，因为在精神哲学中，不可避免地包含着这种价值判断和价值推理。所以，价值真理是事实判断和价值判断的统一，是在一定社会历史发展阶段上人自己的历史必然性的理论表达，也可以说是人们的理想、信念和追求的理论表达。所以我说价值哲学研究也好、伦理学研究也好，不在于宣告规范，关键是给出规范的理由、给出论证，我想这样一种论证、推理、证明的价值体系就是价值真理。

---

① 参见泰勒《形而上学》，晓杉译，上海译文出版社1984年版，第2页。

　　总之，无论是审美的、价值的还是生活的，超出狭隘科学真理，超出直观认识所理解的科学真理的真理视域是非常宽广的。高老师这篇文章为我们打开了视域，我们可以跟随高老师进一步思考真理的问题。①

---

① 以上内容为2011年5月11日第九次课。

第三讲　人的类生命与类哲学

我们今天讲高老师哲学思想的最后一讲，人的类生命和类哲学。高老师是在写了哲学推进断想系列论文的时间点出现了1989年春夏之交的政治风波，随后出现了清查资产阶级自由化的政治运动，当时高老师及我们的马哲博士点受到批判，也受到行政处理。好像是1991年马哲博士点被停止招生。在此期间，高老师很少写东西，这段时间是我们这个博士点一个很好的知识的积累和储备时期——比以往都频繁的在高老师家进行博士生之间的讨论，基本上能保证每周一次。高老师和我们主要是按照这样一种学习模式：博士生们分别读书，然后给大家作报告。我在我的博士论文里说道：这使每个人扩大了五六倍的知识量，可能现代西方哲学的主要流派，包括中国传统哲学的特点，我们都有专题的学术报告。我讲过分析哲学、讲过中国传统哲学的思维特点，刘少杰老师讲哲学解释学，邴正老师讲存在主义哲学，孙正聿老师讲科学哲学，秦光涛讲现象学，每一次可能得讲两个小时左右。所以我们对现代西方哲学的了解在那段时间有很大收获。1992年的时候，我们的马哲博士点第一次有实质性的海外的学术交流，在美国读政治哲学博士的姜新立老师，当时他还是以探亲为由回国，到我们这个博士点做了三个半天的讨论。这三个上午主要是姜老师在讲，因为他在美国读的是政治哲学，而且他读了八年。我印象中他至少提到数十部现代西方哲学的著作，但是可能令他惊讶的是，没有一部书是我们陌生的——系统地读过的书不是很多，但每部书我们都有不同程度的了解，所以他非常惊讶。姜老师刚来的时候很自信，用中国台湾的博士与美国的博士对比，说台湾的博士不行，言外之意是大陆的博士可能就更不行，但是通过三个半天的座谈以后，他走的时候跟高老师说，高老师你的博士和美国博士一个水平。我想，我们从1989年到1992年这段时间系统地读书，弥补了我们很多知识上的空白点。

高老师当时已经六十多岁了，他自己也很坦率，说直接读现代西方哲学原著读不懂。实际不是读不懂，而是人到了老年精力肯定会有一些衰退，但是高老师对哲学的这种批判力、鉴赏力、理解力那是极高的，我们每个人讲一遍，高老师对各派哲学的优点、弊端都会有清晰的判断，而且也真的能够明白你讲的是什么。

在这样一个背景下，高老师又经过长时间的思索，使自己逐渐形成关于类哲学的思考。我印象是1996年上海的《学术月刊》杂志第2期发表了高老师的《人的未来与哲学未来——"类哲学"引论》，在当年的10月末，高老师领着我们参加了"全家福"式的一个聚会。高老师从80年代起招博士生，早期的博士生都是在职，不是从本科到硕士到博士的这种脱产学习，所以每个人都很忙，大家很难碰到一起，可能最全的就是这次在北京召开的"马克思'类哲学'理论研讨会"。我印象中高老师当时和孙正聿、孟宪忠、邴正、高文新、胡海波、崔秋锁等专家当时招收的博士生。我记得在《文存》中有一张照片，那张照片是我们这个博士点早期博士生聚到一起最全的一次。在"马克思'类哲学'理论研讨会"上，高老师作了一个两个小时的主题发言，就是现在我们能够看到的关于类哲学的一些最重要的文本。这些文本，一个是刚才提到的《学术月刊》的《人的未来与哲学未来——"类哲学"引论》[1]，一个是1996年高老师在"马克思'类哲学'理论研讨会"上的发言为基础，收在《文

---

[1]　高清海：《人的未来与哲学未来——"类哲学"引论》，《学术月刊》1996年第2期。

存》第二卷的那篇文章①，还有一个就是最近《哲学与主体自我意识》里收录的，是根据那次高老师的发言，1997年高老师又做了一些修改、整理发表的，收录在《文存·序》的第二卷②。1998年高老师又和海波、贺来合写了一本书，书名就叫《人的类生命与类哲学》③，可能讨论类哲学时高老师的主要文本是这样一些文献。

一、类哲学理论提出的理论背景

我今天想和大家首先介绍一下高老师类哲学理论提出的理论背景。我刚才介绍了一些当时的情况，从1989年春夏之交的政治风波之后，我们的马克思主义哲学博士点进入到一个蛰伏期，开始进入到以学习、讨论为主要内容的这样一段学术活动时期。这段时间，我们了解了大量现代西方哲学的各个流派，当时我们六七个博士生分头做准备，然后每个人都拿出一个系统的读书报告，应该说对现代西方哲学我们有了一个全景式的宏观了解，有了一些基本的哲学体会，并且对现代西方哲学各个流派背后隐含着的，提出哲学问题的背景也得到一定的澄清。各派哲学总是自己时代的理论产物，那么它要回应时代什么样的现实要求提出这种理论，类似这样的问题也都得到一定的了解和澄清。所以应该说在那段时间，我们一

---

① 高清海：《人的"类本性"与"类哲学"——在"类理论"研讨会上的主题发言》，收录于《高清海哲学文存》第2卷，吉林人民出版社1997年版，第142—168页。

② 高清海：《"类哲学引论"——人与哲学的未来》，收录于《高清海哲学文存》第2卷，吉林人民出版社1997年版，第115—141页。

③ 高清海、胡海波、贺来：《人的类生命与类哲学》，吉林人民出版社1998年版。

定程度地从理论和实践、理论和现实的结合上对当代哲学有了一个全景式的了解。

其中引发高老师类哲学思考的可能是以下这样几个重要的问题：一个就是从文本中我们能够看到，高老师直接要回应的人类中心主义的困境问题。当时我们国内也有这方面的讨论。提出这些问题可能主要有这样一些理论角度，第一，生态哲学家和环境哲学家把生态问题、环境问题的危机归结为人类中心主义的后果，所以如何走出人类中心主义，这是一些生态哲学、生态伦理学学者们思考和提出的问题。比如说强调自然自身的价值，强调无生命的自然对象的伦理价值，山川、树木、河流，一定意义上他们认为都应该是一个伦理主体，所以认为要解决当代这种生态环境问题，必须走出人类中心主义。高老师的类哲学理论明确地回应这样一个看法，高老师的回应是——不可能，人不可能走出以自己为中心的思维逻辑。可能和环境主义哲学相关的，另一个批评就是来自海德格尔，我和史清竹今年在《吉林大学社会科学》第2期发了一篇文章①，就是回应海德格尔对马克思的批评。大家如果有兴趣可以看这两篇文本，一篇就是《关于人道主义的书信》，批评萨特，实际也间接地批评了马克思，另一篇就是《晚期海德格尔的三天讨论班纪要》②，在这个讨论班纪要中海德格尔直截了当地批评马克思。概要地说，海德格尔认为马克思哲学仍然是一种主体形而上学，马克思仍然是在人的平面上思考问题，马克思哲学作为人类自身生产的哲学，是当代的主导哲学，而人类的自身生产必然带来人类的自我毁灭的危险。大家有兴趣可以看一下我写的那篇稿子，也可以作为高老师思考类哲学的一个背景。在这篇文章中，我对海德格尔对马克思的批评给出了一些回答。比如说，人能不能不在自己的平面上去思考哲学？

---

① 孙利天、史清竹：《我们如何走出人的自身生产带来的自身毁灭的危险——回答海德格尔对马克思人的学说的评论》，《吉林大学社会科学学报》2011年第2期。

② F.费迪耶：《晚期海德格尔的三天讨论班纪要》，丁耘译《哲学译丛》2001年第3期。

能不能在存在的平面上去思考哲学？能不能实现海德格尔提出的——我认为这句话是对海德格尔哲学的一个最精要的概括——思想的移居，能不能从人的思想移居到存在的思想，或者说倾听、回应存在召唤，归属存在的思想？按照我的看法，实际上这也是高老师类哲学的一个结论，我们无法做到这一点。通俗地说就是这样一个含义，在存在平面上思考的哲学，仍然是人的思想的哲学——即便我们实现了所谓思想的移居，让思想归属存在，让思想倾听存在的召唤、回应存在的召唤，但是思想仍然是人的思想。在这样的意义上，我不是说海德格尔哲学的这种召唤没有意义，而是说存在着一些根本的逻辑困难①。

　　如何走出人类中心主义，如何解决当代面临的生态问题、环境问题这样一些所谓全球性问题，这是类哲学思考的一个最重要的宏观背景。

　　与此相关的可能就是一些现实的变化。比如说由经济全球化而带来的，我们甚至也可以说政治哲学的复兴。经济全球化在马克思时代，马克思和恩格斯在《共产党宣言》中已经宣告世界历史时代的到来，人类的历史进入到一个新的时代，这就是一个世界历史的时代，从而人类的文化、人类的文明也将出现所谓世界文明、世界文化。大家注意看《共产党宣言》的翻译，世界文化、世界文明是一个词，我们可以有两种不同的翻译，这也就意味着，在马克思那个时代，马克思已经看到了随着资本输出、随着资本的扩张、随着殖民地的不断扩张，世界历史已经开始，每一个民族都已经进入到世界历史的新的历史时期。有一些民族，比如说我们中华民族可以说是被迫进入了世界历史，是洋人的枪炮打开国门，使我们不得不进入世界历史的过程中。邓小平的那句话，落后就要挨打，所以中国的改革开放从根本上说是世界历史使然，是世界历史的大格局逼迫我们不得不改革开放。所以孙正聿老师非常喜欢用一个词，改革开放是我们民族的"悲壮"的选择。无论是西方列强的资本扩张，还是殖民地国家、半

---

① 参见孙利天、史清竹《我们如何走出人的自身生产带来的自身毁灭的危险——回答海德格尔对马克思人的学说的评论》，《吉林大学社会科学学报》2011年第2期。

殖民地国家的这种被迫的世界历史化，那么到今天，在经济全球化的背景下，可以说比马克思那个时代有了更高程度的世界历史性质。这种程度，经济学用一个词叫蝴蝶效应。经济全球化使世界各国的经济日益紧密地联系在一起，从美国次贷危机开始引发的那场金融危机，后来迅速地演变成实体的经济危机，进而影响了世界各国的经济发展。我们今天说进入到了所谓后危机时代（我看经济学界都使用这个说法——后危机），认为这场危机已经过去，但是好像吴敬琏等老师们认为问题并没有那么简单，很难简单地说我们今天真的进入到了后危机时代。最近《读书》上也发表了吴敬琏老师的一篇访谈，我们可以看他怎样看当前的这场经济危机的格局[①]。

在经济全球化背景下出现了世界历史、出现了世界文化，而世界文化又引发了我们刚才所说的政治哲学的复兴。可能从亨廷顿的《文明的冲突》到萨义德的《东方学》，到哈贝马斯的"交往理论"再到罗尔斯的"重叠共识"以及法兰克福学派的新一代的思想领袖霍耐特提出的"为承认而斗争"，凸显出当代政治哲学中的承认问题。这些不同的文化和哲学理论，《文明的冲突》也好，《东方学》也好，"交往理论"也好，还是哈贝罗尔斯后期政治自由主义的那个重叠共识和公共理性也好，以及我们现在讨论的承认理论也好，凸显出的问题就是经济全球化背景下，各民族、各种文化传统的统合性学说的对话——大志老师翻译成统合性学说，我印象中也有人翻译成整全论说。我通俗的解释就是各种不同的世界观之间的这种对话或对抗，无论是叫统合性学说还是叫整全论说、全整论说，实际就指不同民族、不同文化、不同传统、不同宗教之间如何进行交往、对话，如何能够实现人们所渴望的那个世界政治共同体。或者是康德时期就已经提出的世界宪法、世界内政，人能不能作为一个世界公民，能不能有一部世界宪法。按照哈贝马斯和罗尔斯的想法，我们可以说，实际就是要寻求在经济全球化的时代，各民族和平相处得以可能的最低限度共识。

一直到今天，我们国内仍然关注普世价值的讨论。在这样一个经济全

---

① 参见吴敬琏、马国川《发展转型：成败系于改革的进展》，《读书》2011年第5期。

球化的背景下，由各种不同全整论说的文化之间能否达成某些最低限度的基本共识？而这些基本共识可能就是人们所说的普世价值。我上次课也提到，关于普世价值的论证有可能需要一种所谓的先验形而上学，或者说是思辨形而上学的先验设定，那就是人的同质性设定。这个问题可能比较复杂，我不再展开。但是这正好是高老师思考类哲学的又一个最重要的理论维度，或者说理论刺激。类哲学也试图回答在我们今天这样一个时代，一个经济全球化的时代，各个不同民族、各个不同宗教信仰、文化传统的民族如何能够获得一种类哲学的共同意识。

思考类哲学的第三个理论背景，这就是高老师明确提出的，在类哲学的相关文本中明确讨论的社会主义市场经济体制改革，即我们国内的实践需要。实际上，我们今天说高老师这样一个理论洞见仍然是意义重大，那就是社会主义和市场经济如何结合，到今天我们在理论和实践上也仍在继续探索。过去我们就简单地说市场经济是一种资源配置的手段，它既可以为社会主义使用，也可以为资本主义使用，它只是一种经济手段，是一种资源配置方式。在社会主义市场经济体制改革中，这样说在政治策略上是正确的，我们利用市场经济也取得了举世瞩目的伟大成就。但是实际上问题绝不是这么简单，市场经济它是一套系统的制度和价值体系，它不可能不和基本社会制度发生某种内在的关联。如果它仅仅是手段，那么可以为任何制度所使用，但是它不仅仅是一种经济资源的配置方式，也不仅仅是一种发展经济的手段，因为市场经济从它产生之日起，在理论上就已经形成了一套，我们可以说市场经济的哲学。

市场经济的哲学有这样一些基本假定。大家都知道，从亚当·斯密开始，首先要假定所谓经济人、理性人。每一个个人都追求自己利益的最大化，所以都是经济人，而每一个个人又都具有实现自身利益最大化的理性能力，所以像张维迎他们明确地把经济学定义为"理性选择的科学"。再扩展一步，理性选择，你也选择，我也选择，选择最后的结果是博弈。博弈论成为今天最时髦、最有效的经济学解释模型。我们通俗地说博弈论就好像下棋一样，你走一步，他走一步，你想几步，他想几步，你可能出这招，他可能预见到你出这招，所以他出那招，你又预见到他出那招，所以你又不出那招……所以是一种博弈。一般认为最古老的二人零和博弈，典型的就是田忌赛马。那么现代复杂的博弈论理论模型，可能需要很高深的数学知识，我无法去了解，最简单的也需要我们高中阶段学过的排列组合之类的数学知识。

回头来看，每个人都追求自身利益的最大化，每个人都有理性的能力去实现自身的利益最大化，所以市场经济它有一个基本的，或者说是先验的人性假定。后来一些经济学家、社会学家对这个假定开始批判性地思考，是不是每个人都追求自己利益最大化，是不是每个人都有实现自身利益最大化的理性等能力，带来一些经济学哲学基础的变化。我们可以看，个人理性选择需要一个制度的环节，市场经济的实质后来人们把它叫作法制经济。为什么需要法制呢？原因就是市场经济作为个人选择，要求有必要的法律秩序。市场经济——有人也把它解释为陌生人之间的经济，生产者、厂商和消费者可能都是陌生人之间的关系，陌生人之间的交易靠什么去保证它的有序、有效？只能是靠合同、契约，否则就容易陷入混乱。这和我们传统的农业经济截然不同，农业经济我们可以依靠，比如说农户之间的相互借贷、相互协助，特别像农村盖房子，一家盖房子，邻居好多家都出义工来帮忙，实际这样一种传统只能是在熟人之间才有可能——我知道我帮了你，当我盖房子的时候你也会帮我，这是熟人之间。而熟人之间合同、契约不是必要的，靠的是道德信誉。而道德信誉重要到什么程度？重要到影响到一个家庭的后代子孙。农村叫过日子看门风，农村孩子可能还会有一些了解，城里孩子就不知道什么意思，什么叫看门风呢？就是说这家如果勤劳、善良、品格端正，这家就能找到一个好媳妇，否则这家的男孩就很难找到媳妇。这甚至是一种道德淘汰，是一种道德的优胜劣汰，连媳妇都娶不上，当然就后继无人了，当然就被淘汰了，在这个意义上，传统社会的那种道德力量是强大的。而道德为什么有效呢？那就是鲁迅当年小说中所说的长期稳定的那样一种聚族而居，没有我们今天所说的流动性。道德重要是因为世世代代、祖祖辈辈就在这一方土地上生活，所以你的道德信誉、道德评价对于你的生活质量，甚至对于你家庭未来的影响都是至关重要的。我们说市场经济是陌生人之间的关系，那么这就使传统的这种道德规范、道德约束失去力量，这也就是为什么我们看到黑心奶，假冒伪劣，不同程度的食品添加、投毒，等等。原因就是道德对他们没有规范和约束力量。没有道德规范那么用什么规范？只能依靠法律，所以没有法制的市场经济是不可想象的，法制不健全就不可能有健全的市场经济。

在这样的意义上，市场经济也假定个人间的自由、平等。实际上西方的自由概念最重要的也起源于市场经济，市场经济就是自由交换的经济，贸易自由可能是我们今天所理解的一切自由思想的最早的一个现代性前提。所以它要求的个体、理性、法制、自由以及每一个交换者在市场中所需要的那种平等的交换者地位，它带来的是一系列政治价值。而由市场经济所带来的自由、平等、公民、理性、法制等这样一些政治价值，不可避免地与我们传统的计划经济的社会主义制度发生冲突。所以高老师认为，要是不能很好地解决社会主义和市场经济这种理论和实践的复杂关系，我们就不可能见证社会主义市场经济的健康发展。这也是高老师当时思考类哲学的又一个现实背景。

二、哲学观念变革关于人的问题的思考

我们刚才简要介绍了高老师提出类哲学，也就是从90年代初到90年代中期，从1989年到1996年这段时间内，高老师思考的这样一些理论背景，

我刚才分别讲怎样应对人类中心主义的困境，怎样回应经济全球化引发的所谓世界共同体这样一些政治哲学的问题，以及怎样去思考社会主义和市场经济的理论关系，我想可能第四个更重要的方面就是高老师一以贯之的关于人的问题的思考。其中一个很重要的变化就是1988年出版的《哲学与主体自我意识》，高老师明确提出实践观点的思维方式，实际标志着高老师对马克思主义哲学的理解进入了一个新的境界，进入了一种新的思维方式。按照实践观点思维方式去理解人，高老师在后来《哲学的憧憬》前言里提出哲学的秘密在于人①。高老师认为传统哲学原理教科书最重要的一个问题就是失落了人。教科书当然也讲人，讲人民群众是历史的创造者，讲意识的能动性，也讲认识是革命的、能动的反映，但是所有这一切最后都要还原为服从物质运动的客观规律。所以这样的一种教科书体系，高老师认为是和18世纪的旧唯物主义哲学的基本原则没有根本的变化。用《关于费尔巴哈的提纲》第一条的说法，它只是从客体的方面、直观的方面去理解事物、现实和感性。

高老师后来进一步认为，传统教科书对人的失落关键不在于讲不讲人，而在于如何理解人。高老师认为，不仅传统哲学原理教科书，包括传统西方哲学对人的理解始终陷入这样两个困惑。第一个是把人抽象化。为什么会把人抽象化呢？高老师认为关键就是用物种的思维方式去理解人。所谓物种的思维方式，高老师认为其实质就是从前定本质的因果必然性去解释人。按照高老师的看法，我们对任何事物、物种的认识，都可以说是知性的思维方式。用黑格尔的说法，那就是抽取出它们的共同点，然后作为一个物、一个种的本质，然后用这个本质去解释个体的、具体的对象。高老师认为这是一种还原论的、先在本质决定的思维方式，用这样一种思维方式去认识自然对象，包括动物物种，都是客观有效的。但是为什么认识人不能用这种方式？我和大家已经讲过，从生物学的意义上，人也是一个物种，我们也可以从经验人类学，或者说是解剖学、生理学，从这样的

---

① 参见高清海《哲学的憧憬》，吉林大学出版社1995年版，前言部分。

经验科学的角度理解，但是这样理解的人只是人的一些生物学特质。从实践观点的思维方式对人的理解出发，人的社会性本质是人在自己的实践活动中所创造的，实际上并没有一个先定的、抽象本质规定了人。高老师引用马克思的说法，当人们开始生产自己所需要的物质生活资料的时候，人才把自己和物种真正区别开来①。高老师进一步提出，这个时候的人已经发生了根本改变，高老师甚至说这是对自然的颠倒。自然是确定本质的自然，人是自身创立自身本质，并且人自身创造自身本质的过程。高老师进一步引申——人使自身成为类存在。那么，如何理解这里所说的类存在？

首先这个类存在是包含着世界观意义的存在。通俗地说，人以整个世界为对象，也只有人才能以整个世界为对象。因为人超出了自然物种的局限，他和整个世界发生关系，而不仅仅像动物那样，只与规定自己本质的自然环境发生关系，从而使人真正有所谓存在的意义。这里所说的存在就是世界性的存在，动物只有环境，没有存在，也可以说它没有世界。在这样的意义上，高老师甚至认为，人给予自然、给予世界以生命，这就是高老师所说的对类生命的理论自觉。在《哲学与主体自我意识》中明确地把哲学定义为主体自我意识，哲学就是主体和自我意识，而主体自我意识在高老师看来，可能很类似海德格尔，是一种生命领会，对自己生命的意识、对自己生命的领会。高老师认为，我们刚才提到的经济全球化问题、生态环境问题，等等这样一些所谓当代世界的问题，只有通过提高人的生命领会，重新理解人，重新理解人的生命，才能得到最后的解决。

我上次课已经和大家讲过，高老师在《突破真理论的传统狭隘视界》②这篇文章里已经谈到生活，真的生活、虚假的生活，等等这样一些判断。用海德格尔的说法，生命领会有本真的领会，也有流俗的、平均化的、非本真的领会。高老师没有具体展开这样一些分析环节。大家看《存在与时间》，怎么评价普通人对生命的领会。海德格尔用这样一些说法：

① 参见高清海《哲学的憧憬》，吉林大学出版社1995年版，第249页。

② 高清海：《突破真理论的传统狭隘视界》，《哲学研究》1995年第8期。

闲谈、好奇、模棱两可，等等①。什么意思呢？我们普通人所获得的那种流俗的、平均化的生活领会是通过闲谈——比如我们从小孩时期学母语开始，就进入语言、进入交谈，在语言和交谈中，我们不仅学会了语言，实际我们也在领会着自己的生命。语言不是一个外在工具，实际我觉得是最漂亮的一个表达来自世界高等教育史上最有名的洪堡（德国柏林大学的校长）的一句名言："一种语言就是一种世界观"，这是非常经典的表述。所以小孩学说话，表面上好像掌握语言工具，实际是接受着某种世界观。按照海德格尔的看法，我们普通人就是通过学说话、闲谈、好奇、模棱两可这样一些生活状态，获得了对生命的领会。海德格尔指出，怎么领会生命的关键在于我们怎么领会死亡。平常人怎么领会死亡呢？说死亡是有确定性的，但是那是一个未来的确定性，海德格尔用一句话来表述，"他人已经，我们尚未"。为什么说这种领会不真呢？按照海德格尔的看法，实际死亡是本己的、必然的，而本己是无法替代，是我们自己的事情，必然的、不确定性的确定性。说白了，死亡是随时"悬临"的。所以海德格尔用一个时间的维度，曾在、现在、将在，把死亡作为一个将在的维度，也可以说死亡就是当下的事情。所以按照海德格尔的理解，此时此刻，就是曾在，就是将在和现在的一种充满张力的凝聚。在这样的意义上，死亡作为不确定性的确定性②。而我们日常把它理解为确定的确定性。什么确定呢？平均寿命是确定的，死是确定的，但是我们用平均寿命的预期把它看作是一个未来的确定性。而实际上，每个人就在此时此刻、就在当下，都有着这样一个死亡的悬临。按照海德格尔的想法，如果我们事先先行领会死亡，可能就会使我们——即便在任何时候死去都是一个完成，都不会由于死亡摧毁我们的自由，摧毁我们的真理。因为我们已经事先领会了死

---

① 参见海德格尔《存在与时间》，陈嘉映、王庆节译，生活·读书·新知三联书店2006年版，第三十五、三十六、三十七节。

② 参见海德格尔《存在与时间》，陈嘉映、王庆节译，生活·读书·新知三联书店2006年版，第二篇第一章。

亡，当下我们就生活在死亡之中。按照这样一个对比，我们可以看，什么是本真的领会？什么是非本真的领会？非本真的领会带来的是什么？按照海德格尔看法，带来的是——沉沦。我们不能本真地理解死亡、不能本真地理解时间、也就不能本真地领会生命，实际我们就处在一种沉沦的生存状态中。这是借用海德格尔的一个对照。

而按照高老师的看法，从物种的思维方式来理解的生命，或者说是生命领会，应该说是一种自然的生命领会。我们没有超出对自然的认识，我们还是按照一种前定本质的，按照一种高老师所批判的本体论化的思维方式去理解生命、去理解人。高老师引证马克思的历史三形态的理论，从群体本位到个体本位再到自由人联合体的这样三个阶段①，按照高老师的看法，可能在市场经济条件下，我们基本停留在个人本位的生命领会的历史阶段，我们还没有向那种自由人联合体的更高的生命存在，或者说是人可能达到的生存境界去提升。高老师实际是力求用它解释当下市场经济的种种负面效应。我们看到的种种问题，按照高老师的看法，无一例外地来自我们对生命的这种非本真的领会。这里非本真只能说是历史的非本真，也就是说在今天，历史已经提供给我们更高层次的生命领会能力，使我们原来的领会不再具有那种历史的合理性。实际这是很多政治家，包括政治领袖共同感到忧虑的问题。布热津斯基写的《大失控与大混乱》主要就是批评美国青年一代的这种感性的放纵，这样一个青年群体怎么还能去领导世界呢？美国还能继续领导世界吗？②我们也看到好多学者也有类似的思考。最近我注意到一个日本学者评价中国正在走向低智商社会，因为中国人的读书时间可能不到日本人的十分之一，所以断言，我们在走向一个

---

① 参见高清海《"类哲学引论"——人与哲学的未来》，《高清海哲学文存》第2卷，吉林人民出版社1997年版，第115—141页。

② 参见兹比格涅夫·布热津斯基《大失控与大混乱》，潘嘉玢、刘瑞祥译，中国社会科学出版社1995年版。

低智商的社会，我们是一个没有希望的民族。①当然这些说法可能是政治家、思想家们特有的立场和他特有的那种责任和使命意识，但是确实有这样一些问题。

从高老师当时思考的立场，实际也有这种深沉的忧患意识。我们的民族，我们在社会主义市场经济建设中，我们的青年一代如果不提升自己的生命领会，不能达到一种类哲学的类意识和类自觉，我们可能也是一个没有竞争力的、没有多大希望的民族。参照海德格尔的那个背景去看高老师提出类哲学、类意识、类存在这样一些概念，我们也知道这种思考是高老师一以贯之的一个哲学逻辑。对人的理解我们陷入了一个物种思维方式的抽象化，把人理解为和其他动物物种一样的一个抽象的生命本质，而不知道人的生命恰恰在创造整个宇宙的生命——他给宇宙带来了新的生命。我印象中高老师在这两个本子里都用了这句话，一方面，"人在宇宙之中"，另一方面，"宇宙也在人之中"②。一方面人在宇宙中，我们是一个自然的、有生命的存在，我们在自然之中；另一方面，高老师又说，宇宙也在人之中，这是一个高度思辨的哲学命题。

对这个命题，我读大学本科的时候，曾经写邹化政老师留的一篇作业，讨论的就是这个问题，当然没有像高老师从生命意识、生命领会的角度去谈这个问题，当时主要是从认识论的层面去思考这个悖论。这个悖论实际有很多传统的哲学表述，当年邹老师用一个词，把它叫作"感性逻辑的二律背反"，这个背反是这样表述的：（一）说我在房间中，（二）房间在我之中，这是一个典型的"感性逻辑的二律背反"。为什么叫感性逻辑？在感性的层面上就有了这样一种二律背反的性质。大家想一想什么意思呢？用外感统摄内感的逻辑看，是我在房间中，房间是我的一个空间的外部感觉，我也把自己的物理形体，统觉在外感的规范之中，我也是这个房间中的一个外部感觉的存在物，所以说我在房间中。反过来，用内感去

---

① 参见[日]大前研一《低智商社会》，中信出版社2010年版。

② 高清海：《高清海哲学文存》第2卷，吉林人民出版社1997年版，第152页。

统摄外感我们就会陷入另一个逻辑：房间在我之中。这个房间正好是我意识中的一个表象，所以这个房间是为我的意识所表象的房间，房间就在我的意识中，在我的内感世界中，我把感觉到的外部房间统摄于我的内感之中，这叫内感统摄外感。这样的一个逻辑，实际可以理解唯物论、唯心论几千年对立争论的根源，我们可以说唯物主义是用外感统摄内感，我在房间中；唯心主义正好倒过来，房间无非是为我所表象、所意识到的房间，这个房间就在我的意识之中，所以是内感统摄外感的逻辑，这是唯心主义的逻辑。哪个对哪个错？实际各有各的道理。类似的这样一些二律背反其实很多很多，比如说印度佛学，印度佛学我了解得很少，我印象最深的是《维摩诘所说经》，唐代大诗人王维，名维字摩诘就是从这来的。我印象中这个经文开篇就说："无我无造无受者，善恶之业亦不亡"。这是佛学的非常重要的理论难题，一方面大家都知道，佛学就是讲空，没有我，我是假我，没有谁造就我，无我无造无受者，因缘生法。我作为法相，是因缘所生，这种因缘聚合才有了这么一个我。因缘我们用现在的语言说可能就是内因外因，缘叫外因，因叫内因，差不太多。各种内外条件的聚合有了这么一个我，真实存在的是这些条件——因缘，因缘是真实的，所以我是假我。但是难题就在这，如果我是假我，那你还修什么？没有我，那谁去修啊？所以后面第二句，说善恶之业，前辈子、上辈子做的好事、坏事作为因缘也是存在的，善恶之业亦不亡。所以，最后发展到很思辨的高度，那就是，空假中，一谛三观。这是佛学到后来发展到很高的思辨程度，一方面说我是假我，这叫空，假，把我看空了，所以我是假我，最后还要承认要有一个我，要有一个中道，因为要没有我，也就没有了修炼的主体，那个佛学的修炼，那个禅定慧的修养，就没有一个主体去实行。

实际在类似的这样一些问题上，有很多非常思辨的，在不同的感性水平上、不同的意识水平上、不同的世界观水平上有不同的悖谬性的表述。高老师这里所表述的，一方面我在宇宙中，因为宇宙自然给予人自然生命，另一方面宇宙又在我之中，人给自然以一个新的生命，人创造自然的生命。高老师用自然颠倒、乾坤颠倒来解释这种人的理解带来的巨大的观念变化。从传统的对人的理解，从物种的思维方式去理解人，我们和动物的区分只能是形式逻辑的所谓种加属差的定义方式，我们只能是找和其他动物不同的这样一些特点。高老师列举的人是理性的动物、政治动物、社会动物、文化动物，不管是用什么和其他动物的差别来定义人，这种定义都是传统知性逻辑的定义。大家学形式逻辑，传统形式逻辑我印象中定义有四种，最基本的就是这种所谓种加属差的定义方式，种是上位概念，属是下位概念，找到一个上位概念再找到和这一个种之间的不同属的差异，就定义了一个概念。人是理性的动物，种概念、上位概念是动物，属差是人这个动物和别的动物的差异，人有理性。此外可能还有其他一些定义方式，发生学定义，语词定义，好像还有描述定义。高老师认为用这样一种知性逻辑去理解人，人当然只能是已经有的前提，是一个自然物种的存在，而这个自然物种的存在有着这一自然物种区别于其他自然物种的抽象本质。按照这样一种思维方式去理解人，大前提就是已经把人规定自然中的一个物种。

和高老师的这种思维方式相近，大家看海德格尔《形而上学导论》，完全是相同的表述。比如说海德格尔明确断定，存在是最高的概念，在它之上没有更高的上位概念，所以无法用种加属差的方式来表达，没法找到一个比存在更高的概念、更上位的概念来定义它①。那么按照高老师的看法，人可能也是这样一种存在，高老师也引证马克思的那个说法，人体解剖对于猴体解剖是一把钥匙②。可以从人反过来去理解整个世界。在这样的意义上，我们就不可以用传统的知性逻辑、传统的物种思维方式去理解和定义人。那么怎样去理解人呢？怎样去理解人的生命？这就是类哲学所要思考的一个根本问题，高老师把它看作是一个人自身创造自己的本质，

---

① 参见海德格尔《形而上学导论》，熊伟、王庆节译，商务印书馆1996年版，第Ⅱ部分。

② 《马克思恩格斯选集》第2卷，人民出版社1995年版，第23页。

并且把自己的本质对象化到整个宇宙之中的存在。所以人自然生命来自宇宙，那么人的创造性生命，人的类生命又恰恰给宇宙以新的生命。

当然按照海德格尔的看法，这样一个逻辑的颠倒，正好是典型的主体形而上学。人化自然、人对宇宙的控制，正好是海德格尔讲的那个技术座架——人不仅要规定存在，而且要宰制存在。但是，人能不能跳出这种所谓自我中心的困境呢？我们通俗地说，换个活法是否可能？人不以自己为中心，不去以自己的生命本质去规定宇宙生命，能不能做到呢？实际上是做不到的。那么解决的办法，这就是高老师类哲学所思考的核心，这也是我刚才提到的我最近在《吉林大学社会科学学报》发表的那篇文章的一个核心，那么怎么能够解决刚才说的生态、环境这些所谓全球性问题呢？或者说怎么解决海德格尔的说法，人类自身生产带来的自我毁灭的危险呢？

高老师的看法，那就是只有整个人类达到一种类存在——通过类生命的自觉达到类意识，然后达到类存在，达到类存在才能解决人和自然的关系问题，人和环境的关系问题。按照高老师的看法，人和自然的当代的所有的这些困难和问题，不在于人和自然关系本身，而在于人和人关系本身。实际上这个思想在马克思经典文本中早有表述，大家有兴趣可以翻一下恩格斯的《自然辩证法》，《自然辩证法》最早地讨论了环境问题，说由于人们对森林的砍伐形成了撒哈拉大沙漠，人类的每一次胜利都遭到了自然的报复。恩格斯明确表述，只有解决了人类的团结问题，才能解决人和自然的关系问题。

大家现在可以从当代的环境问题中突出地看到现实。美国退出《京都议定书》，国际银行、国际货币基金组织这样一些大的金融机构，也用它的权威对发展中国家的节能减排、环境问题进行干涉。实际都是在干涉内政，包括你的经济结构、经济体制，都在给你贷款的同时输出它的意识形态：想要我的贷款得接受我的原则和意识形态。最后看到的是什么——民族国家之间的利益竞争。发达国家说发展中国家，现在环境问题已经这么恶化了，你还在那发展，这可不行，得控制你发展；但是发展中国家对发达国家说，你的日子过这么好了，想让我过不好日子，这也不行。

我们上大学的时候就有一个感慨，让营养不足的人减肥是反讽，是搞笑。我和我女儿也有一个辩论，我就说我年轻的时候很苦，好像18周岁参加工作之前没有几天吃过饱饭，总是在半饥饿状态。我女儿的回答我觉得也有道理，她说你们那代人有你们那代人的痛苦，但是我们这代人也有我们的痛苦，我们正遭受学习压力的痛苦，所以说所受的苦难各不相同吧！我更庆幸的就是，我经常和孙正聿老师说，我年轻的时候确实遭受了很多苦难，但是幸运的是没伤自尊，为什么呢？因为我穷、我苦，周围的人都差不太多，不伤自尊。但是现在就不行了，现在年轻人，包括大家以后，男同学要结婚，丈母娘说你没房还想结婚，这就是伤自尊了。我们上大学的时候报纸就开始宣传，吃肥肉高脂肪，要减肥，当时我们就非常愤怒，因为我们每个人几乎都是瘦骨伶仃，你们还要让我们不吃肉，减肥？这是小道理，大道理也一样。发展中国家生活质量如此不堪，你现在就不让它发展，就让它减肥，这和当年我们瘦骨伶仃却让我们减肥不是一个道理吗？所以在这样的意义上，环境问题的实质是民族利益的冲突和对抗，所以只有真正解决了人和人的关系问题，自由的人才能给自然以自由；如果我们人都不自由，我们怎么还会想象去给自然、给环境更多的道德关怀和伦理关怀呢？显然是不可能的。[1]

你们谁还记得《红楼梦》里的《柳絮词》？现在正是柳絮满天的时候。我的印象中，曹雪芹总是要在这个自然景物的歌咏中去表达人物性格，比如林黛玉的柳絮词是，"漂泊亦如人命薄，空缱绻，数风流"，可能这是黛玉性格的一个写照。然后是《红楼梦》里的女政治家薛宝钗，她的说法是"好风凭借力，送我上青云"。同样一个自然对象，人们的感慨总是能够表达出自己性格的逻辑。从一定意义上说，从文学创作的角度说，每一首诗词都表达着作者的性格，这可能有点脸谱化。林黛玉写什么诗体现的都应该是那种凄清、孤寂，宝钗写什么诗都表达着一种雄心勃勃

---

① 以上内容为2011年5月18日第十次课。

的政治野心，这可能和中国传统文学，特别像京剧的那个脸谱化、性格的固定化有关，这可能是个局限。但是通过诗词去表达人物性格，这也可看作是非常有成就的。同样是说柳絮，每个人说出来的那个柳絮都不一样，一个看到的是漂泊不定，像人生的羁旅，这可能是中国古典诗词的一个恒久的主题。现在这样的情感很难感受到，因为现代交通太便捷。宦游，当官的今天派一个地方，明天派一个地方，然后知识分子也可能长期在寂寞的旅途中，好像最典型的就是"今宵酒醒何处？杨柳岸、晓风残月"[①]这种羁旅的情怀。从积极的方面，像宝钗那样去看柳絮，从漂泊无定的柳絮上居然能感受到一种蓬勃向上的生命力量。

咱们说些题外话，我倒真的希望大家做哲学也好，做人也好，对生活、人性都能有某种细致入微的洞察。我在给博士生讲课[②]最后一节用王阳明的两句话来表达对大家学术上的期望，我觉得王阳明这两句话说到了极致，叫作"知之真切笃实处即是行，行之明觉精察处即是知"[③]。这里所说的切实笃行、明觉精察，这就是说是行为也好，知识也好，真的达到那种精细入微的程度，实际就是知和行的统一。文学也好，哲学也好，包括刚才说的诗词也好，可能很难达到真切笃实。如果把玄虚的哲学，体验为实实在在的东西，把玄虚的学问做实，做人也能做实。人做实了，那个知也就做到明觉精察，学问做实了，也就达到了真切笃实。

---

① 柳永《雨霖铃》。

② 这学期我给博士生讲《哲学问题与哲学思维训练》课。

③ 《传习录中·答顾东桥书》。

三、类哲学思想主要观点

我们上次课讲高老师类哲学思想提出的背景，今天我们就高老师类哲学思想的主要观点做一个简要的介绍。高老师提出类哲学的时候，国内哲学界的氛围已经发生了变化，和80年代整个中国知识界，整个中国思想界具有广泛共识的启蒙氛围已经发生了很大变化。到90年代中期，用我们政府的说法叫改革进入到深层次，进入攻关阶段，深层次的社会矛盾开始暴露出来。这里所说的深层次的社会矛盾实际也就是改革中形成的各种不同的利益集团所进行的博弈日益复杂，所以很难再有一种哲学思想像高老师教科书改革——哲学观念的变革时期那样能够引起强大的思想共鸣。实际上，我们现在提出什么样的有震撼性的观点也很难再有当年那样的思想效果，这是外在的环境变化。另一方面，高老师关于类哲学的思想也可以看作是他晚年对整个自己一生学术的概括和总结。类哲学思想自身也比较复杂，不像教科书体系改革简单明了，不像哲学观念变革那样批判性、针对性特别鲜明，所以在高老师的类哲学思想提出以后，上次和大家讲到1996年在北京召开的类哲学理论研讨会，并没有达到我们预期的理论影响。当时《北京日报》，我印象还有上海的《学术月刊》做了一些报道①，其他杂志并没有很强烈的反响。但是昨天我翻看中央党校一位老师的一篇文章，现在仍然在批判高老师的类哲学，我觉得这是好事。一种哲学思想不怕批判，最怕的是遗忘，没人能想到，没人记得了，这可能是哲学思想的最不幸的处境，有人批判才有讨论，才有思考。所以对高老师类哲学思想，一是外在的客观环境、思想环境氛围发生了变化；二是高老师类哲学思想自身也比较复杂；三是我个人从高老师提出类哲学思想，我的研读精力也很有限，到现在我也不好说我已经很清楚地把握了高老师的类哲学思想。我上次课可以很有信心地和大家介绍高老师提出类哲学思想的理论背景，但是就高老师类哲学思想本身到底有哪些重要的观点，怎样去理解，

---

① 《高清海哲学文存》第2卷，吉林人民出版社1997年版，第169—171页。

可能要进入到哲学学理本身的一些比较深刻细致的区分。

（一）哲学即人学

首先，高老师类哲学思想始终贯彻着80年代以来高老师一贯的思想，实际就是哲学即人学。因为高老师从教科书体系改革开始批评传统教科书的一个根本弊端就是见物不见人。虽然教科书也讲人，但是终于还是把人来作为物来理解，这也就是高老师所说的还是用物种的思维方式理解人。我印象中好像是高老师和孟宪忠在80年代末曾经合写过一篇文章①，讨论哲学就是人学的看法，但是在1989年学潮之后这种观点受到了批评。我记得有一次在高老师家，高老师开玩笑说，"哲学即人学，这也不是我说的，这是邹化政说的。"邹化政老师这个观点我是很有印象，在《社会科学战线》曾经发表过一篇文章，标题就叫《哲学即人学论纲》②。但是邹老师当时对哲学即人学的理解和高老师的理解实际上有着原则的区分。邹老师基本是在德国古典哲学的立场来理解哲学即人学。邹老师理解的人学大致是从近代西方哲学的内在逻辑看，哲学是什么？哲学就是关于意识原理的学说，而意识原理就是人性原理。我印象邹老师对西方近代哲学有两个很重要的判断，一个就是上帝人本化，高老师也用过类似的说法，认为整个近代西方哲学的实质就是把异化的外在的上帝还给人本身，哲学人本化。这个进程按照邹老师的看法，中间经过泛神论、自然神论、近代哲学的意识哲学、一直到费尔巴哈的人本学，完成了上帝人本化这样一个近代哲学的主题。

最初是怎么把上帝还给人本身呢？首先是还给自然。按照自然神论和泛神论的看法，上帝创造了自然，自然也是有神性的。在自然的神性中，这里最重要的是人作为自然的一部分，人的自然欲望也具有了神性的意义——这才有了近代资本主义兴起的哲学根据。因为中世纪的基督教神

---

① 参见高清海、孟宪忠《人学论纲》，《哲学动态》1988年第6期。

② 邹化政：《哲学即人学论纲》，《社会科学战线》1988年第1期。

学是一种禁欲主义的哲学，它要遏制人的欲望，而资本主义生产可以叫作欲望的生产。今天我们更清楚地看到，资本主义生产从很早时期开始，实际在中国台湾地区、日本有一个管理学的术语叫行销导向（这是在东南亚六七十年代才兴起的，在西方可能要早得多）。所谓行销导向用我们最通俗的说法就是，企业最重要的任务是市场开发，实际市场开发就是要制造生产人们的购买欲望，所以在这个意义上是欲望的生产。资本主义生产，它的逻辑前提就是要肯定人的自然欲望的合理性。当时的著名口号就是用人性战胜神性，从宗教改革，文艺复兴开始，近代哲学要做的任务就是——从哲学上论证——把上帝还给人本身。大家知道在欧洲中世纪一千年漫长的时期，基督教统治具有绝对的权威，在这样一个背景下，怎样把上帝还给人本身？首先是还给自然，然后是还给自然中的人，还给人的欲望，最后才能还原到上帝是人的意识的产物，还原为人的意识的原理。费尔巴哈已经把这个原理说得很清楚了：上帝的本质是人的本质的对象化，是人创造了上帝。人怎样创造上帝呢？创造上帝是人的意识活动，人的意识的活动有一个意识的原理，把握住这个意识的原理才能把上帝真正地还给人本身，上帝无非是人的意识的作品。那么，人的意识中为什么会产生上帝？这才到费尔巴哈关于人的本质的对象化，1841年费尔巴哈的《基督教的本质》的出版，完成了这样一个上帝人本化的进程。

那么按照邹老师的第二个判断，意识原理的实质是什么？或者说什么是近代哲学的意识原理的实质呢？邹老师用一个词叫内涵逻辑。意识原理的实质是内涵逻辑，内涵逻辑就是内容逻辑，就是思想内容的逻辑。思想内容的逻辑的实质就是当我们面对任何感性对象的时候，思想和思维如何先天地发挥它固有的规定性，用思维去规定感性，所以内涵逻辑的实质可以用一句话来概括——就是思维对感性的固有规定，也就是思维规律，意识原理就是思维规律。这大致是邹老师所理解的哲学即人学，哲学即人学的内涵大致是哲学在上帝的人本化进程中，要把上帝还给人本身，最后要还给产生上帝观念的意识原理。意识原理是内涵的逻辑，区别于形式逻辑。内涵逻辑的实质是思想内容的逻辑，思想内容的实质是我们面对任何感性对象的时候，思想对感性对象的逻辑规定。所以近代哲学，或者说作为邹化政老师理解的哲学即人学，我们也可以把它理解为是在黑格尔的意义上思维规律的科学，思维规律的科学就是黑格尔的逻辑学。

　　高老师和邹老师对于什么是人学的理解不同，关键是两种思维方式的不同。我们曾经讨论过高老师的那篇文章《突破真理论的传统狭隘视界》，我们认为高老师达到了现代西方哲学的思维方式。那么高老师理解的人学是什么？高老师特别地强调马克思实践观点的思维方式的意义。从实践观点的思维方式去理解人，高老师认为它终结了西方哲学的那种传统本体论的思维方式，这里可能是最重要的。人，并没有像邹老师在德国古典哲学的立场上所讨论的那个永恒不变的思维规律。这里涉及整个近代哲学和现代哲学的根本界限，用纯粹哲学术语来表达这个界限，那就是传统哲学包括西方近代哲学是关于纯粹思想的科学——他们相信有一个超越时间、超越空间永恒的纯粹思想，类似于黑格尔逻辑学的范畴体系，有这么一个超越时间、超越种族、超越文化的永恒的纯粹思想。而现代哲学用德里达的一句话来表达，纯粹思想总是受到污染，没有西方传统哲学所渴望找到的没有受到任何污染的纯粹思想。那么西方哲学要找纯粹思想干什么呢？很显然，只有找到一个超越时间、空间、种族、文化的纯粹思想才能为人类的全部认识与价值提供最后的奠基——纯粹思想是要给人类文明奠基。而按照整个现代西方哲学的看法，没有这样一个超越时间，超越空间，超越文化的纯粹思想。在这个意义上，这两种思维方式的对立高老师把它概括为传统哲学是本体论化的思维方式，而现代哲学是反本体论化的思维方式。我刚才讲这就涉及高老师的类哲学，包括高老师思想发展中一些较难理解的细致的区分。

　　我印象中最早是1988年，在延吉召开的"全国哲学观念变革理论研讨会"，高老师在这次研讨会上的主题报告就是超越唯物和唯心的对立。高老师在讲这篇文章的时候，提出一个看法，认为传统哲学的实质是一种本体论的思维方式，而高老师对本体论思维方式的界定，把它看作是还原论的、本质先在的、决定论的思维方式。这种思维方式要从现实的世界中找到，还原出一个终极的存在、永恒的不变的本质，进而用这个本质来决定性地解释现存的一切。高老师认为这种本体论化的思维方式是传统哲学的根本特点。高老师认为从马克思实践观点的思维方式提出以后，由于对人的理解发生了变化——人没有一个先在的本质，人的本质是自己的历史和生成，人的本质是在自己的实践中不断地创造，不断地生成——所以，传统哲学从世界中、从终极存在中提供对人终极解释的思维方式已经终结。事实上不可能找到一个先定的永恒的不变的人的本质，从而世界本身也没有这样的本质。这是高老师对本体思维方式的批评，但是高老师在这次发言中，也明确地肯定本体概念的合理性。虽然反对本体论的思维方式，但是现代哲学仍然需要一种本体的追求。当时，衣俊卿刚刚从南斯拉夫获得博士学位回来，他可能是国内哲学界比较早的从国外获得博士学位的学者。他在会上直接批评高老师的这个观点，他说：我们无论如何无法理解高老师既批评本体论的思维方式，又主张要有本体的概念。说实话，当时包括我们这些高老师的学生也不能完全准确地理解高老师为什么这样思考。现在，我们可以在比较广的一个哲学背景下理解我刚才所说的这种细致的区分，反本体化的思维方式而不反对本体概念——为什么这样主张？

实际这是一个非常接近康德的哲学立场。大家想一想，康德一方面肯定形而上学是人的本性，这种本性我们可以用多种不同形式来表达，比如说最通俗的是挪威有一个学者叫奈斯，把哲学做一个最简单的定义，哲学就是不断问为什么的学问，他以非常直白的形式表达了哲学的特点。所谓不断问为什么，可能终究有一问，问到了某一个临界点，这个临界点超出了经验科学。我们可以就任何一个问题发问，不断地追问下去。像我过去举的例了，电灯为什么能亮？有电流做功。电流怎么来的？发电机。我们也可以说把机械能、热能，或者说把其他的能量形式转化为电能，水能发电，核能发电，不管用什么发电，实际是一种能量的转化。那么能量为什么能够转换呢？能量为什么是守恒的……如果不断地这样追问下去，终究会达到一个临界点，超出了我们经验科学的界限，而这些问题正是康德意义的形而上学问题。形而上学问题，康德认为最重要的有三种类型：上帝，这是理性神学的核心；心灵，这是理性心理学的核心；宇宙，这是形而上学存在论的核心。而康德所以做了一个经验和超验的划分，他划分的最核心的依据是什么？他认为所谓经验就是感性直观的对象，所谓超验像心灵、上帝、宇宙整体就是没有经验直观，通俗地说就是看不见摸不着的。正好用中国的汉语翻译，经验就是"形而下者谓之器"，有实体的、有形体的、可看到的、可直观的对象；所谓"形而上者谓之道"，道就是没有经验直观的对象。这里所谓经验和超验的界限构成了康德形而上学的一个基本立场，康德认为正是由于超验的对象，上帝、心灵、宇宙整体，我们无法直观它，所以我们关于它的认识只能陷入辩证幻象。在这个意义上，康德否定形而上学知识的可能性，没有知识形态的哲学，没有知识形态的形而上学，但是康德肯定形而上学作为人的本性的必然性。虽然我们不可能对于上帝、心灵、宇宙整体形成类似经验科学那样的知识，但是人的理性具有追求统一性的必然性，形而上学是人的本性。

高老师的这个思想和康德的接近之处就在这里。一方面，高老师认为没有一个传统哲学所能获得的终极存在、先在本质，在这个意义上否定了传统本体论的知识形态的可能性；另一方面，高老师所以要保留本体的概念，是因为高老师对哲学的理解仍然是追根究底的学问——哲学是追根究底的学问。高老师说过很多话，我们今天体会起来，可能仍然需要我们深入地去思考，比如说高老师在《马克思主义哲学基础》中，说哲学是追根究底的学问，而且还有一句话——哲学是合情合理的学问。实际要合情合理，那可能是哲学的极高境界。包括做人也是这样，这个小孩通情达理，这个孩子很懂事，想一想如果人真的能够通情达理，那对他还能有什么别的要求呢？我想通情达理已经是做人的最高境界。这里所说的通情从个人的一种人生阅历去体会，通情一定意义上包含同情。我们现在的孩子作为

80后的独生子女，往往缺乏这方面的同情心、通情、通感的能力。最简单地说，什么是通情呢？用社会学和心理学的术语，我们可以把它叫作非自我中心化。人的社会化过程在相当意义上，可以概括为就是去自我中心化的过程。我们所说教育是社会化的过程，青少年成长是社会化过程，社会化干什么呢？就是要去自我中心化，因为人的本能是自我中心，饿了就想吃，渴了就想喝……这是人的一个生命原理，邹化政老师当年把它叫作避苦趋乐的生命原理。不是说不好，所有生命都以自我为中心，生命是一个自我中心的避苦趋乐的旅程，这是一个天然的本性，从这里引申不出对它的价值评价。什么意思呢？每个人的自然本性、天然倾向总是避苦趋乐，没有一个人专门找苦吃，见到乐呵就躲起来，那是违背生命原理的。生命所以能够得到延续就在于这种生命的自保本能，没有这样一种生命的自保本能，生命可能就不会在这个世界中存在，人天然地有这种避苦趋乐的倾向，在这样的意义上，这是人的生命原理。但是在生命原理之上还有一个伦理的原理，要实现生命避苦趋乐的自然倾向，人必须在社会中实现，而只要在社会中去实现自己的欲望，那么就不可避免地遇到人与他人的社会关系、伦理关系。

我们最直白地说，每个人都是自我中心化的，每个人都具有避苦趋乐的生命本能，但是避苦趋乐所以可能恰恰在于人与他人的社会关系中。黑格尔在《精神现象学》中①讲，从"我"到"我们"，我的原理是欲望的原理，也就是我们刚才讲的避苦趋乐的生命原理，但是我的欲望只能通过他人来实现，所以必然从我的欲望原则进入到我们的客观性原理。因为你的欲望要实现只能通过他人，我们小时候是通过父母、是通过家庭、通过他人实现我们的欲望，这就使人进入到一种人伦关系之中。人伦关系的最初从"我"到"我们"，有限的"我们"，黑格尔认为"我们"已经有了一种客观性，不是单纯的欲望原则、不是单纯的主观性原则。当然黑格尔

---

① 参见黑格尔《精神现象学》上卷，贺麟、王玖兴译，商务印书馆1979年版，第四章。

后面的分析还很漫长，通过主奴关系的辩证法，通过苦恼意识等环节，最后达到自我意识。自我意识最高的形式是绝对的自我意识，宗教、文学、艺术、哲学，通过这样一些形式，我们才能逐渐地达到自我意识。按照这里的分析，我所以特殊地强调通情、同情作为一个去自我中心化，说白了就是一点，那就是我们在日常生活中养成一种习惯，那就是习惯于设身处地地从他人的立场感受生活——别老想着你自己，想一想别人。这里所说的设身处地地从他人立场去想问题，皮亚杰通过一个简单的儿童心理学实验表达了这里所说的去自我中心化的重要性。儿童最初只能描述他直接看到的东西，他以为他看到的就是你看到的，所以皮亚杰的说法用我们今天的说法叫换位思考，小孩还不会从他这面跳到你那面去想你可能看到的是什么。在这个意义上，皮亚杰认为这是儿童心理发展的重要阶段，能不能从自己的立场跳出来，站在别人的立场看问题。这就是设身处地地从别人的角度去感受生活，感受世界的能力，这就是通情、同情的实质。我们所说的通情、同情，无非是通达别人的感情。怎样才能通达别人的感情？那就是在别人的立场去感受。所以像高老师这样一些说法，说哲学是合情合理的学问，实际是有很深刻的哲学意义。

　　高老师当时有他的立场，他认为马克思实践观点的思维方式终结了传统本体论的思维方式，而哲学作为一种不断问为什么的学问，它本然地保留着对本体的追求，所以这也是高老师当年为什么反对本体论思维方式，却主张本体概念的有效性。那么，现在想来，高老师的这个立场，一方面仍然是我们吉林大学马克思主义哲学的主导立场，反形而上学的知识和教条，反对那种把哲学知识绝对化的传统哲学倾向；但是另一方面，却保留着哲学、形而上学的维度，实际也就是保留着形而上学的追求。这至少是孙正聿老师和我，可能也是我们吉林大学很多老师现在仍然持有的观点。这种哲学立场，用我过去一句话来表示，"关于绝对的相对真理"。在1988年延吉的那次会上，我提交的论文是《关于辩证法的十点意见》①，

---

① 孙利天：《关于辩证法的十点意见》，《人文杂志》1989年第1期。

其中我用一句话表达我对哲学的理解。因为谈的是辩证法，实际谈的是哲学，我把辩证法定义为关于绝对的相对真理。一直到今天我对哲学的基本理解没有大的改变。这里所说的关于绝对就是指康德意义的那些超验的形而上学的对象。而关于绝对的哲学理解，每一个哲学家，每一个时代关于绝对的理解则是相对的可变的。这种立场好像是很通达，但是也受到邹化政老师的批判。当年邹化政老师说：你这么说，好像在逻辑上是对的，但实质不对。实质为什么不对呢？按照邹老师的绝对主义的哲学观，"关于绝对的相对真理"暗含着一种哲学知识的进步观，每一个时代关于绝对的理解都是相对的，都是可错的，那么以后的时代就会比古人理解得更好一些，邹老师的批评是关于绝对的理解我们还赶不上柏拉图和老子。

1998年左右，天津社会科学杂志组织了李景林老师、王天成老师、吴跃平老师、姚大志老师还有我，我们几个人写了一组笔谈，我那组笔谈的哲学观应该是有了一些变化，因为那组笔谈就是要批判相对主义，好像那个栏目就叫"关于相对主义"，我写了一篇文章，叫《绝对的真理与方法》[①]，我借用了伽达默尔《真理与方法》的说法。我的看法是相对主义可能是一个不错的文化观——文化是相对的和多元的。但是哲学不行，哲学为什么不能相对？哲学是关于绝对的真理和方法，这里所说的绝对我也做了解释，是在非对象意义上的绝对。这里大家体会一下，这个区分很重要，哲学所说的绝对到底是什么？我们通常理解的绝对就是无以复加，无以复加的绝对是量的绝对，所以我们认为黑格尔的绝对真理封闭了认识真理的道路，黑格尔的辩证法同他的体系发生了矛盾，体系窒息了方法。我们通常把黑格尔的绝对真理理解成不能再有任何发展和添加的终极意义的绝对，是一种量的绝对。但是严格的绝对是什么？是黑格尔逻辑学中讲的绝对，是思想以思想为对象的绝对。思想以思想为对象，从而就没有一个在思想之外与之相对的东西，这叫非对象性，非对象性就是绝对。什么叫无待呢？没有和它相对待的对象，也可以说是无

---

① 孙利天：《绝对的真理与方法》，《天津社会科学》1997年第5期。

条件的无待，这是庄子的说法。庄子在《逍遥游》中讲，大鹏展翅九万里，斑鸠一类小鸟笑话这个大鹏，你飞那么远，费那么大劲干什么？看我不是很自在吗？当然，我们知道有一句话：燕雀安知鸿鹄之志。但是庄子的评价，小鸟也好，大鹏也好，鲲鹏也好，都是有待的，鲲鹏可能需要到春天的时候云气升腾才能抟扶摇而上九万里，得有云气烘托，把它承托起来它才能飞，所以它是有条件的，有待的。那么黑格尔意义的绝对，庄子意义的无待就是绝对自由，有待，有对象，你就是部分，你这部分就受到另一部分的限制，受到另一部分的限制你就是不自由的，所以自由只能是全体，自由只能是绝对。我和大家讲过这样的看法，马克思也是这样的思想，解放是包含每个人的全人类的解放，不落下任何一个人，只要一个人是非自由的，那么其他人就不可能是自由的。举一个很简单的例子：一个城市正在通缉一个持枪在逃的杀人犯，他对这个城市所有市民都有威胁。那么，我们可以设想全人类都解放了，就剩下一个没解放，一个没解放就有反抗，他的反抗对所有那些解放的人都是一个威胁。在这样的意义上，马克思的人类解放理想是全体的解放，是绝对的解放，是每个人的自由全面发展。在这样的意义上，我说哲学是关于绝对的真理和方法，这和我在80年代提出的关于绝对的相对真理有一些变化，但是总的说没有根本的变化。孙正聿老师也是在1988年左右写他的博士论文的时候，已经形成了非常稳定的哲学看法，这就是前提批判的辩证法。前提批判大家可能读起来会有一些困难，还有一个说法是本体论批判，我觉得用这个词倒更容易理解，他在《哲学研究》曾经发表一篇文章叫《本体论批判的辩证法》①，我倒觉得通过这篇文章我们更容易理解孙正聿老师所说的坚持的到底是什么。孙正聿老师的看法很简单，哲学是前提批判，前提批判就是本体批判，而本体批判是在对一个历史时代历史合理性的批判，和我关于绝对的相对真理几乎完全一样。第一，哲学本体批判指向本体；那么第二呢，这种批判是在历史的时代的限制下的批判，哲

---

① 孙正聿：《本体论批判的辩证法》，《哲学研究》1990年第1期。

学的合理性是历史的合理性。哲学的进步就表现为不同时代本体的结构、本体的规定的变化，可以把它理解为本体论批判的辩证法。

高老师专门有一篇文章在《社会科学战线》批判本体论化的思维方式①，包括用实践观点的思维方式重新理解唯物和唯心的问题，那么这些观点在当时的政治上有很多触犯禁区的东西，因为一直到现在我们官方的主流意识形态仍然把辩证唯物主义和历史唯物主义看作是马克思主义的哲学真理，作为一种意识形态，它可能有它的优点。高老师去世的时候，我写了一篇文章纪念高老师，我当时用的标题就是《创造中华民族自己的哲学理论——高清海先生的哲学遗嘱》②。我也分析了，可以说比较客观地分析这些人们通常产生困惑的一些难点。我认为就我们中国这样一个大国来说，我们的改革确实需要理论的审慎和稳健。大家想一想如果中国这么大的国家在今天这样的改革的格局下，如果我们说辩证唯物主义和历史唯物主义也不对了，马克思主义也不对了，那可能带来的思想混乱以及它可能产生的社会后果是很可怕的。所以，作为我们这样一个大国的改革采取一种意识形态的相对的稳健的思路是正确的选择。但是，从真正的哲学理论研究来说，它必定会支撑、深化和范导意识形态。高老师晚年有一句感叹：有些话我说早了。这既可以理解为一个哲学家、一个思想家的无奈和抱怨，但是另一方面呢，也可以理解为是一个思想家、一个哲学家的理论自信。所谓说早了的意思就是以后你们还得照我说的做，只不过是说早了而已。而"说早了"，它的意义正好是马克思主义哲学研究的关键所在。为什么需要马克思主义哲学研究？我们说中国的改革和发展需要意识形态的指导，而意识形态自身的发展需要理论研究的积累，没有超前地说早了的理论研究，不可能有后来的意识形态的发展。改革开

---

① 高清海：《哲学回归现实世界之路——评哲学本体思维方式的兴衰》，《社会科学战线》1993年第1期。

② 孙利天：《创造中华民族自己的哲学理论——高清海先生的哲学遗嘱》，《社会科学战线》2004年第6期。

放这些年来，应该说理论界在这个意义上做了很多前导性的工作。那么到今天提出以人为本、科学发展观，实际要考察高老师的思想历程，也可以说为这种以人为本的科学发展观早早地提供了很多理论基础。比如说，我印象在1988年，纪念党的十一届三中全会十周年的时候，高老师和孟宪忠提了一篇文章，标题叫"中国需要自己的社会发展理论"①，已经很早地讨论了我们自己的发展观的问题。而像我刚才所说的，高老师从教科书体系改革开始对人的理解，也为后来以人为本的科学发展观提供了理论支持。高老师的感慨不是无的放矢，而是有很多具体的所指。在这个意义上，意识形态需要稳健地发展，意识形态稳健地发展需要哲学工作者超前的"说早了"的理论研究来支撑，来为它提供思想资源。一方面并不贬低和否定当时的理论工作部门、党的宣传部门、理论教育部门，它们在既定的意识形态中的理论工作。在既定的主流意识形态指导下的具体工作是中国改革发展稳定的需要，我们要改革、要发展，整体也需要一定的稳定。但是这里面就出现一些矛盾：稳定能不能成为主要的任务？稳定到什么程度？如果稳定严重地阻碍了改革和发展怎么办？这就是比较复杂的具体政策问题。另一方面，马克思主义哲学研究和马克思主义教育和宣传是不同的事情，研究就是没有禁区，而研究没有禁区正是为了未来的理论宣传和教育提供支撑和资源。我认为在这个意义上，高老师"说早了"意味着他工作的有效性。如果完全是中央说啥，他也说啥，那就用不着他去说了。所以在这样一些非常复杂的政治和哲学关系中间，我们现在可能会看得比较清楚。

（二）高老师的哲学立场

我刚才讲高老师1988年提出的这种反本体化的思维方式而又主张本体概念有效性的看法，实际表达了高老师的一种哲学观，也是我和孙正聿

---

① 高清海、孟宪忠："中国需要自己的社会发展理论"，《天津社会科学》1989年第1期。

老师到现在为止这些学生基本没有离开的哲学立场。概括这种哲学立场就是没有形而上学的绝对真理，但是有形而上学的真理追求。要是没有这种形而上学的真理追求，那么高老师的看法就是，人不再是人——人不可能没有这种追求。我用奈斯所表达的让你不断问为什么的本能，康德把它叫作形而上学的本性，黑格尔评论说：理性的魔力。理性的魔力总是使我们进入或者说不可避免地要思考那些超越的形而上学问题。而对高老师，包括我和孙正聿老师的哲学立场，可能也会受到两个方面的批评。一方面，像我刚才说的，从邹化政老师的绝对主义的哲学观会批评你是相对主义、怀疑主义。邹老师当年曾经感叹，"维特根斯坦是现代的休谟"，然后又感叹："看来，经验主义胜利了。"英国的这种经验主义传统构成了后来的分析哲学，包括维特根斯坦哲学的前提。那么维特根斯坦作为当代的休谟，大家看看他怎么怀疑的？当年休谟的怀疑是怀疑因果关系的必然性，认为因果关系只不过是基于人的实践本能的习惯性联想，没有原因和结果的必然联系。邹老师说的维特根斯坦的怀疑，大家都知道维特根斯坦在后期哲学，主要是在《哲学研究》中，通过语言分析，再次表明形而上学是语言的误用。

我们说哲学就是人学，邹老师的理解是，人学就是人的意识理解和把握世界的方式，我们也可以说哲学作为人学就是人先天就有的基本概念方式或者叫思想结构——它构成人理解世界的前提。我们通常说的世界观按照这种意识论的视野，世界观无非是我们看世界的时候不自觉的概念方式和思想结构，实际我认为也包含着基本的价值态度。我们看世界的时候，不自觉地就在运用一种文化所具有的那种概念方式、思想态度和价值态度。在这个意义上，哲学作为人学就是斯特劳森所要解释的那种描述形而上学的任务，怎么把这种东西描述出来——概念方式、思想结构甚至所谓价值态度。在这个意义上，这可以理解为是意识论的哲学人学。现在出现了西方哲学的语言转向，语言转向的一个重要的理论根据就是语言和意识相比较语言研究有着很多优越的特性。比如说意识是内在的，在我们头脑中的，而语言是物质的、外在的，无论是语言表达的声音还是文字都有一种对象化、外在化、客体化的表现。我们说语言有一种物理形式，马克思的说法叫意识从产生之日起就受到物质的纠缠[1]。受到什么物质的纠缠？首先是语言的纠缠，语言是物质性的、客体性的、对象性的客观存在，无论是表现为声音的震动，还是书写的文字痕迹都有物理表现，而意识是在我们内在的，语言是外在的。意识是私人性的，语言是公共性的——不是你一个人说，大家都在说。所以在索绪尔的《普通语言学教程》中，语言区别于言语，言语可能更多的是指个体的言语行为，我说话、我写字，这是言语；语言是使所有个体言语得以可能的公共性，不是私人性的语言，是公共性的语言[2]。那么我们还可以用刚才的说法，意识是主观的，语言是客观的；意识是内在的，语言是外在的；意识是私人性的，语言是公共性的。在这个意义上，研究语言比研究意识更容易成为科学，所以才有西方的语言转向。在这个意义上，人类把握世界的意识结构就转变为说话方式，维特根斯坦意义的说话方式和语言游戏，概念方式变成说话方式，变成了维特根斯坦意义的语言游戏——每一种说话方式都有一种不同的语言游戏规则。维特根斯坦在《哲学研究》中认为，没有一个把不同说话方式统一起来的唯一的元说话方式，所以他说不同的说话方式只具有家族相似的可能[3]。下围棋与下象棋游戏规则不同，大家想一想维特根斯坦有一些非常漂亮的表达，他说问一个词的意义就像问象棋中卒的走法，象棋中那个小卒怎么走——意义即使用[4]。卒的意思是什么呢？卒的意思就是在象棋这种游戏规则中它的走法，而我们中国象棋说法，没

---

① 《马克思恩格斯选集》第1卷，人民出版社1995年版，第81页，原文为"'精神'从一开始就很倒霉，受到物质的'纠缠'。"

② 详见费尔迪南·德·索绪尔《普通语言学教程》，高名凯译，商务印书馆1980年版，第四章。

③ 参见维特根斯坦《哲学研究》，李步楼译，商务印书馆1996年版，第48页。

④ 参见维特根斯坦《哲学研究》，李步楼译，商务印书馆1996年版，第22—23页。

有过楚河汉界之前只能直着走，过了楚河汉界可以横着走，每次只能走一格，这是卒的意义，这是维特根斯坦的意义即使用。维特根斯坦还有一些说法，说哲学犯了什么错误呢？哲学就是要问规则本身，问那个游戏规则本身，说话方式的规则本身，而规则按照维特根斯坦的看法，只能显示而不能问。维特根斯坦一个非常漂亮的说法，说问规则像什么，像问巴黎标准米有多长①。大家都知道规则，量度的规则、长度的规则是怎么定的呢？我们国家工商市场上个体户们用他们的米尺去量布，用他们的秤去称重，由机构去检查规则，质量监督局可能要定期对度量衡进行检查，包括你的秤准不准，你的尺准不准。那么在这个意义上，质量监督局的尺应该比个体户的尺更准，那么谁来检查吉林省质量监督局度量的规则呢？回答是国家质量监督局。那么这个规则到底是什么？按维特根斯坦的看法，只能显示标准米有多长——就那么长——我给你看看，再没有一个更高的规则规范它只能显示。所以按照维特根斯坦的看法，全部哲学可能出的问题就在于问那个规则本身，要统一这些规则，而没有一个唯一的标准的统一的说话方式。能不能找到超越一切说话方式的哲学说话方式作为所有说话方式的标准？维特根斯坦认为是不可能的。在这样的意义上，维特根斯坦以一种语言方式的多样性、多元性、不可通约性否定了传统哲学的最高统一性追求的梦想。所以邹老师感叹，他是当代的休谟，使经验主义获胜了。

从一种传统哲学的立场看，现代哲学的思维方式肯定陷入了怀疑主义、相对主义、多元主义。但是呢，我们通常受到的批评可能是来自更激进的青年一代群体的批评，包括咱们学院就有一些老师认为，高老师还是受黑格尔影响太深了，还是没有完全摆脱传统形而上学的立场。原因可能就在于高老师仍然保留了本体追求的形而上学维度，所以从更激进的现代西方哲学的立场对高老师的观点也会提出另一个侧面的批评。所以无论是从政治的意识形态的批评，从传统哲学的立场的批评，还是从现代西方哲

---

① 参见维特根斯坦《哲学研究》，李步楼译，商务印书馆1996年版，第37页。

学立场的批评，不管来自哪种批评，恰恰表明了高老师这些思想独创性的意义。

我们刚才说哲学即人学，哲学对人的理解可以是意识哲学的概念方式、思想结构的探寻，也可以是现代哲学的说话方式、语言方式的探寻，那么也可以是从维特根斯坦的语言哲学之后，在语言哲学中也出现了生活世界的转向。维特根斯坦有的话已经预示了这种转向，比如维特根斯坦说：一种说话方式就是一种思维方式，就是一种生活形式①。大家看维特根斯坦《哲学研究》中用的一个词，叫语言的工具箱②，比如说木匠师傅和徒弟的语言工具箱，他们的语言游戏是怎么进行的呢？师傅说"尺"，徒弟就把尺递给他，师傅说"锤子"，徒弟就把锤子递给他。这后来被另一个语言哲学家塞尔发展成一种系统的言语行为理论，以言行事，用说话来做事，所以叫言语行为。卡尔纳普曾经把语言的功能区分为表达和表述③，后来孙正聿老师也做过区分，我印象中孙正聿老师又增加了语言的表征功能。所以孙正聿老师对哲学有一个定义，"哲学是社会自我意识的表征"④，认为哲学这种语言既不是表述事实，描述事实，也不是表达个人的内在感受，而是表征着社会的主体自我意识。但是呢，我们还可以进一步去分析，语言不是表述、不是表达、也不是表征，而是做事，以言行事，语言就是行为，所以当木匠师傅喊锤子的时候，那么实际上是和徒弟把锤子递给他的动作连在一起的，他要不说锤子，徒弟不知道递什么。在这个意义上，维特根斯坦论证说，一种说话方式就是一种思维方式，就是一种生活形式，而不同的生活形式就有不同的语言游戏。老师和学生的说话方式肯定和徒弟和木匠师傅的说话方式是不同的，不同的就在于这是不

---

① 参见维特根斯坦《哲学研究》，李步楼译，商务印书馆1996年版，第12页，原文为"想象一种语言就意味着想象一种生活形式。"

② 参见维特根斯坦《哲学研究》，李步楼译，商务印书馆1996年版，第18页。

③ M.怀特：《分析的时代》，杜任之主译，商务印书馆1981年版，第221页。

④ 参见孙正聿《论哲学的表征意义》，《社会科学战线》1997年第3期。

同的生活形式。所以，我们也可以说，哲学就是人学，那么人学可以是概念方式的人学、是语言方式的人学、是生活方式的人学或者说是生活世界的人学，可以有多种不同的理解。

那么高老师强调实践观点的思维方式的实质在于提供了新的人学，这种新的人学的最重要的意义就在于改变了传统哲学的人性理解，人变成了一个实践活动中的人，变成了在实践活动中和世界具有否定性统一关系的人，变成了在实践活动中不断地创造自己本质的过程。而高老师在类哲学中和前期关于人的理解的不同就在于高老师意识到人在对自己的实践过程中的自我理解已经内在地包含着一种历史性的影响，而这种历史性到今天应该达到一种类哲学的理解，或者叫类意识的理解——我们在实践活动中会不断地创造出自己的本质，从而也不断地带来新的自我认识、自我理解，而在一个全球化的时代人们需要一种人类的自我意识。

高老师认为从马克思的历史三阶段理论，传统社会是人和人的依附关系，是群体本位；资本主义的商品经济是以物的依赖性为基础的人的独立性，人依赖于物的独立性；到马克思设想的共产主义阶段，人可能达到以自由人的联合体构成的这种社会形式和人性理解——自由人的联合体。高老师所说的类意识就是指这种自由人联合体的人性理解。1996年10月20日左右，北京的那次马克思类哲学理论研讨会之后，当时上海的《学术月刊》又组织了一组笔谈，有南开的王南湜老师、山东大学的何中华老师，还有我，约我们三个人，每个人写一篇短文，谈对高老师类哲学的这种理解。不是说我现在对高老师类哲学就有了准确的理解，我刚才也说，理解得并不完全好，那个时候理解得就更浅薄了一些。我的标题就是《哲学是人类自由和解放的理想》[①]，我在这篇文章中认为高老师的类哲学理论仍然是马克思的人的自由和解放的学说，仍是从马克思人的自由解放的背景考察类哲学的意义，但是实际上高老师的想法很复杂。这里最关键的就是随着人的生产方式的发展变化，人的自我意识、人的生命领会、生命

① 孙利天：《哲学是人类自由和解放的理想》，《学术月刊》1997年第3期。

理解可能发生了一些阶段性的根本变化。比如说，马克思说的在传统的经济社会中，由于生产力的低下，人们处在相互依赖的群体关系之中，人无法获得独立性。实际上黑格尔在《哲学史讲演录》中也批评这种传统社会中人的处境①，他以我们中国为例，说中国只有一个人是自由的，那就是皇帝，其他人都是奴隶，这是黑格尔当年对古老的东方帝国的一个看法。实际用我们刚才的逻辑说皇帝也不自由，原因就是皇帝总是担心兄弟、侄子，包括周围的大臣来夺权，在这个意义上，他也是战战兢兢、如履薄冰。也可以理解当年唐太宗为什么能够一定程度地接受魏徵的《谏太宗十思疏》，魏徵给唐太宗写了一个谏书，让他思考十件事——要真按照魏徵的意见去做，当皇帝一点意思也没有。我们现在所说的享受生活被魏徵一概取消，没有什么当皇帝能够享受的生活。过去古代帝王们一个重要的游戏就是田猎——出去打猎。魏徵却劝他不要出去打猎，也不要我们现在的政绩工程，也不要建楼台馆所，也不要轻易地发动一场战争，几乎当皇帝所能享受到的快乐和乐趣一无所有，那可能只是在政权初定的时候，皇帝才能听进去的话。我们过去的说法叫"马上"皇帝，只有在战马上打下江山的皇帝才能知道社稷的安危，魏徵的原话就说："水能载舟，亦能覆舟。"

在资本主义的时代，马克思的这个看法确实很漂亮，叫以物的依赖性为基础的人的独立性，可能是对我们这个时代的人的处境的一个准确的表达：一方面，个人摆脱了传统社会的人身依附关系，每个人至少在法律上被定义为平等的公民、自由的公民，马克思把这个任务叫政治解放。大家有兴趣可以看《论犹太人问题》，马克思把这种个人解放，政治上的、形式上的、法权上的人的自由平等看作是政治解放。但是，这种政治解放并没有真正地实现人的独立性，在市民社会的生活中，我们所说的在经济生活中，马克思的说法是仍然受到利己主义原则的支配。利己主义原则的实

---

① 参见黑格尔《哲学史讲演录》第1卷，贺麟、王太庆译，商务印书馆1959年版，第99页。

质是对物的依赖性，所以马克思把共产主义的实质理解为社会解放，资产阶级革命只是完成了政治解放，马克思的共产主义革命要实现的是社会解放，也可以说不仅要每个人获得形式上的、法权上的自由和平等，而且在经济生活中，在社会生活中，真正地实现每个人的自由平等，摆脱对物的依赖性。我们今天所以不自由，就是我们依赖于物、依赖于商品。那么怎么能自由呢？我过去开玩笑说，中国有一些看法很透彻，"无欲则刚"，你不自由是因为你有欲望，没有欲望了，这个人用民间的说法叫无赖——无所依赖。无所依赖还怕什么呢？没有对物的依赖，也没有对人的依赖，无所依赖，从而就无往而不胜，谁都怕无赖。所以说，我们今天的很多困难就在于我们有赖，不仅有待，而且有赖，当然这种阿Q式的精神胜利法不能真正解决人的自由问题，但是它确实提供了一种自由的观照。我觉得大学生时期之所以宝贵，就在于它的单纯。我印象中我代表博士生毕业讲话那年，我描述大学的生活：因为清贫，从而纯洁，从而也高尚，因为我们对物质的依赖较少，所以我们才有大学时期的单纯、明净的精神生活。[1]

我们上次课讲高老师对人的理解，实际上已经比较细致地进入到一个本质的区分，那就是高老师在对人的理解上：为什么反对本体论的思维方式，而保留本体思维的向度和追求？实际这样一个立场可能也是其他很多哲学家——特别是从20世纪以来，经过了西方一百年拒斥形而上学的哲学运动，当代哲学家有很多人想法接近这一立场。比如海德格尔，他有一篇著名的论文就叫《哲学的终结和思的任务》，说的也是柏拉图主义的知识形态的哲学终结了，但是形而上学的这种思想仍然保留下来，仍然有着它的历史内容。最坚决拒斥形而上学的，比如像美国哲学家罗蒂，他也保留了一个他的希望——后形而上学希望[2]。哈贝马斯，最近这些年我们国内翻译他的一本著作，标题就叫《后形而上学

---

[1]　以上内容为2011年5月25日第十一次课。

[2]　理查德·罗蒂：《后形而上学希望》，张国清译，上海译文出版社2009年版。

思想》①，形而上学过去了，所以叫后形而上学，但是仍然有形而上学思想。所以高老师这样一个立场，他也可能表达着当代哲学的一种必然的选择，哲学要存在，总有哲学的思想任务。但是哲学和传统哲学又必须有自觉的理论区分，那就是不可能有一个关于绝对的绝对真理，我们至多只能去思想那个绝对，探索那个绝对——这意味着一种区分，哲学作为一种文化，哲学是相对的、多元的。用马克思的说法，哲学是把握世界的一种方式，马克思也讲到和哲学相并列的，宗教的把握方式、科学的把握方式、实践的把握方式，这是人类把握世界的不同方式，从而也是不同的文化形式。所以哲学作为一种文化形式，肯定是相对的、多元的。如果只有一种哲学，那就是哲学的终结，那就是形而上学的恐怖。但是从哲学家、哲学自身理论的性质说，它必然是一种绝对的形上追求。也就是说，多元文化形式中的其中一种是哲学，而哲学这种文化形式的特质就在于它追根究底的绝对的追求，它和其他的宗教的、审美的、实践的把握世界方式的区别就在于，它必然想用理论的形式、思想的形式给出一个绝对的真理。我们上次课也讲到，这种立场，从我们国家的主流意识形态来看，它受到政治批判；而从哲学理论自身来说，也可能会受到来自两个方面的批判，一个就是绝对主义的、柏拉图主义的古典哲学立场的批评，另一种可能就是更激进的后现代主义批评。

（三）类哲学的思维方式和意境

今天我想讲类哲学的思维方式和意境。前天我们学院有一组博士生答辩，我们请的答辩委员会主席是原来中国社会科学院哲学所的李德顺老师，他现在是中国政法大学的终身教授。因为德顺老师长期主持哲学所的工作，中国社会科学院哲学所可以看作是我们国家最高的、专门的哲学研究机构，所以在他的那个岗位上有他的视野，有他的问题，有他的思

---

① 于尔根·哈贝马斯：《后形而上学思想》，曹卫东、付德根译，译林出版社2001年版。

考。我想可能正是因为他长期做这个工作，使得他比我们这些人更多地考虑了中国哲学的全局和中国哲学的总体发展。可能德顺老师最大的一个希望，和高老师晚年的想法都是一样的，那就是在当代世界哲学中有我们中国哲学的声音。我们现在更多地总是说西方哲学家，哈贝马斯、德里达、罗蒂、海德格尔……但是很少有人去谈我们自己的哲学家，我们自己的哲学思想。高老师的说法是，中华民族的未来发展需要有我们自己的哲学理论①，从某种意义上来说，这就是类哲学的"意境"，德顺老师也有这种想法。

那么，怎么才能够让西方学者认真地倾听、关注我们中国的声音？怎么才能找回失去的哲学自我（高老师的说法）？我们的民族怎么才能够有自我的、不说别人的话的哲学？前几天我和德顺老师聊过这个话题。高老师哲学思想，我已经给本科生讲过四五轮了，德顺老师说他特别希望我把它出本书。实际上我知道，比如说元永浩老师在韩国首尔大学曾经给首尔大学哲学系的学生们专题讲过高老师哲学思想，这可能也是在国外的讲坛上，能以中国现代哲学家命名的很少的课程之一，即便我们国内大学哲学系专门讲现代哲学家的某个人的思想，可能也很少。这类课程究竟有怎样的理论深度？我想大家可能听了以后会有一些感受。哈贝马斯曾经到我们国内来过。据说当时在北大有一次讲座，有一个女同学现场提问，开头就说我是哲学外行，但是哈贝马斯听了她的问题以后说，你一点也不外行，你的问题非常专业。这意味着可能我们的大学生对哈贝马斯的了解也有相当的理论水准，所以哈贝马斯当时就感慨，这是不公平的，中国对世界哲学的了解和世界对中国哲学的了解极不相称。后来我用了一个比喻说明其中缘由，我说这个很正常，只有穷人才天天注意观察富人都吃什么，富人从来不去看穷人的饭碗。这正好就是当代世界哲学的一个格局，我们总看西方哲学又有什么思想，又有谁提出什么观点，但是西方哲学家却对中国

———

① 参见高清海《中华民族的未来发展需要有自己的哲学理论》，《吉林大学社会科学学报》2004年第2期。

哲学几乎毫无所知，至少对中国现代哲学毫无所知，他们能够知道一些的就是老子、孔子，而对于现代中国哲学什么情况毫无所知。原因可能是有语言障碍，语言障碍就表现在哲学这个学科的性质上。可能一个理工科的老师能够在自己的专业领域中熟练地运用几种语言，我们学校好多老师都可以用几种语言去写学术论文。大家想一想这个很正常，去掉了公式，使用的自然语言比较有限，化学、数学，几乎都已经形成了这个学科的国际化的形式语言，它的公式、它的符号字母原来就都一样，只不过是用来说明这些公式而稍微加一些解释的自然语言，有一点差异，所以它的专业词汇量比较有限，所以较容易熟练地运用几种语言写作。但是哲学呢？哲学要想突破语言的界限太艰难了。比如我们要翻译胡塞尔，就需要有和胡塞尔大致相同的知识结构，翻译德里达，困难可能更大。大家都知道，德里达最著名的方法就是所谓拆解性阅读，他的著作中大量的关涉其他作家的文本，其中有的是哲学家的，有的是一些文学家的。比如说布朗肖，这是在德里达作品中经常阅读的一个对象，但是我们如果没看过这个作家的文学作品，那肯定没法翻译德里达，所以由于哲学学科的这样一些特点，语言是一个很重要的障碍。

我们翻译国外的哲学家尚且如此，那么我们把自己的哲学著作翻译成外文就更加困难了。比如说现在有一个刊物，已经是有十几种了，文学、历史、哲学，等等都已经有了，是由欧洲的一个文化公司负责销售，我们提供稿子、提供杂志，就是想把我们国内每年最好的哲学论文翻译成英文，发往欧洲。最初哲学学科是想让我们吉大做这项工作。当时我做院长，接待这项工作的时候，我就咨询我们学院一些有留学经历且英语较好的老师，我说能不能翻译啊，最后都摇头，谁也译不了。要说英译汉，可能包括我们本科生都可以勉强做，现在有很多翻译软件，相对比较容易，但是要汉译英，把我们的中文译成英文，说实话，国内有这种能力的学者太少了。问题就在这里，如果母语是英语的人去译我们中文的文献，那就和我们英译汉一样，应该相对容易。但是现在有几个外国人愿意翻译我们的中文文献呢？这可能是关键所在。国外学界对中国的关注仍然是从主流意识形态的层面去关注，而不可能进入到中国的深层学术领域。我2005年和孙正聿老师到欧洲走了三所大学分别是奥地利的萨尔茨堡、德国的法兰克福和科隆，应该说我们每到一处，走了以后他们几乎都是这个评价——两位孙教授给我们留下深刻印象。留下什么深刻印象呢？因为他们不知道中国哲学到底到了什么水准，而我们到奥地利可以谈维也纳小组，到胡塞尔档案馆可以谈胡塞尔，当然到法兰克福更可以谈法兰克福学派。他们根本无法想象，中国人怎么知道这么多啊？而他们对中国却是毫无了解，他们甚至狂妄地认为（有一个教授发言就明确这么说）他们觉得我们用英语说黑格尔是奇怪的事情。什么意思？按照他们的想法，不用说你们用汉语，用英语去说黑格尔都不可能理解黑格尔，黑格尔只是德国民族的黑格尔，他们认为只要把黑格尔的著作译成英文，那就已经不是真正的黑格尔，所以德国人对德国哲学的那种骄傲和自豪，可能是我们难以想象的。但是我敢肯定地说，可能除了德国本土，至少中国的黑格尔哲学研究水平肯定是世界一流的。这不是说中国人如何优秀，原因就是黑格尔借了马克思的光。我们从新中国成立以后，中共中央编译局等单位，有强大的翻译和研究力量，为了研究马克思，把黑格尔作为马克思的一个理论来源，在中国才得到特殊的重视，所以中国的黑格尔哲学研究肯定是世界一流的，没有什么疑问。但是在德国人看来，他们无法想象你用汉语怎么还能很好地理解黑格尔。

我们要讲的高老师所说的类哲学的思维方式和意境，正好可以印证我的这样一个看法，那就是我们对黑格尔哲学究竟了解到什么样的程度。大家都知道高老师类哲学的理论方法实际是高老师理解的区别于物种的思维、物种思维方式的类思维。类思维，高老师把它理解为是真正的辩证思维，也就是真正的辩证法。大家看一下高老师的文本，高老师认为哲学对人的自身理解经过了一个历史过程，传统哲学是用物种的思维方式理解人，而物种的思维方式，高老师定义了它的几个特点，（1）它是本体论化，（2）它是对象性意识，（3）从逻辑上说，它是一种知性的逻辑。高老师也曾经简略地分析了为什么传统哲学对人的理解是一种物种的思维方式。按照高老师的看法，这是和人的自身发展阶段相关联的。高老师认为，无论是在群体本位的人的存在阶段还是到个人本位的人的存在阶段，由于人的这样一种存在导致对人的理解必然是一种物种的思维方式。而物种的思维方式，按照高老师的分析，它的特点就是一种本体论，也就是把人当作一个物种，从一种前定的、预定的、不变的、先在的本质去加以说明。只要把人当作一个物种，那么就是和认识其他物种一样，用知性的逻辑抽取出它的普遍本质，而把这个本质看作是不变的、前定的。用这个本质去解释现象，所以它必然是一种本体论的思维方式。只要把人看作是一种物种的存在，用理解物的方式去理解人，就必然是一个本体论的思维方式，也就是要从多种多样的现象中，抽取出某种普遍的共同本质，然后用这种本质来说明现象。我们对自然物的认识，就是这样一个逻辑，也可以说就是这样一个还原论的、本质决定的思维方式。而这种思维方式又必然是对象性意识，也就是把人作为一个外在的对象去认识。

区别于对象性思维方式，或者说对象性意识，高老师认为对人的理解实际应该是一种自我意识，不是对象性意识，这里涉及对人的理解的一个很重要的知识点，即我们通常所说的主客二分的思维方式。我们通常所说的科学思维方式、对象性思维方式，对人的理解共同的毛病就是把人当作在人之外的一个对象去认识，从而我们才相信可以对人和物有一样的科学认识，普特南把这样一种对人的理解叫作"神目观"[1]。我们之所以相信有永恒的、绝对的客观真理，特别是关于人的认识有一个客观真理，就是因为我们已经假定研究者可以跳出人的世界之外，从外边把人作为一个对象去认识，然后我们比较认识和存在的符合程度，说我的认识和存在、和对象相符合，那么这就是真理。这里的难点就在于人能不能跳出自身之外去认识人、去认识世界。按照普特南的看法，这是不可能的，我更喜欢用

---

[1]　H·普特南：《戴有人类面孔的实在论》，江怡译，《世界哲学》2003年第1期。

雅斯贝尔斯的说法，那就是我们只能内在于世界之中去认识世界。我们不可能设想把自己扔出去，然后从一个神的观察者的立场去看人，我们只能在这个世界之中——存在哲学的说法——去感受和领会世界。在世界之外是谁呢？那是神。所以高老师的说法，人的认识只能是在世界中的自我意识，不能把人作为一个对象。把人作为一个对象可不可以呢？一定意义上可以，自然科学、经验科学、解剖学、生理学、医学，实际就是在这样的意义上来认识人，把人作为一个和其他物种一样的对象，研究他的生理、病理……那么还有一种社会科学的人学，我们可以把它叫作经验人类学，经验人类学也可以采取这样一种对象性的意识，使人和其他物种一样，作为一种经验对象的存在加以研究，在这样的意义上，它是经验人类学。生理学、心理学、经验人类学，都可以把人作为对象，但是这样理解的人不是哲学理解的人，哲学理解的人只能是把人理解为是人的理性自觉，人的人性自觉，人的本性自觉的自我意识，自我理解。

我们刚才说，用物种的思维方式去理解人、认识人，必然也用知性的逻辑去理解人、定义人。生理学、病理学、人类学，它们对人的理解，用经验科学的方法也只能用知性思维的逻辑，而知性思维的逻辑最根本的特点就是用概念区分。我们学任何一门科学，最基础性的工作就是了解这门学科的定义。定义要干什么呢？定义就是做出一种概念的区分，界定对象的内涵、外延，把它同其他概念区分开来，这样的一种区分的规定性对于把握经验对象是客观有效的，也是必需的。没有这样一种精确的区分，就没有经验科学研究，就没有精确科学的产生，就没有精确科学的思维。但是用知性逻辑、用经验科学的方法去理解人，我们所规定的人只有和自然对象一样的自然性质。有多少脑细胞，脑细胞的神经元，神经网络之间是如何的连接状态，神经细胞连接中有哪些电脉冲，等等我们都可以用经验科学的方法来研究，但是这样研究的是人的自然性质。按照高老师的一个根本性的看法，人的社会性本质、人的精神性本质，只能通过区别于知性逻辑的辩证法，所以类哲学的思维方式也可以看作是一种辩证法的思维方式。那么，辩证法的思维方式为什么是理解人、认识人最合理的思维方法？这里就回到了黑格尔。黑格尔的辩证法怎样认识人、怎样理解人？高老师提出的类哲学的思维方式和黑格尔的辩证法有什么区别和联系？

我们国家对黑格尔辩证法的理解，我刚才说肯定是世界一流的水平，我有很多佐证，因为有一些对内、对外的一些学术交流。比如从对外来说，前些年有一个国内很重视的加拿大的唯物主义哲学家叫邦格，他就曾经感慨：我无论如何也理解不了A等于A，A又等于非A，这还有什么确定性？辩证法说A等于A，又说A等于非A，这怎么能够理解呢？实际这正好显示出知性思维和所谓辩证思维的原则区分。从知性逻辑上说，一个对象必须与自身同一，用形式逻辑的术语表达，同一个概念、同一个命题在同一个思维过程中必须保持同一个含义，这是A等于A的形式逻辑同一律的要求，否则就会出现思维的混乱。我们用过的一个例子说，"白头翁正在铲地"，然后说"白头翁飞起来了"，这两句话分别说可能都对，但是要是连着说，在同一个思维过程中，这个"白头翁"就变成不可理解的。说又铲地，又能飞，实际上说的是两个对象，第一个是白发的老人，第二个说的是一种鸟。在同一个思维过程中，白头翁只能是一个意思，在形式逻辑上，大家知道，这样一个错误叫偷换概念，虽然用的是同一个语词，但是是两个概念。所以形式逻辑要求思维的确定性，必须有同一律的保障，这是没有任何疑义的。

那么在什么时候辩证法非得说A又等于非A呢？这就涉及辩证法的那个真实的本体基础。辩证法到底是研究什么的？它的本体是什么？按照高老师的看法，只能是人，是生命，是精神。所以辩证法本体论，我们可以说是生命本体论、是精神本体论，人才是辩证法的真正对象。也就是说只有在理解人的时候，特别是从哲学上理解人的时候，辩证思维才是必然的。恩格斯举的例子也很能说明这一点，他举的例子说[1]，生命的细胞每一瞬间在不断地生成，每一瞬间一些细胞在死亡，所以对于任意一个

---

[1]　《马克思恩格斯全集》第20卷，人民出版社1971年版，第556页。

生命有机体来说，每一瞬间既等于自身又与自身相区别，也就是说只有生命这样一些现象，它才是A等于A，A又等于非A。那么，就一个生命对象来说，每一瞬间都有一些细胞在生成，一些细胞在死亡，它不断地否定自己，这种否定不是外在的，而是一种自我的否定，自己否定自己。用黑格尔的说法，这才有所谓自身差异，包含着同一的差异，自己和自己相区分。自己和自己相区分才能说，一方面我是我，A等于A；另一方面，我又不断地自我否定、自身差异、自身区分，我又不等于原来的我，A又等于非A。在这样的意义上，生命和精神才是我们通常所说的那个辩证的本体。

所以大家想一想教科书的基本逻辑，说在数学中有正和负，物理学中有作用力和反作用力，在化学中有化合和分解，在生物学中有遗传和变异，在人类社会中有阶级斗争，一切都是对立统一的，对立统一是普遍规律。但是从来没有人去问它为什么要对立统一。它为什么一定要对立统一？想一想数学中的正和负，化学中的化合分解，生物学中的遗传变异，等等所有这些对立统一，它的内在必然性可不可以问为什么是对立统一的？实际按照黑格尔说法可以回答，可能也只有黑格尔的辩证法才能够回答这个问题。之所以一切事物都是对立统一的，因为一切事物都是人的思维规定，我们对它做出一个思维规定，那么同时就包含着它的否定，只有把对象作为思维规定的对象，对象的对立统一才是必然的。我们说数学中的正和负，我们规定了正，那么作为另一个思维规定的否定性就必然产生，所以有正才必然有负，有化合才有分解，有遗传才有变异。在这个意义上，按照黑格尔的辩证法，对立统一的必然性在于思维规定的必然性，是思维规定的自我否定。如果我们说，按照黑格尔的理解，辩证法的本体是生命、是精神，生命精神的自我运动才是一个自身同一、自身差异、自身区分的对立统一、否定之否定的过程，那么也就意味着，对人的理解，必须把人理解为一个没有先验的、先在本质规定的历史生成的一个本质。那么把人的自我运动看作是一个自我生成、自我创造的真正的辩证过程——也只有按照这样一种思维方式，我们才能达到对人的自我意识，而不是一种对象性意识。

在这些方面都可以看出高老师所说的类的思维同物种思维相区分意义的辩证法同黑格尔辩证法的这种渊源。但是也有区分，而这种区分正是高老师在马克思主义的理论传统中走到那个所谓现代哲学思维方式的关键之处。按照高老师的看法，黑格尔的辩证法仍然有一些毛病，比如说，我印象是在《哲学的憧憬》里①，高老师非常明确地断定，黑格尔哲学是传统形而上学的完成，黑格尔把"本体论"发挥到了极致，是传统本体论思维方式的最高表现，这意味着黑格尔虽然把生命、精神理解为自己运动的过程，但是他仍然预设绝对理念和绝对精神的本体。在这个意义上，高老师认为它仍然是本体论化的思维方式，它仍然从绝对理念和绝对精神理解人的自我运动、自身发展。"在黑格尔哲学中，辩证法不是与它的唯心论观点矛盾（不相容），而是与它的'本体论'体系有矛盾（不相容）。因为它的错误主要发生在把人归结为精神，又进而把精神客观化为宇宙本体这点上。"②那么究竟怎么看待这个问题？这可能是非常复杂的，大家以后随着学习的深入会了解到，比如说伽达默尔怎么看，伽达默尔有一个说法，大概是说，德国唯心主义的辩证法，已经开始了对传统实体本体论的消解③。我们知道，从康德到黑格尔共同地批判了18世纪的理智形而上学，或者叫知性形而上学，我们把它叫作独断论的形而上学。18世纪的形而上学的实体本体论直接断定某一实体本体作为世界的最高根据，终极存在。而德国唯心主义辩证法从康德到黑格尔，已经开始消解了这种实体本体论。大家知道，康德认为这种独断论的理念，理性概念，只能导致辩证的幻象，所以知识的形而上学是不可能的，这是康德的看法。黑格尔的看法是，虽然不能用知性的逻辑、知性的方式独断地肯定某种终极本体的存在，但是这个终极的本体是可知的，这个终极的本体是一个理念的体系，

---

① 高清海：《哲学的憧憬》，吉林大学出版社1993年版，第233页。

② 高清海：《哲学的憧憬》，吉林大学出版社1993年版，第279页。

③ 伽达默尔：《黑格尔与海德格尔》，邓晓芒译，《哲学译丛》1991年第5期。

是一个自我运动的理念的体系。在这个意义上，黑格尔把从纯存在到定在、到质、到量、到度，每一个范畴都看作是对前一个范畴的否定，也可以把它看作是对它的消解，从而消解了传统实体本体论概念的这种僵死性。在这个意义上，伽达默尔评价德国唯心主义辩证法的积极意义，是德国唯心主义辩证法已经开始消解实体本体论。但伽达默尔第二句话，和高老师的立场接近，但是他仍保留了对本体论的自我驯服①。用高老师的说法，尽管它要消解那种僵死的、知性的形而上学的本体，但是它仍然保留了这种知识形态的本体，所以伽达默尔说它保留了对本体论的自我驯服——这也正是高老师批评黑格尔辩证法的关键所在，说黑格尔辩证法仍然是一种本体论的思维方式。

我们刚才讲高老师从类哲学的思维方式去看黑格尔的辩证法，认为他仍然保留着本体论的思维方式，伽达默尔的说法——本体论的自我驯服。对这种本体论的驯服或本体论的思维方式，也可以有一些不同的理解，这里我就不去展开说，大家可以想一想黑格尔的绝对理念达到自我意识而完成的绝对精神，就是通过一系列的否定性的环节来实现的。在这样的意义上，也可以说黑格尔的辩证法提供了一个人的自我成长、自我教化，从个体的人达到类哲学、类意识的人，也就是达到绝对精神的思想道路。这条思想道路既是精神现象学的道路，也是黑格尔逻辑学和精神哲学的道路。通过精神现象学的诸多的意识形式，精神现象学黑格尔考察的是各种意识形式，从感性确定性最后到哲学，这一个漫长的意识形式的发展历程，那么逻辑学则表达的是从最抽象的思维规定——纯存在，达到绝对精神的绝对理念这样一个漫长的逻辑进程。而精神哲学则是从人的心理这种主观精神开始，到伦理、法律等客观精神，最后达到艺术、宗教和哲学等主客统一的绝对精神。无论是从意识形式去看，还是从思想内容的实质去看，实际黑格尔的理解很简单，一个个体的真实意义，生命的真实意义，就是怎么从一个单纯的、自然的自我成为像黑格尔那样

---

① 伽达默尔：《黑格尔与海德格尔》，邓晓芒译，《哲学译丛》1991年第5期。

表达代表着绝对精神的存在。所以，黑格尔这种存在是什么呢？实际就是人们通常所说的一个大写的人。高老师认为，人就是人，要成为什么样的人呢？成为一个大写的人，这个大写的人既是一个个体的自我，又是人类本身。高老师与黑格尔的不同在于，黑格尔作为一个"解释世界"的哲学家，避免不了本体论化的思维方式。他把现实具体的个人，只是看作精神发展的载体，是实现精神自身逻辑的工具。个人的生命、欲望、快乐和自我意识等只有达到伦理实体的自觉，才成为理性的真实存在。所以，他甚至说个体的死亡是对类的最后贡献，因为这唤起了人们普遍的伦理意识。高老师所理解的类，则是改变世界的哲学概念，他说的类存在、类意识和类哲学，是以个人的全面自由发展为条件，同时又是目的本身。是个人在全球化的历史条件下，充分吸取人类文明的全部成果，使自己成为真正的大写的人，从而也自觉到自己的类生命、类存在，以类哲学的理念对待今天的人类性问题。

我上次给博士生讲课的时候提到一个词——"国士"。梁启超17岁考举人，主考的老师看了他的卷子后批了四个字，"国士无双"。我们来看梁启超的一生，作为一个思想家的国士，他寄托着国家的灵魂和精神。当然还有更高的层次，更高的层次不是国士了，是天民，是黑格尔意义的世界精神。在这个意义上，黑格尔实际上潜在地包含着这样一种自信和自豪，黑格尔自己认为就是世界精神，拿破仑不过是骑在马背上的世界精神，不过是偶然地承担了世界精神的使命和召唤，而一旦完成了这个使命，他的原话好像是说"像脱去果实的空壳一样"①，没有意义，完成了资产阶级革命的那个历史使命的拿破仑就不再有意义。黑格尔肯定认为他比拿破仑更伟大，他永恒地代表着世界精神。

某天我们下课，看着校园里熙熙攘攘的同学，我曾经感慨，这里以后可能有我们党和国家的未来领导人，按照概率说，我们会有的，每所大

---

① 黑格尔：《历史哲学》，王造时译，上海书店出版社2006年版，第28页。

学都应该为国家提供这样一些作为政治家、思想家的国士。王刚①那年回来和学生座谈也说，不是说你们都成为党和国家领导人，而是说做任何工作都要做得更好一些。但是按照概率说，我们这里未来要出现的就是代表着国家、民族，在特定时代所能达到的一个精神高度的国士，这就是我们的使命。而要完成这样一个使命，可能就需要一种自我修养的精神维度。梁启超能成为国士，他是有意识地让自己成为国士。高老师说，猫不用做猫，只有人需要"做"人，做人就意味着需要我们去做、去修养。大家都知道那句歌词，"没有人会随随便便成功"，要没有那种艰难困苦，玉汝于成的不幸的历练和努力，我们很难做到杰出和优秀，更不用说做到国士。有一次我用一节课的时间来讲精神修养的辩证法，讲我们怎么从一个个体的自然人成为一个国士、天下士、世界士，那需要一个自觉的精神修养过程。有时候一个好老师的重要性可能就是某句话会让同学受益终身。我说我这句话你们真信就能受益终身，信什么呢？信要有一个自我修养的自觉维度。我不知道我们现在的大学生有几个人真的心里有一种自我修养、自我完善的意识。更多的可能是随波逐流，从来没有想过我自己怎么修养我自己，使我自己卓越优秀，所以我认为有没有这样一个自觉的维度可能会影响你一生的命运。

所以就记住这句话——要有自觉修养的意识，有自觉修养的精神维度。我们不能说像古人那样吾日三省吾身，不断地反省自己，战战兢兢，如履薄冰，那是古代的生活，我们今天用不着那么拘谨，但是应该有一个自我批评、自我成长、自我修养的意识，能够自觉地不断调整自己。我们年轻时候就应该说有这个意识，保持一种开放的、活泼的生命心灵，保持着一种蓬勃生长的精神渴望。

从另一个方面，我们说从高老师和马克思哲学立场去看黑格尔的辩

---

① 王刚，男，汉族，1942年生，吉林扶余人，1967年毕业于吉林大学哲学系（今吉林大学哲学社会学院）哲学专业，时任中共中央政治局委员，十一届全国政协副主席、党组副书记。

证法，黑格尔辩证法的另一个弱点。前两年吧，我曾经写过一篇文章，叫《马克思的唯物史观对黑格尔辩证法的颠倒》，在这篇文章里我认为黑格尔辩证法的另一个毛病，就是过于精神化。马克思、高老师的类哲学思想，如果说区别于黑格尔的辩证法，那么它可能就是保留着自然生命、类生命的整体性意识。更具体地说，那就是要保留，或者说使生命作为自然生命的价值也能得到充分实现。黑格尔的问题可能过于精神化、过于崇高化，按照黑格尔的逻辑，达到绝对精神、绝对理念，不是说舍弃了自然生命，而是使所有的全部现象，我们自然生命的欲望、意志，本能这些所有的精神现象最后都有了一个具体的普遍性，都有了一个绝对理念的统摄。但是即便如此，黑格尔不是一个禁欲主义者，我看《黑格尔传》的作者介绍，黑格尔喜欢喝啤酒，偶尔也玩牌，喜欢郊游、远足[①]。在这个意义上，哲学家也不是说是一个禁欲主义者，但是马克思和高老师的类哲学思想，可能比黑格尔有一个更自觉的意识。高老师所说的类生命、精神生命实际是没有舍弃自然生命的丰富性，没有舍弃自然生命的自身价值。

西方哲学，包括黑格尔哲学，总有一种对物欲、对自然倾向的否定性，对人的自然欲望有一种否定性。那么马克思怎么看？马克思显然认为这种自然欲望的满足是历史的重要任务。大家想一想马克思对全面自由发展的那个人的想法，经常被引用的，"上午打猎，下午捕鱼，傍晚从事畜牧，晚饭后从事批判"[②]，没有否定人的这种多方面的、丰富的感性生命的意义。通俗地说，也就是，生命之成为生命，按照文艺复兴时期的看法，人性之为人性，那就在于人的自然欲望的满足也有着神圣性的意义，这可能就是所谓新兴资本主义精神，所以黑格尔哲学在我们今天这个时代所受到批判和拒斥，可能和它缺少这种感性生命丰富性的维度相关，而我

① 参见阿尔森·古留加《黑格尔传》，刘半九等译，商务印书馆1978年版，第9、20—21页。

② 《马克思恩格斯选集》第1卷，人民出版社1995年版，第85页。

们今天这个时代可能又过于沉溺于感性生命的意义。但是高老师所理解的作为类的思维方式的辩证法，保留了对自然生命的丰富性、感性丰富性的维度。这才有可能符合我们今天的时代倾向，也才能引导我们今天的时代倾向。

我印象中应该是十几年前看到的布热津斯基写的一本书，我们中国把它编译成中文的时候给它起了个名字，叫《大失控与大混乱》①，他也批评美国青年一代陷入了纵欲主义的狂欢，认为美国青年一代的纵欲主义可能使美国失去领导世界的地位。美国的纵欲主义狂欢实际也只是一段时间内的，可能主要是20世纪六七十年代。大家知道当时有嬉皮士，包括摇滚乐这些东西，有一段纵欲主义的狂欢，所以当时有的学者说60年代是反抗的年代，以后他们也要，像我刚才说的，成为国士，执掌国家民族的历史命运。那么这样一代青年能不能使他们接近马克思主义？因为60年代末，1968年，在整个欧洲出现了青年学生运动，在法国叫"红五月运动"。中国当时干什么呢？中国当时正在进行武斗。1968年我们长春，包括我们北区吉林大学，把窗户都拆掉了，然后用砖头垒上，留出一个枪眼——每一个宿舍楼都是一个战斗堡垒。也就在这同时，从法国开始，在整个欧美世界掀起了一场青年学生运动，当时学生举着的小旗，上面写着3M，这3M就是马克思、马尔库塞、毛泽东，而中国的"文化大革命"期间有一个口号就是"让世界一片红"。"让世界一片红"实际并不是修辞学的夸张。毛泽东充满信心地宣告："不是西风压倒东风，而是东风压倒西风；不是人民怕美帝，而是美帝怕人民。"1970年，毛泽东有一个"5·20庄严声明"，强调国家要独立，民族要解放，人民要革命已经成为不可阻挡的历史潮流。但是在这段激情过去之后，嬉皮士又变成了雅皮士，又向美国传统的中产阶级主流价值回归。实际青年时候可能闹腾一阵，岁数大了又自然回到了美国的主流价值，所以布热津斯基所说的那种

---

① ［美］兹比格涅夫·布热津斯基：《大失控与大混乱》，潘嘉玢、刘瑞祥译，中国社会科学出版社1994年版。

大失控、大混乱的纵欲主义狂潮并不是今天美国的实际现状，美国当代青年可能又不同程度地从嬉皮士到雅皮士，实际又回归了美国中产的那个主流价值。

但是不管怎样，在我们今天的这个时代的哲学不能回避的一个维度就是我们不可能像古典哲学那样，对人的欲望、对人的自然倾向、对人的自然生命采取一个简单的否定态度，认为只有精神生命才是本质，自然生命是需要扬弃的东西，实际高老师提出的类生命概念不是这样的，而是内在的自然生命和精神生命的统一。在这样的意义上，生命总是需要满足，实际也是需要幸福感——我不能设想一个人在不幸的努力中永远是不幸，一直在努力，那么在努力中总会获得生命的回报，总会有生命的满足和幸福感的产生，否则可能也就很难继续努力。比如黑格尔在40岁的时候刚刚结婚，新婚中写出了《精神现象学》，自己也非常得意，这是自然生命和精神生命的双丰收。

按照我们这样理解的辩证法，那么它是精神成长的辩证法，是从小写的个人到大写的人的精神成长的辩证法。这里所说的精神成长不是空话，什么叫精神成长？如果按照我刚才的说法，从普通人到国士再到世界精神，意味着高老师所说的不同的意境——哲学意境，所以高老师不是偶然地用意境这个词。大家都知道中国哲学讲境界、讲气象。我印象中是当时冯友兰先生的《三松堂自序》刚刚出版，冯友兰回忆他读大学的时候，有一次是申请助学金，到校长蔡元培的办公室，敲开门进去，蔡元培坐在办公桌后面，冯友兰说我看到了一种博大的学者气象。这时冯友兰先生也到老年了，不会无节制地使用这种阿谀之词，看到了就真看到了。我看到的第一张蔡元培的照片好像是熊十力的《新唯识论》前面有一张照片，中间坐着蔡元培，我看是个干巴瘦老头，很瘦，好像也不高，但是他看到的是什么呢？冯先生能感受到那种博大的学者气象，这实际是一个形而上学的境界，正是我们引证过的孟子那个说法，"睟然见于面，盎于背，施于四体，四体不言而喻"①。这是高度的文化教养形成的，我把智慧说成是肉身化的智慧、躯体的智慧，他的身体已经被高度地文化化了，身体已经不再是那么一个自然生命的身体。

我印象中我也和大家说过，也不是阿谀之词，我说看着我们的学生，心里挺舒服，舒服意味着什么呢？意味着我们多少已经有了点气象，我们不能叫气象，叫气质，我们现在还很难有气象，但是说我们的气质已经在同龄人中有了不同。这意味着什么呢？意味着我们自身的修养，学习历练的过程也在潜移默化地陶冶性情、变化气质，所以大家要足够地珍惜。一定要相信那句话，"腹有诗书气自华"，肚子里真有东西，那个风度、那个气质不是外交部礼宾司给你练出来的。现在女同志美容也是这样的，精神修养是最好的美容，比任何护肤品可能都更有效、更重要，没有这种内在的精神，怎么去涂抹，那只能是一种简单的身体技术，改变不了我们的气质和气象。气象——我当时和天成老师分析，实际就是一种内在精神的外显，也可以说是一种内在形而上学精神的外部显现，它已经有了外在的那个象。境界这个词大家更熟悉。冯友兰先生所描述的人生四境界，自然境界、功利境界、道德境界、天人境界，描述了人生的不同境界，以及在不同境界中对人生意义的不同觉解。我过去举例说，同样是担水劈柴，按照中国说法，担水劈柴自有妙道，小学生给军烈属劈柴是道德境界，是学雷锋做好事；我们日常给自己家担水劈柴可能就是自然境界，饿了要吃饭，需要担水劈柴。要到更高境界，到什么境界呢？到庖丁解牛的担水劈柴境界，劈柴的时候也能体悟出天道，那就是所谓天人境界的担水劈柴，冯友兰先生也把它叫作哲学境界。

高老师没有用境界，没有用气象，而用意境——类哲学所提供的高远的哲学意境。大家体会一下，可能说境界仍然有着某种实在的、实体的形而上学的意义，好像真有那么一个境，那么一个界，而说意境可能就更空灵，更具有不确定性。现在我们高老师这些学生里很少有人使用这个词，

—————————
① 《孟子·尽心上》。

我印象中海波老师，因为正好他那个时候和高老师合写《人的类生命与类哲学》那本书，我想高老师可能和他们讲过，他会有一些更细致的体会，他常用意境。我也只是因为要给大家讲课才去琢磨为什么要用意境。类哲学是一种高远的哲学意境，可能就在于没有了形而上学知识的确定性，没有了那种实体本体的形而上学，哲学能够给予人们的就是一种形上维度的思想意境。它不具有了那种实体性的确定性，甚至也没有那种境界的鲜明的层次，而是一个更空灵的、更开阔的思想空间。

更具体地说，从作为个人说，那就是马克思所设想的自由全面发展的人的类存在状态，以及对这种类存在作为一个大写的人的自觉，我们每个人都应该是一个大写的人，是我们个体，是张三，是李四，但是我刚才说，国士、世界精神，不是空泛的，那是指我们的思想内涵，你的精神、你的思想有相应的担当。过去我用一句话，我说不在其位不谋其政，所以我对社会和官场的干部讲，我说你不要不服气，比你高一级的领导可能就比你高明，处长可能比科长高明，厅长可能比处长高明——并不是说现实的就是合理的，而是说现实逼迫他在不同的工作岗位上有不同的境界、不同的思想内涵，因为处长不用想厅长的事，厅长不用想省长的事，在这个意义上，不是说这些人天生就如何，处长就不如厅长，厅长就不如省长，而是说不同的工作岗位使不同的个体具有了不同的精神分量。国士就是以国家的事为事的人嘛，这就是国士，国家的事就是他的事，那就是国士，和普通老百姓想的问题、思考的问题、思想的视野、思想的力量和深度当然不同。在这个意义上，我们所说的我们作为一个类存在的个体的人的自觉是一个大写的人的自觉，而这个大写的人不是像黑格尔所理解的仅仅是一个绝对理念的精神的普遍性，他应该是包含着全部生命丰富性，又会打猎、又会捕鱼、又会放牧、又会批判，那种全部的生命丰富性的共产主义的人。

高老师刚提出类哲学的时候，很多人困惑这是不是向费尔巴哈类哲学的倒退。从我们以上的介绍看，我虽然强调的是高老师类哲学与黑格尔辩证法的区分，但从中可以更清楚它与费尔巴哈哲学的根本区别。按照马克思和恩格斯的看法，费尔巴哈强调了现实的人，恢复了感性的权威。但是第一，费尔巴哈的感性是直观的，他不懂得感性活动的实践；第二，费尔巴哈直观到的人是孤立的个体的人，他只能用"爱的宗教"把个人联系起来，不懂得人在社会历史中所获得的自身发展的具体内涵。因而他的类只能是知性的抽象的概括。高老师的类哲学是人的自身发展的历史的辩证的类哲学。[①]

---

① 以上内容为2011年6月1日第十三次课。

第四讲　高老师的哲学遗嘱

最后这次课，我和大家一起去领会一下高老师晚年（主要是2000年之后），他关于中国哲学的一些思考。我们都知道高老师是2004年10月14日去世的，高老师去世前最后一篇公开发表的文章，是高老师口授，贺来老师记录整理的一篇文章，叫《中华民族的未来发展需要有自己的哲学理论》。按照我的理解，这是高老师留给我们的哲学遗嘱。后来我看张维久老师纪念高老师的一篇文章（高老师和张老师在一起工作五十多年，这也可以说是很有缘，一辈子在一个学术单位工作），按照高老师和张老师私下交谈，张老师认为这是高老师最后的一个哲学心愿，就是希望对中国自己的哲学理论有所建树。在高老师去世以后，当年《社会科学战线》第6期发表了我的一篇文章，那篇文章就叫《创造中华民族自己的哲学理论——高清海先生的哲学遗嘱》，我把创造中华民族自己的哲学理论看作是高老师的哲学遗嘱。当时还没有看张维久老师的这篇回忆，不知道高老师关于中国自己哲学理论的构想在他整个学术生命中的位置和意义，看了张老师的这个回忆，我觉得这样的一个判断是成立的。第一个问题，对于高老师来说，是为什么要思考创造中华民族自己的哲学理论？

为什么要思考创造中华民族自己的哲学理论

　　为什么要思考创造中华民族自己的哲学理论？这可能有很多原因。第一，就是随着我们国家改革开放这三十多年来经济社会的高速发展，综合国力不断增强，世界影响日益增大，哲学应与一个国家的国力相辅相成。我印象是在几年前看到一个澳大利亚人写的一篇文章，他去推测设想世界哲学的未来，按照这位学者的说法，到2050年的时候，中国将成为世界第一的哲学大国，那也就是说还有40年左右的时间，中国将成为世界第一的哲学大国。原因很简单，因为到那个时候，中国的经济总量遥遥领先，是世界第一，那么经济总量第一的国家也必然是哲学第一的国家。这个判断，我有一次在一篇文章里调侃地说，这倒很有历史唯物主义的味道——经济决定哲学。实际上从哲学的历程和当代世界的格局看可能也有道理。我们知道美国只有200年的历史，除了实用主义以外几乎没有什么本土的哲学传统，但是美国现在确实是世界第一的哲学大国。美国的许多著名高校，特别像哈佛这样一些大学的哲学系可以把欧洲世界各国的第一流的学者聘任到自己的学校任教。所以，美国虽然没有很深厚的哲学积淀和哲学传统，但是她却是世界第一的哲学大国。在这样的意义上，不管我们说世界第一究竟是什么含义，至少我们现在从事哲学专业的专业人员的规模，我想可能已经是世界第一，而规模也决定了质量。我非常赞赏这个说法——中国是一个大国，因为人多，按照概率，什么人才都有，包括我们这里说的哲学人才。我印象是一个在法国攻读哲学博士学位的一个留学生，他有一次去访谈当时还在世的法国哲学家德勒兹。德勒兹当时建议这位留学生有时间把他的著作译成中文。这个哲学博士，因为德勒兹也是获得的这个哲学博士，法国国家哲学博士，可能和其他高校的哲学博士分量不一样，通常都要读六七年、七八年的时间。这个留学生说，我实在没有精力，然后他说了这么句话，你放心，中国是一个大国，什么人才都有，你的著作很快就会有中译本……我最先看到的还是德勒兹和迦塔里合著的

《什么是哲学？》，现在我手里已经有了四五本中译的德勒兹的著作。在这样的意义上，我们如此规模的哲学专业队伍也注定了我们的哲学水准可能有朝一日成为世界第一。

对大家来说，2050年实际并不遥远，你们这一代肯定能赶上2050年，像我们这一代可能就很难见到中国成为世界第一的哲学大国，你们还有四十年，再有四十年我已经百岁了，不太可能。但是对大家来说，就是我们当下的事情，在这个意义上，我们如何做好迎接中国哲学未来的准备？我和你们的上一届同学说过，当你们从事哲学工作的时候，就不是说和北大、复旦，这些国内高校竞争，可能我们将会和大批海归博士竞争，和大批欧美的一流学者竞争。因为到那个时候我们国家也可以聘世界上最好的哲学家到我们国内任教，那我们自己的生计，我们自己的生存实际也面临着一种挑战。

现在中国哲学究竟在怎样的研究水准上，我上次讲课也提到曾经主持哲学所工作的李德顺老师的一些说法，比如说，哈贝马斯到我们中国来讲学的时候，通过交谈、访问，最后发表感慨说，这是不公平的，中国对西方哲学的了解远远超出西方对中国的了解。我和大家开玩笑说，这个很正常，穷人总是盯着富人的饭碗，而富人可能很少看穷人吃什么。因为西方在经济社会发展上居于强势，所以我们总是盯着德勒兹、迦塔里，最近又有布兰顿，还有美国的查尔莫斯，还有奥尼尔……都是和我们同代的学者，我们都是在盯着这些人。但是美国不会有人去盯着我们在写什么，这个很正常。那么究竟我们的研究水准到什么程度？上次德顺老师来的时候，我和他说，我感觉好像哈贝马斯并不比高老师强多少。在这个意义上，我们的课程《高清海哲学思想讲座》，我想可能也是世界一流的课程。最近这几届世界哲学大会哈贝马斯几乎都是到场的最重要的哲学家。哈贝马斯和高老师几乎同龄，随着罗尔斯、诺齐克、罗蒂这些哲学家的去世，他可能是在世的最有影响的哲学家。但是坦率地说，我的印象他的哲学并不是很高妙，所以我们也不能妄自菲薄。中国哲学究竟到什么水准？

我想虽然我不能说我们世界第一，但是中国哲学具有世界一流的水平。只不过由于语言隔阂，还有实际的一些歧视吧，用萨义德的说法，西方国家可能总是把东方妖魔化、边缘化。这个妖魔化实际就是非理性化，在他们观念中的那个东方——你们还能懂得什么哲学？但是随着中国未来经济社会的发展，中国作为世界经济大国的特殊地位必然有中国哲学的复兴，这是一个方面。

第二个方面，高老师有一篇文章叫《中国传统哲学属于全人类的精神财富》①，这是我印象非常深刻的一篇文章。在这篇文章中，高老师考察了从元明传教士，第一批把中国哲学思想介绍到欧洲的时候，在欧洲特别是在德国的反响。有一次和搞西哲史的人建议应该琢磨一下，实际中国传统哲学最初介绍到欧洲，引起最积极反响的就是德国人，包括著名哲学家莱布尼茨，这些高老师在文章中有谈到。那么在当代哲学家中，可能会是海德格尔。我们都知道海德格尔甚至把世界哲学的未来、人类的命运寄希望于古老的东方思想（中国和俄国）。好像是1966年左右，海德格尔在与《明镜》记者的谈话中提出这样一个期盼，"是不是有朝一日一种'思想'的一些古老传统将在俄国和中国醒来，帮助人能够对技术世界有一种自由的关系呢？"②海德格尔寄希望于古老东方的什么思想来拯救人类的未来呢？我们仔细思考一下海德格尔的整体思路，我想他寄希望于古老的东方的传统思想应该说是很明确的，用他的语言表述那就是存在的思想，我们也可以说是所谓存在之思。海德格尔的思路很清晰，他认为从柏拉图主义哲学以来，西方哲学的思想方向就是用思维规定存在，进而去用思维宰制存在，到今天海德格尔认为希腊哲学开启的这样一个思想方向、思想视域已经在科学技术中得到完成。海德格尔大致是说现代科学技术已经完成了对存在者领域的分割和控制，把整

---

① 高清海：《中国传统哲学属于全人类的精神财富》，《吉林大学社会科学学报》2002年第5期。

② 参见《海德格尔选集》下卷，孙周兴选编，上海三联书店1996年版，第1312页。

个世界作为存在者分成物理的、化学的、生物的、机械的，一块一块地把存在者分割开来，在一个技术座架的框架中完成了对存在者领域的控制①，他把它叫作宰制存在。而这样的结果是遗忘了存在，我们虽然取得了对存在者领域的全面胜利，但是存在的意义遗忘了，那么怎样寻回存在的意义呢？进一步，什么叫存在的意义呢？从人的生存状态说最根本的就是海德格尔的一些说法，"世界进入午夜，诸神隐退"，实际更具有震撼力的一句话就是"人被连根拔起"。所谓存在意义的遗忘就是我们失去了存在之根，我们的生命、生活、我们的生存状态可能就陷入了全面的危机，海德格尔甚至把它看作是人类自身毁灭的危险。海德格尔的这些看法实际在社会学领域都得到了实证科学的支持。比如说，社会学家吉登斯他们合写的《自反性的现代化》说的几乎是同样的意思，人类可能毁灭于自己的成功，自反性的风险，现代社会的风险不是科学技术能够消除的，因为它恰恰是由科学技术引起的风险。在这样的意义上，海德格尔对古老的中国的传统思想的期待，期待的是什么呢？是思想的移居，他自己的话就叫思想的移居，把思想从主体、主观、人的平面上移回到存在的平面。回到存在平面的思想不是用思想去规定存在，而是归属于存在的思想，是回应存在召唤的思想。按照高老师对中国传统哲学意义的解释那就是人道是对天道的回应，因为中国的古老的东方思想对存在的理解是一个自然天道的存在，而我们所说的那个人道则是把人道理解为性，性就是理，理就是道。人性的那个理，人性之理实际是自然天道在人身上的显现。在这样的意义上，中国哲学所理解的那个思想肯定是扎根于存在的思想。有人问海德格尔，你这不是思维方式的变革吗？说海德格尔这种思想的移居是思维方式的变革，实际海德格尔所以叫"移居"而不叫思维方式的变革，可能有着比通常意义思维方式变

---

① 参见海德格尔《面向思的事情》，陈小文、孙周兴译，商务印书馆1999年版，第70—72页。

革更根本的意义。①用海德格尔的说法，我想可能就是要开启一个新的思想的方向和视角，从思的起点看，走上一个新的不同的方向，进入到一个新的思想的视野和轨道。在这样的意义上，从学理上，中国传统的思维方向、中国传统的思想价值也有着它的当代的世界性意义。

比如说，伦理、人道从中国哲学的逻辑上，它到底怎么来的？实际只能是宋明理学的那个说法，天理即人欲，也就是说在人的那个自然欲望中就有理。人的欲望和动物的欲望已经是不同的欲望，西方哲学的毛病实际可能就是迷失在这一点上，他以那种区分的精神，区分理性和欲望，但是他不知道那个欲望之中就有理。《中庸》的那个说法，"喜怒哀乐之未发，谓之中；发而皆中节，谓之和"。就是说人的自然需要，人的自然欲望，它生发出来，它实现出来，它就有中节和不中节，或者说它有着自身的节律和规律。在这个意义上，理是欲之理，不是从外边来的另一种东西去规定那个欲——这个问题可能是中西哲学一个很重要的区别。说实话，我读邹化政老师的《人类理解论研究》的时候，我认为邹老师仍然没有解决这个问题。大家以后有兴趣也可以读邹老师的书。邹老师仍然是用主情、主知来解释西方两千多年的伦理学史，但是这个情、欲和理实际在西方哲学中总是处于一种外在的相互规定中，始终没有获得内在的统一。包括上次说黑格尔辩证法的局限，黑格尔要把人的欲望按照逻辑引向理性，因为欲望的实现需要他人、需要他者，所以我的欲望可能就需要我们的意识，从我到我们，多了点客观性，这就已经开始超越了欲望。大家有兴趣，以后要做专题性的研究可以看黑格尔的《精神哲学》。我大学本科的时候看过一篇论文，这就是著名的哲学解释学家伽达默尔的《论黑格尔的实践观念》，论得非常细，怎么从欲望到动机，怎么从动机形成意志，这个意志最后怎样表现为理性意志，表现为实践观念，表现为进入到绝对理念的最后的环节，因为实践的理念是绝对理念的逻辑之前的一个最后环

---

① 参见F.费迪耶《晚期海德格尔的三天讨论班纪要》，丁耘译，《哲学译丛》2001年第3期。

节。按照黑格尔的说法，实践既消除主观性的片面性，又消除客观性的片面性，它是达到绝对理念的最后一个环节。我不知道这个文本的根据，伽达默尔说这些话在哪呢？我们也翻译了不少黑格尔的著作，直到《精神哲学》译出，我们才能完整地理解伽达默尔对黑格尔实践观念论述的文本依据，主要是《精神哲学》。所以黑格尔实际是把人的欲望逐渐地理性化，从单纯的欲望倒有一点认知因素的动机，有了动机就有了意志和目的，有了意志和目的，而这个意志和目的如果是一个单纯的主观性，而没法实现，这就是我们通常所说的不切实际的幻想。所以这种意志和目的必须有客观性内容，而有了客观性内容的目的和意志就是一种理性意志——黑格尔是逐渐地把欲望理性化。但是整个黑格尔哲学中仍然显示出马克思的一个根本批评，这是马克思在《1844年经济学哲学手稿》中的批评，黑格尔只承认一种劳动，那就是精神劳动，他是用精神的自身发展来解释整个世界。所以对马克思所说的感性物质活动的劳动，虽然没有说他像费尔巴哈那样用卑污的犹太人的心理看待感性物质劳动，但是黑格尔肯定也存在着西方哲学共有的缺陷，那就是对感性、感性丰富性，对来自生命本能自然欲望的这种歧视，或者说漠视。所以我们认为，马克思也好、高老师的类哲学思想也好，可能区别于传统辩证法理论，那就是他注重这种个体的感性丰富性。黑格尔在《小逻辑》《大逻辑》中也都有类似的表述，黑格尔怎么看人，黑格尔说每个人当然是一个个人，但是同时这是黑格尔要说的真正的含义——同时每个人是普遍性的人。我们每个个人怎么成为普遍性的人了呢？黑格尔更看重的人的实质是人的普遍性，甚至在《精神现象学》中作出这样的断言：个体的死亡是对类的最后贡献①。什么意思呢？他没有解释，后来我体会，你稍稍想一下也会知道是什么意思：那就是因为每个人，（这就是表现东西方文化的共同点）想到去世以后的人的时候

---

① 黑格尔：《精神现象学》下卷，贺麟、王玖兴译，商务印书馆1979年版，第10页，原文为"死亡是个体的完成，是个体作为个体所能为共体（或社会）进行的最高劳动。"

可能都不念旧恶，总是想着他生前的好事。黑格尔认为对这种好事的记忆就是对伦理的贡献。我们实际是通过这样一些回忆、怀念，唤起人类的伦理意识，所以黑格尔说个体的死亡是对类的最后贡献。在这个意义上，他关注的是类，关注的是人类的普遍性，关注的是人的理性。

所以，中国传统哲学这样的一种思考方式，也就是从人道和天道，人心和道心，欲望和天理的内在统一性去思考问题，我想这对海德格尔肯定是具有吸引力的思想。可能在很多方面，中国传统哲学仍有世界意义。大家有兴趣的话可以看一下这篇文章。这篇文章我印象主要是那么几部分，首先高老师断言我们现在已经忘了我们是谁（高老师生前在北师大出版社出版的那本哲学论文集，高老师的自选集，标题就叫《找回失去的"哲学自我"》[1]）。高老师认为，我们从近代以来总是不停地学西方，这个没有什么错，但是我们可能犯了一个最大的失误，那就是忘了我们自己。赵汀阳老师最近也有一篇文章，叫《说自己和说别人》[2]，我们中国哲学现在都在说别人，很少说我们自己。要真的说我们自己实际是非常难的事情。高老师在这篇文章中提出的任务，那就是用中国哲学的思维方式理解中国哲学，这是很难的。我们现在都已经习惯于用西方哲学的话语，用西方哲学的思维方式去学中国传统哲学，学出来的可能仍然是西方哲学，用西方哲学裁剪过的中国哲学。现在的情形应该好多了，以我们学校的中国哲学专业为例，尽管我们吉林大学中国哲学专业并不很强，人比较少，影响力也比较小，但是说实话，比我们当年学中国哲学史时候的教学研究水平还是要强很多。那个时候的老师正好像高老师在这篇文章中讲的，比如说讲朱熹，说：第一他是唯心主义，第二是他不懂实践观点，第三，他不懂辩证法。这就先是介绍他有什么看法，然后一顿批判，这就算讲完朱熹。而这三条几乎是所有中国传统哲学家都有的毛病——不懂辩证法，不懂实践观点，更不懂历史唯物主义。

---

① 高清海：《找回失去的"哲学自我"》，北京师范大学出版社2004年版。

② 赵汀阳：《说自己和说别人》，《读书》2010年第7期。

　　高老师这篇文章的第二点，对中国专门的哲学史研究来说，我觉得很有意义，尽管高老师自己也承认是外行。我们有那么多中国传统哲学史专家，但是高老师是从外边去看中国传统哲学研究。我觉得高老师对中国传统哲学史家可能最有意义的就是高老师讲的破除旧的思想框框。有很多这样一些教条已经限制了我们对中国哲学的理解，而这些所有的教条都根源于——实际不是说完全来自西方哲学，而是直接来自传统哲学原理教科书。但是哲学原理教科书也可以说来自西方，我们是从苏联拿过来的哲学原理教科书，实际也是用西方哲学的思维方式去理解中国传统哲学。高老师讲了很多框子，实际就是一些僵死的教条，用唯物和唯心来评价中国传统哲学思想，用思维和存在的关系来评价中国传统哲学思想，等等。高老师讲中国传统哲学要重新获得它的人类价值，前提是必须破解这些僵死的教条，按照中国传统哲学思维方式本身去理解中国传统哲学。而中国传统哲学思维方式本身所以难，按照我的理解，就在这一点上，那就是中国传统哲学作为一种思维方式本质上是一种生活方式。我们现在失去的不是理解中国传统哲学的话语、语言和逻辑，而是那样一种存在方式和生活方式。好像是冯友兰先生讲过这样一个看法，对于中国传统哲学家来说，在极端的形式下，他们的传记就是他们的哲学。可以没有任何著作，但却可以说他是哲学家，为什么呢？因为他的生活方式就示范了这种哲学——存在就是哲学。在这样的意义上，可以说中国古代哲学家是真正意义上的苏格拉底式的存在哲学家。所以，我们现在说学中国传统哲学难，首先我们很难用中国传统哲学思维方式理解中国传统哲学文献和典籍，但我想最重要的是生活方式的差异，很大程度上我们已经失去了那种生活方式和存在方式。

　　关于中国哲学的当代意义，或者说是人类性的意义，大家都知道有海外新儒学几十年的努力工作，这种工作应该说很有影响，但是可能也都有一个共同的弱点，就是对中国内地缺乏必要的了解。今年是建党90年，我们建国已经是60多年了，实际我们已经形成了一个内地的传统。过去说30

年为一世，那现在已经经过了两世。而海外新儒家，因为他们都是在海外工作，对国内人到底怎么生活，怎么思想，刚开始他们根本无法理解，最近这些年交流多了可能好一些了。但是他们对马克思主义仍然存在一些偏见，比如说像夏威夷大学的成中英老师，他明确地断言中国哲学要走向世界，但是和马克思主义没有关系——他不知道马克思主义在中国这几十年发生的巨大变化。所以当他看了我的那本论文集①以后，跟正在夏威夷同他访学的漆思老师说我的论文集的最后一部分，就是中西马的会通，他感到有兴趣。

总体上，海外新儒家对于传播中国传统哲学起到了一些作用，但是对国内——这毕竟是中国的主体，十几亿人的生活，所思所想，他们缺少了解。在这个意义上，我觉得高老师的工作可能对他们也有一些意义。比如说，（这些问题大家也有共识）牟宗三也好、钱穆也好，都谈过中国哲学的合法性问题，有没有中国哲学，定义不完全一致，但是总的倾向是一样的。我印象中钱穆的说法是，为什么说中国有哲学？因为哲学就是对生活的系统反思，只要是对人类生活有系统的反思，那么这就有哲学。高老师对哲学也是做了类似的定义，高老师把哲学定义为人性的自我理解——中国人对人性的自我理解当然也是哲学。从我们国内的学术传统，特别是我们建国60年以来的马克思主义主导意识形态的这样一个传统去理解中国哲学的世界意义，可能也有我们特有的角度，也有我们特有的一些发现。这些发现，比如我刚才说的，理解中国传统哲学的难处是中国传统哲学作为一种在世方式，作为一种生活方式离我们越来越遥远。因为按照高老师的说法，中国传统哲学的儒释道实际都根源于特殊的这样一些人性理解，而这些人性理解是在特定的生活方式中形成的。

我觉得这一点可能是最重要的，那就是中国哲学区别于西方哲学的知识论传统的修养论传统。高老师这里区分了西方哲学是理性哲学，中国哲学是心性哲学。理性哲学是运用理性形成知识，心性哲学是通过义理的悟

---

① 孙利天：《让马克思主义哲学说中国话》，武汉大学出版社2010年版。

觉，高老师叫义理的悟觉，去完善人性的修养。这种修养，我们过去用最简单的说法就是变化气质，陶冶性情。这种修养实际就是心性的实践，所以要没有这种修养的意识，没有一种完善自己的意识，没有一种道德的真诚，我们就根本无法进入到中国传统哲学的实质的思维方式。把它作为一种外在的知识，而不可能真正地体会到它的实践性意义，这就是我和大家讲得最简单的那句话，说"三人行必有我师"，这是我们从小就知道的，但是我们如果没有这种完善自己的虚心学习的实践态度，我们说这句话和没说没什么两样。如果把它作为一种知识论，说三人行必有我师，那么我们可能会无法理解这句话的真实，以知识论的水准评价，三人行，甚至是十人行，百人行也没有我师，因为他没有我的知识多，他就没有值得我学习的地方。在这个意义上，这句话从知识论的视野无法理解，只能说从为人、做人、修养的视角说，我总能从别人身上学到应该学到的东西。

而按照中国传统的智慧理解，我和大家一再讲的王阳明的那个说法，那种明觉精察，那种真切笃实，一个言谈，一个眼神，那种精确的领会和理解，那也是一种智慧。在这个意义上，我们要从知识论的视野说就是这么普通的一句话，我们能明白，但是没根据。但是要是从修养论的视域看，从怎么能够修到那种明觉精察，修到那种真切笃实的人生境界看，确实是三人行必有我师。至于说儒家像曾子曰"吾日三省吾身"，等等那些现在离我们就更遥远了。我们现在有几个人有这种自觉的自我批评的意识？总想一想这件事我做得不对，那件事有点过火，那件事有什么缺憾，为人谋而忠不忠啊，与朋友交信不信啊，类似的这样一些自我反省、自我批评，可能已经都离我们非常遥远。而中国传统哲学的价值，我想可能就在于它未必说形成什么皇皇巨著，而是完善人格。中国传统哲学如果真的是按照它去践履笃行，可能会造就一些杰出的伟大人格。比如就高老师说，孙正聿老师我们在一起也常常怀念、议论高老师，至少有一条我们确信，就从我们认识高老师几十年时间，高老师几乎从未说谎。前几天，南开大学王南湜老师来答辩也谈最初对高老师的那个印象，真的就是一种伟人的印象。这种人格的力量可能是西方哲人很少具备的。西方哲学是形而上学的知识，和做人几乎没有多大关系，他可能是一个优秀的哲学家，但是他未必具备好的人格像哲学史上有很多这样的小故事，类似叔本华怎么和他邻居老太太打架等，他可能在日常生活中境界很低。但是中国传统哲学确实为学做人，高老师总结的那句话，为学做人其道一也，做学问和做人是一个道理。

大家以后要真的去做哲学，可能不用多，我想到四十岁左右吧，这个道理就明明白白。也就是说，四十岁以前，哲学可以当工具，当知识做；四十岁以后，哲学和人格内在地统一起来。到四十岁以后，你的性格，你的人格，你的境界，你的气象和哲学，和学问就已经密不可分。最近通过博士答辩，我们对一些青年教师的印象很好，最后总结可能也是因为做人好。做人不好，学问那个毛病和局限就会暴露无遗。四十岁是一个分界线，四十岁到了什么程度呢？是罗斯福有一个说法吧，要为自己的相貌负责。好像有一个故事说罗斯福当年当总统的时候，一个朋友推荐一个人，罗斯福也接见了这个人，最后没有录用，过了一段时间他的朋友问，"我介绍的那个人你怎么不用呢"？"他长得太丑了"。朋友惊诧"你怎么可以以貌取人呢？"罗斯福回答的大意是，人的相貌四十岁以前是自然给予的，四十岁以后是自己修养的。说为自己的相貌负责，这好像有点很荒唐，实际是有道理的。中国传统哲学的那个说法，说"其心不正，眼正也斜"，这个心术不正，那个眼神都不正常，那个眼神可能都躲躲闪闪，那是心术不正。

高老师在《中国传统哲学属于全人类的精神财富》这篇文章中，用了这样一个区分，这里所说的切己体察高老师把它叫作心性哲学。那么西方哲学的理性哲学是把心性理性化、逻辑化，把它形成为客观的知识形态，这才有西方的心理学，西方的思维科学、逻辑学。高老师认为中国传统哲学相对应的是把理性心性化、内在化，理性作为天道，作良知、良能，它是一个内在化的理性。这个内在化的理性，这个理怎么去确认呢？

只能是通过切己体察的明证性。中国哲学有一些说法，包括老百姓的一些说法，如"天理昭昭，"就是一种切己体察的明证性，明明白白地在那摆着。这种切己体察的明证性是中国的那种，我们叫理性内在化或者叫作良知、良能的理性，作为一种心性的理性，它有它特有的清楚明白。唐君毅其实很早就讲过中西哲学的这种区别，西方哲学是向外追逐；中国哲学用孟子的说法是"反身而诚"，一个向外，一个向内。其他学者也有他们的一些体验，我刚才形容王阳明悟到的明觉精察，真切笃实，可能只有在中国传统哲学的意境中才有着它真实的意义。明觉精察到什么状态，真切笃实到什么状态，这种实实在在的明明白白的道理，需要的是一种心性的修养。修养要从现代哲学特别是当代政治哲学的视野看，东西方哲学的各自的利弊就显示出来了。通过造就出一些杰出的伟大人格形成一种所谓君子之风，"君子之德风，小人之德草。草上之风必偃。"①中国传统文化大致是这样一种智力的格局。通过伟大的杰出人格形成一种道德的典范，形成一种道德风气，这种风气对普通老百姓起到一种教化作用，老百姓的德就像草，总要顺着风的方向。但是，按照现代政治哲学看，它的毛病也很清晰，那就是伟大人格的教化的示范作用，只有在一个长期的稳定的社会形态中才有可能。那是日积月累的结果。2008年我给教育部的一本论文集写的稿子中用了这样一个例子：我小时候在东北农村，东北开发较晚，几乎可说是化外之地，在这种化外之地农村的老人、老太太也知道骂儿子，"你这个丧天理的，你这个没良心的东西"。我说我学了哲学以后，才知道天理、良心是宋明理学的核心概念。想一想在那个时候，那种传媒条件下，没有收音机、没有广播，一个化外之地的老太太也把天理良心作为人的道德规范。而且，这种道德规范至少在我青少年时期真实地起作用。起到什么作用呢？平时偷生产队的粮食啊，掰几穗苞米啊，偷邻家的菜啊，这都是农民那种狡猾和智慧，过去我们把它叫作小生产者的意识，说他自私自利。但是，在事关重大，在我们所说人命关天的大是大非上，天理、

①　《论语·颜渊》。

良心仍然是农民的真实的道德规范，不能丧天理，不能灭良心。那么通过什么途径达到这样一种传播和普及？很显然这是通过一个漫长的历史过程，耳濡目染、一点一滴地春风化雨式地浸透和教化。但是在社会急剧变革时期就很难想象中国传统哲学能有他那样一种化民成俗的教化作用。

按照高老师的说法更为根本的可能就在于，从一种政治生活的视野看，应当建设今天被罗尔斯、哈贝马斯等人看作是公共理性的东西。哈贝马斯希望通过一种商谈伦理形成这样一种普遍共识。罗尔斯也希望一种——用罗尔斯自己的术语，那就是在各种统合性学说中形成一种重叠共识，公共理性是社会共同体得以可能和社会团结的基础。而类似这样一些公共理性，我们中国虽然也有，比如说搞法律思想史研究的人都知道唐律，唐朝的律法规模很大，也很详备，但是我们主要不是靠这样一种外在的规章制度、法律制度，而是靠一种道德的教化实现社会团结。它的弊端很显然就是如果缺少那些客观的公共的理性，缺少普遍的制度规范，那么仅靠个人的道德力量难以形成好的社会生活。高老师也分析了中国哲学的中道、权变，讲它的思维的灵活性。这个我印象很深，高老师和我们闲聊的时候也讲过，我后来看他在文章里也写过，说要是按照西方人的思维逻辑怎么也想不出"一国两制""港人治港"这样一些政策。只有中国传统的思维方式才有这种政治智慧，这是高老师当年对这样一些类似的事情的一些反思。高老师充分肯定中国传统哲学的那种中道、权变的思维的灵活性，但是，另外，光有灵活性，没有客观性，就缺少了那种心性修养的基础，最后可能就是我们现在的一种状态。中国传统的那些道德规范、道德约束，现在可能基本上是崩溃了，又没有形成公共理性的信仰，也没有一种法律的信仰，所以在利益最大化的逻辑面前，我们往往就陷落了。有一些经济学家们很乐观，特别是自由主义经济学家，说不要害怕制假、贩毒，经济生活本身有着一种自洁的机制，有着一种淘汰的机制，按照市场原则把假冒伪劣逐渐淘汰掉。但是，经济学也有另一个原理，叫"劣币驱逐良币"的原理。实际上仅按经济学的逻辑，我们期待着一个有序的健康的市场经济的到来，可能不太现实。究竟怎么办呢？一方面，中国传统的那种教化，那种修养的传统离我们越来越远；另一方面，通过西方的知识论立场建立起来的具有客观知识形态的公共理性和法治精神我们也很欠缺。所以高老师寄希望于中国哲学的创造，高老师自己有一些表述很漂亮，"中华民族的生命历程、生存命运和生存境遇具有我们的特殊性，我们的苦难和希望、伤痛和追求、挫折和梦想只有我们自己体会得最深，它是西方人难以领会的。我们以马克思的哲学为指导，对于这类具体问题也仍然需要有我们自己的理论去回答和解决。"①

　　按照我个人的想法，可能也大致是这样。我2005年写的一篇论文《朴素地追问我们自己的问题和希望》②，大概思路是：首先，我们得想明白我们自己的问题是什么，我们在真实地希望什么，这才是中国哲学的起点。其次，我想有了这样一个问题的平台，我们才有可能把中西马的一些好的理论成果真正会通起来。按照高老师的思路，把哲学理解为是一种生命的领会和精神的自觉，可以在最根本的层面上寻求中西哲学会通的可能，我2008年写了一篇文章《生命领会和精神自觉》③。我认为中西马三种哲学在生命领会和精神自觉的层面上可以为我们提供一些相互会通的理解。这里可能最难的就是刚才讲的这个问题，作为制度化的、客观化的、对象化的公共理性如何具有当年邹化政老师把他叫作普遍意志的基础，也就是作为公共理性，他是普遍实践意志的对象化。普遍实践意志，我们用一句最简单的话就是人心所向，就是历史必然。我们的政治法律制度设计如何真的能够表达我们今天这个时代普通老百姓的共同意志——邹化政老师把他叫作普遍的实践意志，通俗地说就是人心所向。我们如何把这种内

---

① 高清海：《中华民族的未来发展需要有自己的哲学理论》，《吉林大学社会科学学报》2004年第2期。

② 孙利天：《朴素地追问我们自己的问题和希望》，《吉林大学社会科学学报》2005年第3期。

③ 孙利天：《生命领会和精神自觉》，《社会科学战线》2008年第1期。

在的人心所向和外在的制度设计更好地统一起来，这些可能都是一些很艰难的问题。我评价中国传统哲学有一些地方是有一些我自己的体会，比如说，我在批评制度问题，我说按照中国儒家的看法，君君臣臣父父子子，我说父父子子有着自然的伦理基础，父慈子孝有道理，但是说，君君臣臣，用父子关系去类推领导者和被领导者的关系，我认为这是意识形态的欺骗。用现在的说法，君与臣、领导者和被领导者之间是陌生人的关系，没有父子关系固有的自然情感基础。以父子论君臣是欺骗。陌生人间的关系按市场原则只能由契约和法律来规范。问题很多，也很复杂。①

---

① 以上内容为2011年6月8日第十三次课。

高清海教授传略及其学术思想

高清海教授1930年1月4日出生于黑龙江省虎林县。5岁时随家迁居新疆，在此度过了整个少年时期：在伊犁边远小镇惠城念小学，在迪化市（今乌鲁木齐市）读中学，后考入新疆学院师资班学历史。抗日战争胜利后，辍学随家离开新疆，中途滞留兰州二年，1947年定居沈阳。少年期的后几年，家境日窘，十六七岁时已负起一家六口人的生活重担，为生计做过小工，摆过香烟摊，跑过买卖，做过临时雇员，饱尝生活的艰辛。但求知之念未尝一日断绝，借书租书，尽其所能泛览群书，对后来的发展起了有益的作用。

1948年底沈阳解放，考入东北行政学院（现在吉林大学的前身）教育系。翌年进入研究生班历史组学习，随后又被保送中国人民大学马列主义基础教研室做研究生，在苏联学者指导下学习逻辑学和哲学。1952年7月回到东北人民大学任教，在刘丹岩教授指导下担任逻辑学和哲学的教学工作。和刘丹岩教授相处期间，在做人和治学之道方面都得益匪浅。1954年开始哲学理论研究工作，在1955年第1期《东北人民大学人文科学学报》发表第一篇论文《批判胡适实用主义主观唯心论的反动实质》。尔后陆续有论文、论著发表。坚持一面教学，一面研究，一面进修，刻苦磨砺，大有进境。1956年被提升为副教授，时年26岁。

随着极左思潮的发展，当时的高清海副教授的处境也每况愈下，1959年校内开展了批判资产阶级和修正主义学术思想的运动，被指斥宣扬修正主义观点，受到批判。1960年被取消了讲授马克思主义哲学原理的资格。至"文化大革命"，除了接受批斗以外，大部分时间用于清扫厕所或在农场参加劳动。1969年全家去农村插队落户。1972年从农村回到学校，其时主要任务还是接受教育和改造，艰难中主编《欧洲哲学史纲》。

党的十一届三中全会后，政治上得到"平反"，思想上得到解放。1979年被提升为教授，1980年加入中国共产党。1981年任哲学系主任，1982年被国务院任命为吉林大学副校长。1978年起以学者身份先后到中国人民大学、武汉大学、中山大学等近二十所院校讲学，受聘为南开大学等四所学校的兼职教授。兼任国务院学位委员会学科组成员、全国高教自学考试指导委员会委员、全国哲学规划委员会委员、中国辩证唯物主义研究会常务理事、中国历史唯物主义研究会顾问、中华全国外国哲学史学会常务理事、吉林省社联副主席、吉林省哲学学会理事长等社会职务。

1986年初，以大陆哲学家代表团团员的身份访学香港。1985年11月人民出版社出版了高清海教授主编的《马克思主义哲学基础》（上卷）。该书是首次改革马克思主义哲学教科书体系的尝试，引起国内同行的极大兴趣，也受到国外学者的关注。

高清海教授坚信学如其人，作为马克思主义哲学工作者，更应是治学之道与为人之道不悖，治学为人都应追求胸怀博大，境界高远，言行有常，不随俗流。坚信哲学是时代精神的精华，不是世界之外的遐想，勇于面对现实，为国家和民族的命运真诚思考，十分珍视理论的良心和良知。他认为，没有全局在握的博大胸怀，善于透视实质的敏锐眼光，实事求是地坚持真理的科学精神，是搞不好哲学的。在1958年"大跃进"的年代，人们为了强调要最大限度地发挥主观的能动性，甚至走到认为可以通过政治力量去"消灭"某些客观规律的作用的地步。针对这种观点，发表《只有依据客观规律才能发挥人的主观能动作用》一文。1959年在探讨发展国民经济必须"用两条腿走路"方针的问题时，有些文章为了论证方针的正确性，强调两条腿之间只有互相促进的关系，而没有对立、排斥的关系。高清海教授认为，不惜违背辩证法的基本原理，否认矛盾是对立统一关系，这样论证和维护党的方针，只能是帮倒忙。否认两条腿之间的对立关系，在实践上只能造成相互扯腿的结果。于是与雷振武合写《关于"两条腿走路"中的排斥斗争与统一的辩证关系问题》。面对当时形而上学片面性猖獗的状况，与张树义合写《唯物辩证法的实质与核心》一书（1959年由上海人民出版社出版，1980年第2版），力图准确地论述辩证法的基本原理和基本精神，在社会上产生了较大影响。此后接踵而来的政治批判和多年磨难，虽然中断了他十几年的学术研究，却并未泯灭他的理智和良心，并未削减他创造性研究马克思主义哲学理论的热情。1980年以来，他又开始了改革马克思主义哲学原理教科书体系的尝试，这是承担着风险的尝试。

高清海教授的学术思想的一部分凝结在他新近主编的《马克思主义哲学基础》一书中。该书的基本思想是他在多年学术研究中逐步孕育成熟的。自50年代从事哲学理论研究始，几个不同的研究方向把他引向了哲学体系改革的思考的聚焦点。

一个是刘丹岩教授启发的研究方向。1953年起，刘丹岩教授就多次讲述如下观点：辩证唯物主义和历史唯物主义的性质不完全相同，不应看作哲学中两个互相平列的部分；前者属于一般世界观理论，在它里面内在地概括了历史唯物主义的基本观点，否则它就不是辩证唯物主义。后者则主要是属于科学的社会历史理论，或者如列宁所说的，是科学的社会学，它所研究的历史发展规律具有极其丰富的内容，应当使它独立出来，并在它的基础上建立一系列新的社会科学部门。现有体系的安排，既影响了哲学的性质和内容，又妨碍了社会历史理论的发展。1954年起高清海同志经过反复思考，并从认识史的发展方面进行了认真的研究，接受了上述观点，于1955年写成论文《论辩证唯物主义和历史唯物主义的关系》。在他的推动下，刘丹岩教授自己也写了一篇论文，两篇文章同时发表在1956年的《东北人民大学人文科学学报》上。后经修改和补写，由上海人民出版社以同名论文出版（1958年）。当时的思想主要集中在辩证唯物主义和历史唯物主义的关系问题上，关于哲学的性质、对象和体系问题论述得不多，但已包含了后来在这一重大问题上的某些基本思想。

　　高清海教授在50年代即已确定的另一个研究方向是辩证法理论问题。当时选择这一方向的考虑是：一方面他发现通行的教科书和有关辩证法问题的论著，在很多问题的理解上并不符合经典的和古典的论述，特别是同列宁《哲学笔记》一书中的思想很不一致，有很多解释是违背辩证法的，从中不但引申不出事物的运动和发展的结论，反而会把事物凝固化。另一方面从1957年以后他日益感到，人们虽然一再提倡要照辩证法办事，在处理很多实际问题和认识问题上却总是陷入片面性，经常是从一个极端跳向另一个极端。理论的和实践的双重需要促使他多年沉浸在辩证法理论的研究中。他认为，辩证法的根本问题是一个思维方法的问题。思维方法问题不解决，仅仅熟记辩证法的若干论断，就会对辩证法原理作主观随意的解释，使其变为"实例的总和"，在具体分析现实问题时还必然会陷入形而上学。他发表在《社会科学战线》1980年第1期的论文《扫除反动形而上学影响，恢复辩证法思想权威》，从辩证法理论上总结了我国近几十年的历史教训，特别是"文化大革命"时期"四人帮"通过辩证法的词句大搞形而上学的教训，详细辨析了辩证法和形而上学的关系；主观辩证法和客观辩证法的关系；自发辩证法和自觉辩证法的关系。指出辩证法的观点推向极端或加以绝对化，也必然会转化为形而上学。高清海教授认为这实质牵连到对辩证法这种理论的性质、对象、功能等一系列根本问题的理解。辩证法是一种理论思维科学，还是以存在规律（最普遍的规律）为对象的本体理论？辩证法规律是从大量实例中概括出来的一些普遍原则，还是一种思维把握存在运动，以解决思维等存在的统一问题为宗旨的科学？辩证法的原理是供演绎出关于现存事物的结论的前提或公式，还是用以对具体问题进行分析的思维方法？关于辩证法理论性质的理解，其他也就是关于马克思主义哲学性质的理解，辩证法既是世界观，是方法论，又是认识论，它与哲学在研究对象和理论性质上不可能有本质上的不同。关于哲学体系的改革，他认为，我们从苏联引进的教科书体系，把哲学基本上是看作本体论的理论，"认识论"的内容只限于关于认识过程和真理及其标准的学说，这样一来，辩证法自然也就失去了认识论的性质。这是造成上述一切问题的关键。1983年他在《社会科学战线》第1期发表了《论辩证法就是认识论》一文，详尽地阐发了列宁关于辩证法就是马克思和黑格尔的认识论的思想；辩证法、认识论、逻辑学三者一致，是一个东西的思想；论述了辩证法理论的性质、对象和功能；认为辩证法是思维反映存在运动的理论，是包括思维运动和存在运动在内的完整深刻的发展学说；辩证法的规律是人类思维和外部世界运动的一般规律，也就是思维与存在保持一致、达到统一的规律，亦即认识的规律。此篇论文论证翔实严谨，涉及哲学体系改革的某些基本原则，但并未作展开的论述。在这一期间他又就如何理解马克思主义哲学在研究对象、理论性质等方面与旧哲学的区别问题，写了几篇专门论文。

1960年被取消讲授马克思主义哲学原理资格后，被分配去讲授欧洲哲学史专业课，高清海教授自认为是因祸得福，坏事变成了好事，得以专心致志地钻研他所爱好的这一知识领域。他认为，搞论和搞史应当结合进行，特别是对于哲学和哲学史，必须在治史的基础上去搞论，在论的指导下去治史。只有接受前人的成果和教训，从思想上走完人类认识所经历的过程，才能真正体会和掌握作为人类智慧精华的科学结论，才能使"论"有根基；只有从哲学发展现代成果的高峰上去研究以往的哲学，既以哲学家的身份去治史，也才能认清历史上各派哲学的思想本质，把握哲学发展的内在规律。对欧洲哲学史的深入钻研，也同样使高清海教授意识到现有哲学体系改革的必要和改革的关键。他意识到50年代考虑的辩证唯物主义与历史唯物主义的关系问题，只是涉及哲学对象和性质的一个方面的问题，这里还有更具根本性质的问题，这就是怎样理解马克思主义哲学与以往全部旧哲学的根本区别的问题，也就是怎样理解马克思主义哲学在思想史上所引起革命变革的实质的问题。他坚信，马克思主义哲学也就是科学形态的哲学理论，它是在科学和哲学分化基础上进入更高统一关系的必然产物，是最富有科学性、最实事求是，也是最通情达理的科学认识的观点和方法。但现有教科书体系，并没有充分表达这一点，而且在很多问题上仍然沿用了旧哲学的那种问题提法，例如追究"世界的本原"，描绘整个世界联系的统一体系等纯本体论的提法。这样提问题，就是要求马克思主义哲学对那些不可能有科学答案的问题作出科学的回答，要求马克思主义哲学在今天就回答出需要全部科学在其发展中才能逐步搞清的问题；这就把马克思主义哲学不是看作提供认识真理的方法，而是变成提供现成答案的万能理论。如果马克思主义哲学是这样的理论，那它同旧哲学就没有什么性质上的区别，就不是科学的理论，也不可能成为当代时代精神的精华。因此，必须重新认识马克思主义哲学的对象和性质，创立新的马克思主义哲学原理体系。

高清海教授积多年学术研究之心得，于1980年冬，接受教育部高教一司的委托，开始组织编写新体系哲学教科书，1982年主编出《马克思主义哲学大纲》，发表在《学术论坛》1982年第3期。

教科书体系包括认识的基本矛盾篇、客体篇、主体篇和主体与客体的统一篇等四个部分。其中每一篇都包括系列不同而又互相联系的范畴。

《马克思主义哲学基础》上册已于1985年11月由人民出版社出版，下册不久即可完成。他在该书序言中以客观的历史态度，肯定了通行哲学教科书体系的优长之处和所起的历史作用，并认为他们改革教科书体系的工作"只是一个尝试"。这本书的出版和发行，会大大推动我国的马克思主义哲学研究工作的进展。

高清海教授坚信恩格斯所说的"科学愈是毫无顾忌和大公无私，它就愈加符合于工人的利益和愿望"这句话的真理性，坚信我们国家今后不能再出现像1959年的"理论批判"和1966年的"文化大革命"那样的局面，一个最适于马克思主义哲学的创新和发展的客观社会环境正在逐步形成。现在他身体状况良好，精力充沛，雄心不减。

近三年来，他以唯物辩证法为方向，招收了五名博士研究生。不久前在哲学系内成立了唯物辩证法研究室，已拟出以"辩证法的理论和实践"

为总题目的庞大研究计划，此课题已列入国家教委博士研究项目，准备在今后七至八年中写出一套丛书。他手里还有若干其他题目未完成的稿子，有的已搁置多年，还想继续完成。无论如何要完成辩证法项目的研究，这是他的主要心愿。

（原载于《吉林社会科学》1986年第4期）

附录2

一种对马克思主义哲学的新理解

——评《哲学和主体自我意识》

重新理解和发展马克思主义哲学，是近年来我国哲学理论研究的一个基本趋向。在各种理解和发展马克思主义哲学的尝试中，吉林大学高清海教授的研究工作为国内同行所瞩目。他主编的《马克思主义哲学基础》一书已经引起了人们的很大兴趣，作者自认为这本书是突破旧的哲学原理教科书体系、探索建立新体系的一个尝试。1988年4月由吉林大学出版社出版的高清海教授新著《哲学和主体自我意识》，是作者从理论内容和根本哲学观念上重新理解和发展马克思主义哲学的又一尝试。本文试对该书的主要内容做一简短的评论，以求与作者和广大读者相互启发。

一、对哲学和全部哲学史的一种新理解

《哲学和主体自我意识》一书明显地保持着高清海教授的一贯风格，即史论结合，在哲学史的广阔背景上理解马克思主义哲学理论，用马克思主义哲学理论去理解哲学和哲学史。在不断地反思哲学的性质、对象和功能等元哲学问题中，力求达到对哲学和马克思主义哲学的总体把握。这本书正像书名所标识的那样，把哲学和主体自我意识并提，已经包含着把哲学看作是主体自我意识的意味，已经包含着某种元哲学的理解。

在第二章"哲学与主体的自我意识"和第三章"哲学发展的内在逻辑和历史趋向"中，作者全面地阐述了一种新哲学观，表达了他对哲学和全部哲学史的新看法。我认为，在作者对哲学和哲学史的一些主要看法中，至少有以下两点是极有启发意义的。

第一，哲学作为世界观理论所要解决的基本矛盾是什么？

作者肯定了哲学的世界观理论性质，但认为过去流行的关于世界观的定义，即把世界观定义为关于世界的根本看法和总的观点，是非分析的，非批判的，带有直观反映论的特点。它把世界观理论本体论化，其主要问题"就在于既没有搞透哲学作为世界观理论要解决的根本矛盾是什么，也没有分清在现代科学条件下哲学应当怎样去认识和解决这一矛盾的特有方式"。

按照作者的看法，哲学作为世界观的理论要解决的基本矛盾是自然世界和属人世界的矛盾。这是因为，在人的实践活动的基础上对人显现的世界已经分裂为自然世界和属人世界的对立：一方面人在实践活动中感受到自然客体的制约性、先在性，人把自己也看作是自然因果链条中被决定的存在，从而形成一种自然世界的观点；另一方面人在实践活动中也体验到主体的能动性、创造性，人把自然对象看作是为我的存在，从而把世界看作是属人的世界。作者认为，哲学作为世界观的理论要解决的根本矛盾就是如何实现自然世界和属人世界的统一。

我认为作者对世界观理论的深入辨析确实击中了以往哲学原理教科书的要害，不经过对认识的自觉反思和批判，企图直接作出关于世界本质的陈述或综合自然科学成果描画出世界的基本图景，就必然陷入素朴实在论和自然本体论的窠臼，从而停留在朴素或机械唯物主义的水平上。总之，没有认识论的本体论是无效的。但是要对认识本身进行反省和批判，又必然达到某种人本学的观点，因为人怎样认识和理解，决定于人怎样存在。按照作者的看法，人是实践的存在物，在实践中既分裂世界，又统一世界，这是人的存在特征，也是世界观理论要解决的根本矛盾。

把自然世界和属人世界的对立统一或否定性统一关系作为世界观的根本矛盾，在我看来也有较为充分的哲学史根据。比如康德就已意识到两个世界的对立，他关于必然和自由的著名的二律背反，就表达了他的困惑，他无法解决两个世界的统一，从而造成纯粹理性批判和实践理性批判的分裂。甚至在古老的佛学观念中也有类似的悖谬，从因缘或因果决定论的观点出发，则"无我无造无受者"，这表达了一种自然世界的观点；从修行觉悟的要求出发，人又是宇宙的中心，这表达了一种属人世界的观点。现代英国哲学家怀特海更简洁地表达了这种矛盾：我们在房间之中，房间又在我们之中。

作者认为自然世界和属人世界的对立或否定性关系是产生主观和客观、主观性和客观性等一切矛盾的根源，全部哲学史都是在自觉或不自觉地以某种特定的思维方式解决这一矛盾，因此，哲学史就是思维方式变革的历史。

第二，哲学史是哲学思维方式变革的历史。

作者认为，哲学史是主体自我意识发展的历史，而主体作为历史实践的主体必然获得某种哲学观念的表达。马克思主义以前的旧哲学都是不自觉地反映了人类实践的某一环节和特征，并把这种认识绝对化为某种特定的哲学思维方式，用以解决自然世界和属人世界、主观世界和客观世界的矛盾关系。随着哲学和主体自我意识的发展，哲学思维方式也发生一系列重大的变化。在该书的第二章第二节"哲学发展的三大圆圈"和第三章第一节"哲学发展的内在逻辑"中，作者展开了对哲学史的分析，考察了哲学思维方式的演变。

按照历史的和逻辑的一致原则，作者列举了自然观点、存在观点、意识观点和人本学观点等几种思维方式，着重分析了存在观点和意识观点。作者认为，存在观点的哲学思维方式以直观认识为特征，它从脱离人或融化人的自然存在出发，在现实的自然世界之后，设定了一个超自然的本体世界，以统一自然世界和属人世界的矛盾。古代哲学的本原或本体观念是未经反思的、非批判的，它直观地把人和主体自我意识融化于对自然存在的理解中。作者所说的意识观点的思维方式可看作是对近代唯心主义哲学的逻辑概括，这种思维方式以思辨认识为特征，是以认识论为主的理论，它从脱离自然的人出发，把世界分裂为心内观念世界和心外自在世界，并在世界总是对人显现的意识界的前提下，把自然世界归于属人世界，结果是抽象地发展了主体的能动方面。

作者在对上述两种思维方式的批判中，认为他们分别论证了自然世界的统一性和属人世界的统一性，这就为马克思主义哲学经由费尔巴哈的人本学思维方式而创立实践观点的思维方式，奠定了历史的基础。

我认为，作者对哲学史的总体把握与马克思《关于费尔巴哈的提纲》的观点是一致的。从实践观点的思考角度对以往全部旧哲学进行批判性的总结，必然带来对哲学和哲学史的新理解，而这一思考角度的转换，也正是马克思主义哲学诞生的真正奥秘。

作者在第四章进一步论述了思维方式的意义，认为哲学思维方式不是外在于哲学理论内容的抽象形式，而"是人们思维活动中用以理解、把握和评价客观对象的基本依据和模式"。作者以存在观点、意识观点和实践观点等命名思维方式，也表明了作者把思维方式与理论观点或世界观看作是统一的这种立场。在我看来，作者抓住哲学思考角度和思维方式转换的关键去理解哲学和哲学史，与一些科学哲学家对科学史的理解是十分相似的，哲学思维方式具有决定一个哲学体系的"范式"或"理论硬核"的意义。从作者对哲学史上几种典型的思维方式的分析中，可以看出作者把思维方式看作是某种哲学理论体系的出发点和最后归宿，是哲学理论体系的核心。

我认为作者把全部哲学史看作是思维方式变革的历史，把思维方式看作是决定一种哲学理论方向的核心概念，这是有创新的，但似乎还需要进一步锤炼、明确这一概念，以使人们更易接受和理解。

二、对马克思主义哲学理论革命性转变的新理解

作者把哲学理论革命看作是思维方式的转换，进而认为马克思主义哲学革命转变的实质就在于它创立了实践观点的思维方式。作者指出，以往哲学原理教科书也把实践观点看作是首要的、基本的观点，但仅是在认

识论的意义上去理解实践观点，因而并没有全面地揭示出马克思主义哲学理论革命转变的实质。作者也不同意近年来国内哲学界关于"实践本体论""实践唯物论"的提法，认为这虽然较以往教科书前进了一步，亦即要把实践观点贯穿于全部马克思主义哲学体系中，但这并未摆脱本体论的思维方式，而且必然陷入双重本体的理论困境之中。我们固然可以在属人世界的意义上把实践看作是最高依据或本原性的东西，但实践不能作为自然世界的本体这是显而易见的，那又必须设立一个自然本体。"实践唯物论"也有类似的困难。

作者认为，只有把实践观点看作是思考角度和思维方式的根本转变，才能正确理解马克思主义哲学理论革命转变的实质，才能把握住马克思主义哲学本质的东西。从实践观点的思考角度，既可说明自然世界和属人世界分裂的根源，也可找到两个世界否定性统一的现实基础，从而也可扬弃存在观点和意识观点的抽象对立，达到更高水平的主体自我意识。

按照作者的看法，思维方式不是空洞的抽象物，归根结底，思维方式是一定历史阶段上人的实践活动方式的理论凝结，是在实践中所形成的"具有巩固性和合理性的概念、范畴及其关系所形成的框架"。这样，实践观点的思维方式不仅仅是哲学思考角度和出发点的转变，因为"彻底运用实践观点去观察和看待一切哲学问题，就必然会引起全部理论观点的深刻变革"，因而可以说，实践观点的思维方式的产生就是一种新的哲学理论体系的生成。作者在第四章运用实践观点的思维方式对马克思主义哲学的世界统一性原理、人在哲学中的地位等问题作出了新的理解。最近作者在《时代评论》发表的《重新评价唯物论和唯心论的对立》一文，进一步发挥了本书的一些论点，大胆提出超越唯物主义和唯心主义对立的命题。这表明作者力图运用实践观点的思维方式重新理解马克思主义哲学的理论内容，重新构建马克思主义哲学的理论体系。

我认为作者把马克思主义哲学理论革命转变的实质看作是思维方式的根本变革是很有新意的。作者从哲学发展的内在逻辑着眼论证马克思主义哲学思维方式产生的必然性，也是颇为令人信服的。但我觉得正是因为作者主要致力于逻辑必然性的分析，所以在一定程度上忽略了对社会历史因素的分析。作者一般地肯定了思维方式是实践活动方式的反映，但没有展开对马克思主义哲学革命转变的历史因素的分析，而在我看来，这是理解马克思主义哲学思维方式变革的一个重要方面。

我们过去经常讲马克思主义哲学的两个特点是阶级性和实践性，这曾经造成对马克思主义哲学的简单化理解，造成把阶级性和人类性对立起来的极左偏见。但是真理往往是简单的，人们直观把握到的东西往往包含着很大的真理性，深刻的哲学认识常常始于对常识的分析。我认为要理解实践观点的思维方式产生的必然性，就不能不注意到马克思主义哲学的阶级性。哲学作为主体的自我意识，总是什么人的自我意识，哲学总是为什么人的哲学。以往的旧哲学所以不能达到实践观点的思维方式，肯定也有着历史的、阶级的根源。只有现代无产阶级的实践活动显示了决定社会生活的历史作用，无产阶级同样开始要求成为历史主体、要求表达自己的主体意识的时候，哲学才能克服对实际的、功利的物质生产活动的蔑视，才能有全面的无片面性弊病的实践观点的思维方式。马克思主义哲学产生的年代，是西方史学家所说的狂乱的年代，是席卷整个欧洲的资产阶级大革命的年代，也是工人运动蓬勃兴起、无产阶级要求选举权、要求成为历史主体的年代。显然，这一切都不是偶然凑集到一起的。实践的水平和实践的需要，决定了实践观点的思维方式的产生。

按照我的理解，作者提出的实践观点的思维方式是对包括无产者在内的全人类主体地位的充分肯定，是对人类全部创造力包括物质生产实践创造力的主体自我意识，它的基本价值取向就是人类全部潜能的充分实现，是自然的客观世界和属人的主观世界的和谐与统一。

三、对发展马克思主义哲学的新探索

《哲学和主体自我意识》一书，是对马克思主义哲学实质的一种新理

解，而其最终意旨则是探索发展马克思主义哲学的出路和方向。作者最后获得的认识是："所谓发展马克思主义哲学，其实质也就是运用马克思主义的实践观点——这一崭新的思维方式去分析、总结、回答现时代社会实践和科学技术所提出的那些新成果、新思想、新问题。"作者按照这种认识在第四章第三节"哲学观念的转变"中，以实践观点的思维方式对马克思主义哲学的一些根本观念提出了新看法。我觉得至少可以说作者对发展马克思主义哲学作出了有益的探索。

比如，作者从实践的全部逻辑结构中，透视"合规律性"与"合目的性"的统一问题。作者认为，从存在观点的思维方式只能看到自然规律对人的制约和决定作用，人无自由，一切都是必然的；从意识观点的思维方式只能看到主体的目的性、能动性，自然是属人的、为人的存在，目的是唯一的规律，自然也具有目的或从属于人的目的；只有从实践观点的思维方式才能看到二者的统一，只有在实践中才能把自然规律化作人的目的或活动规律。作者认为，哲学史上最荒唐的目的论哲学也有其合理的意义，即它以片面性的形式揭示了属人世界活动规律的内容和形式。而我们过去阐述的理论则陷入了另一个片面性，即已存在的观点把哲学归结为仅仅教给人们如何使自己的活动合乎客观规律，完全忽略了目的性在人们活动中的作用，把人主要看成了实现规律的工具，而人作为主体的能动性和活动的特点不见了。因此这种哲学不能指导人的实际活动，也不会引起人们学习的兴趣。

我认为，作者的这些分析是颇为深刻的。"合规律性"与"合目的性"的统一是使很多哲学家感到困惑的一个问题，黑格尔以其深刻的思辨接近问题的正确解决，但并未把作为感性物质活动的实践当作二者统一的基础，马克思主义哲学的实践观点是解决这一问题的根本出路。作者的上述分析对于克服以往教科书的机械唯物主义倾向和自然观与历史观的分裂，是很有意义的。

再如，作者从实践观点的思维方式出发，提出为主观性正名。长期以来，基于机械唯物主义对主观性与客观性形而上学对立的理解，我们把主观性等同于主观任意性和主观主义，把排除主观性看作是认识和实践的根本要求。然而正如作者所正确指出的那样，如果人完全没有了主观性，也就没有了任何能动性，这样的人只能退回到消极适应环境的动物水平。正是作者所说的自然观点、存在观点的思维方式，才会得出这样荒唐的结论。从属人世界与自然世界统一的观点看，不是不要主观性，也不是仅仅要主观性适应客观性，而只能是在现实的实践基础上要求主观性与客观性相互适应、辩证统一。在这个意义上，我们通常所说的"从实际出发"也不是完全排除主观性，因为从实际出发这一要求本身就是一种主观性。从实际出发，通常只能是从主观认识到的实际出发，从主观需要的实际出发。

我认为作者对主观性的分析具有深刻的现实意义。多年来我们党就倡导实事求是，从实际出发，但为什么经常出现脱离实际，违背客观规律的主观主义？作者的上述分析对于总结社会主义建设和改革的认识论教训是很有启发的。片面强调客观性原则，必然模糊、掩蔽我们任何一项决策、政策、方针中必然包含的主观性因素，结果是放弃了对这种主观性的检讨和批判性考察，从而使社会决策的认识论基础或者是狭隘的经验主义，或者是不自觉的主观主义。从作者运用实践观点所进行的这样一些分析中，我认为这本书在一定程度上发展了马克思主义哲学。

本书的最后一章《课题专论》选收了作者若干年来所写的部分专题论文，从中可看出作者思想运行的基本历程。作者从50年代起，在对当时哲学原理教科书体系的一些否定性理解中，就开始走上了从整体上重新理解马克思主义哲学和发展马克思主义哲学的艰难道路。因而可以说，这本书是作者几十年心血的结晶。

该书文字朴实流畅，论述缜密翔实，全书没有令人眼花缭乱的新术语、新名词，但其理论观点上的创新随处可见。我想实践作为人的本性是每个人都很熟悉的，我们就生活在实践中。把人们熟悉的现实实践活动理论地概括为一种哲学的思维方式，可能是马克思主义哲学的魅力所在，因而高清海教授的这部著作可能是人们较容易接受的。

（原载于《哲学研究》1989年第2期）

附录3

一部哲学家的哲学史研究著作

——《哲学的憧憬——〈形而上学〉的沉思》评介

我的导师高清海先生的新著《哲学的憧憬》1993年6月由吉林大学出版社出版，这既是一部研究希腊哲学经典《形而上学》的哲学史著作，也是一部系统表达作者哲学观的理论著作。先生多年为硕士研究生讲授亚里士多德的《形而上学》，这本书原可早些年问世，但它肯定不会是今天这个面貌，原因在于这是一部哲学家的哲学史研究著作，随着作者哲学理论观点的变化哲学史的视野和偏好也相应地发生了改变。

在我们读博士生期间，先生总是强调要史论结合，即以史治论，以论治史，这样才能论有根基，史有灵魂。其实这也是一些国内前辈学者的共同见识。近些年来我们看到一些哲学史家日益浓厚的哲学理论兴趣，也看到一些哲学理论家日益开阔自己的哲学理论视野，在与西方哲学史、现代西方哲学和中国哲学史的对话和问难之中马克思主义哲学理论获得了新的活力。这是在破除了宗派式、教条式的理解框架之后必然出现的趋势。在国内这样一种哲学研究的氛围中阅读和思考《哲学的憧憬》，我们更深刻地感受到这部书作为史论结合的典范著作所具有的意义，我们有理由"憧憬"中国哲学更为光辉的未来。

《哲学的憧憬》的前言很有特色，作者表达了一种系统的哲学观。"哲学的秘密在于人"，这是先生多年哲学理论思考所达到的认识。"哲学对世界的认识实际不过就是对人自己的认识，它是通过对世界的认识以理解人自身的存在及其活动的性质、意义和价值的"，"人也总是从对自己的理解中去认识和把握外部世界"。因此，古往今来的各派哲学都自觉或不自觉地表达了某种对人自身的认识和理解。哲学之所以是派别性的理论，总有各种意见的无穷角逐，关键在于人是一种矛盾性的存在。人源于自然又否定、改造、超越自然；人既是肉体性的存在，又是灵魂性的存在；人既服从自然因果律，又服从应然性、目的性规律，等等。西方哲学所把握到的科学世界和神学世界就是对人的矛盾本性的两极片面理解的结果，而哲学的真实任务则是要把握基于人的矛盾本性而生成的现实世界。按照对哲学的这样一种纲领性的看法去思考《形而上学》和哲学史，作者展开了哲学理解的新地平线。

按照作者的看法，西方传统哲学之所以陷入对人的片面的抽象的理解，关键在于它的本体论化思维方式，所以全书用近三分之一的篇幅研究"本体"论。

从亚里士多德的本体论回溯到前亚里士多德希腊哲学的本原论，再从亚里士多德的本体理论考察它与近代本体论的联系，作者从本体论的侧面细致地分析了西方传统哲学的逻辑线索，概括出传统哲学的本质特征。作者认为传统哲学的基本特征是：（1）追求先天本质的外源论哲学。（2）追求终极真理的绝对理性论哲学。（3）在两极对立间追求绝对统一性的哲学思维方式。作者认为，本体论在传统哲学中占有一个核心的也是基础的地位，甚至可以认为传统哲学也就是以本体论为基本理论形态的哲学。传统理论所具有的那一切特征，都是从本体论基础上产生和形成的。它也就是本体论这种理论形式所必然会具有的特征。

从对传统哲学本体论的理论分析中作者获得了一个重要的理论见解，即本体论既可以作为研究的领域和对象概念去理解和应用，也可以看作对待事物和问题的一种特定的理解方式和认识方法。与传统哲学的基本特征相对应，本体论作为传统哲学的基本思维方式形成了如下特征：（1）追求终极实在的绝对论特征；（2）追本溯源，返璞归真的还原式思维；（3）从两极对立关系把握事物本性的绝对一元化思维。作者认为，本体论哲学与本体思维方式成为两千年占统治地位的哲学思维方式不是偶然的，古代的本体论哲学是对早期素朴实在论的否定，近代本体论哲学是对中世纪神学理论的否定，这都是哲学理论的重大前进。但是本体思维方式所理解的"本体"具有虚构、假想的性质，它的最大问题是失去了人和人的主体性。按照这种思维方式，人的本质并不在人自身，而是被规定在先在的本体里；本体也只是对人的矛盾本性的某一环节抽象化进而对象化地表达，因而它离开了具有矛盾本性的现实的人和现实世界。所以，随着近代实践转向现代实践，人的自我创造本质得到充分展现，人开始主宰自己的命运，本体论的哲学思维方式自然要加以变革和扬弃。

拒斥形而上学或消解西方哲学两千年的实体本体论成为现代西方哲学的主题。作者通过对逻辑实证主义、语言分析哲学和存在主义哲学的简要考察概括了现代哲学发展的一般趋势，认为哲学转变的关键是人变化了，传统人转变为现代人，人的观点和态度变了，哲学的观点和态度也必然发生转变。现代西方哲学所批判的传统本体论对"语言的遗忘""对存在意义的遗忘"，按照作者的看法即对现实的人和现实世界的遗忘。传统哲学本来也是从人出发，结果是"往而不返"，原因在于它的本体思维方式。作者认为，"在现代人的生活中，人和自然的关系已经发生了根本性的逆转，人是属于世界的，同样世界也属于人，世界对人的本体关系已转化为以人为主导的价值关系，人的'本来如此这般'的信念已让位于'应当如此这般'的意志，追寻和把握原意的理性已被参与创造的理解意识所代替，顺从先定命运的观念也为自我自主创造的自由信念所取代，等等。这就是现代哲学批判、否定传统本体论哲学的生活基础"。我们认为，作者对现代哲学转变的趋势和原因的概括和洞察是正确、深刻的，为我们理解和把握传统哲学与现代哲学的关系提供了一条指导性的线索。

《哲学的憧憬》是一部很有价值的马克思主义哲学著作，作者的理论立场和兴趣是从马克思主义哲学出发的，在题为"马克思实践思维方式的根本变革"一节，作者概括了他多年思考哲学改革获得的一些重要观点。马克思创立的哲学是新时代哲学的开创性理论和奠基性理论，从根本上改变传统哲学的本体思维方式也是马克思主义哲学的特征，它与其他西方学派不同之处在于，它是从实践观点的基础去确立人的哲学地位和否定本体思维方式的。作者认为，如果说哲学的秘密在于人，那么，人的秘密就在实践之中。实践是分裂世界又统一世界的活动，实践作为人的基本生存样式是人的矛盾性质的根源。所以，实践观点所实现的哲学转变，首先就表现在它提供了一个从人自身的活动去理解人的本质、特性，从而把人理解为富于自身创造力的活生生的现实人的基本观点；其次，实践观点还提供了理解人和外部世界复杂关系的现实基础，只有从这一观点出发，才能真正掌握人既来自自然、依赖自然，又否定、叛逆自然的人与自然的否定性统一关系；最后，人所面对的世界的两重性质既然根源于人的实践活动，也就只有从实践的观点才能消融长久以来哲学观点的分歧，把物质和精神、主观和客观、自由和必然等矛盾统一起来。实践思维方式就是人的理解方式，它是对传统本体论思维方式扬弃的结果，因此决不能再以传统哲学的本体思维方式去理解马克思主义哲学。作者认为，彻底破除传统的本体思维方式，是当前的重要理论任务和实践任务。只有破除了本体思维方式，才能使我们的理论思维真正转到现代哲学的基地上来。我们要建设具有中国特色的现代化的社会主义强国，不根本转变我们的理论思维方式，那是很难想象的。

　　综上，作者以其系统的哲学观重新审视全部哲学，提出了对当代哲学和马克思主义哲学实质的新理解。作者强调人是哲学的秘密，传统哲学本体思维方式的根本失误是从先在本质的决定去理解人，结果是远离了人的现实世界。作者认为，黑格尔哲学的精神本体论是传统哲学本体论的最高峰，但也使传统哲学走到了绝境，因为从根本上说本体思维方式与辩证法是不能相容的。按照本体思维方式去理解辩证法，必然使辩证法理论遇到无法排解的困难。

　　书中"动变"论和"矛盾"论两部分从《形而上学》一书出发，对西方哲学的辩证法理论也提出了许多极有新意的重要见解。作者认为，在动变和发展问题上辩证法与形而上学的对立和区别不是在直观和感性水平上是否承认运动和变化，而是两种思维方法的对立，是在概念水平上，在概念本性及概念关系的认识和理解上，如何突破人类思维固有的知性环节，真正把概念确立为对立面的统一，并把它上升为一种普遍的思维法则。作者的这些认识与马克思主义经典作家的看法是一致的。恩格斯认为以概念本性的研究为基础的辩证法是始于近代的，列宁在《哲学笔记》中也强调"概念的全面的、普遍的灵活性，达到了对立面统一的灵活性——这就是问题的实质所在"。充分意识到马克思主义的辩证法是在近代概念辩证法的基础上发展而来的，真正掌握辩证思维的法则和原理，对于反对把辩证法变成经验实例总和的庸俗化倾向是很有意义的。

作者并未满足于上述表象辩证法与概念辩证法的辨析与论证，而是进一步思考形而上学与辩证法对立的人性根源。按照作者的哲学观点，人是哲学的奥秘，人的矛盾本性、人与自然的否定性统一关系也是发展观的实质所在。人是在与世界的统一性中生成着、发展着的存在，只有人才有真正的发展的问题，离开人的发展理论只能陷入形而上学。作者认为，概念辩证法只是解决了人类思维逻辑形式的矛盾本性，而发展的内容只能从生存论、实践论的方面加以把握，彻底的辩证法只能是实践辩证法或人学辩证法。作者的这些看法还需要更为详尽地论证，也有待于在争鸣中进一步澄清和发挥。但这种对发展观的实质、辩证法的实质的研究纲领性的立论，对于我国的辩证法理论研究无疑具有很强的思想冲击力。

因为我个人的理论兴趣使我对《哲学的憧憬》的评介侧重于该书的哲学理论方面，而这本书作为《形而上学》的专题研究著作也是一部很有价值的哲学史著作。该书的优长不在史料的考据和文字的释义等方面，而是通过对《形而上学》主要概念、观点的清理，为我们提供了古希腊哲学清晰的逻辑线索；通过现代哲学的视野捕捉住哲学观、本体论、发展观这些根本的哲学问题，去澄清亚里士多德以来的哲学发展脉络。用解释学的说法，该书唤醒了亚氏哲学中许多沉睡的意义。作者对《形而上学》的沉思并非主观任意的，许多观点的回溯和引发是题中应有之义。

作者青年时期曾下苦功研读古希腊罗马哲学，一本本厚厚的读书笔记使我们想到先生青年时期的治学风貌。作为先生的学生，我们难以摆脱个人的偏好和成见，对于此书更为客观公允地评价，有待有识之士指点。

（原载于《长白论丛》1994年第1期）

我的导师高清海教授

在高清海教授身边学习和研究哲学已快二十年了，作为他的研究生，我们较多地了解他的学术思想、心路历程和个性特征。《社会科学战线》的"学术人物"专栏约我写篇介绍高清海教授的文章，也许因为离先生太近，反倒说不出多少真知灼见。好在他的学术著述和学术活动已在广大哲学工作者和爱好者中确立了自己的形象，不会因为这篇文字扭曲或改变。

高清海教授1930年出生于黑龙江省虎林县，幼年时随父亲统率的一支抗日队伍经苏联境内辗转到新疆，在新疆度过了童年和少年时期。抗日战争胜利以后，全家迁往沈阳，中途滞留兰州二年。少年时期的后几年，家庭生活日渐困窘，十六七岁时，已开始担负起养家糊口的生活重担，为生计做过小工，摆过香烟摊，备尝生活的艰辛。这一段艰难的生活可能是高清海教授最为宝贵的财富，它不仅磨炼了意志，养成了深沉刚毅的性格，为后来勇敢面对人生命运的兴衰变化打下了意志品格的基础，而且使他切身体会到社会底层劳动人民的生活艰辛，使他几十年来始终保有强烈的社会责任感和使命感，使他成为一位社会哲学家、政治哲学家、马克思主义哲学家。这段艰苦生活的另一收获是由于中途辍学，有了一段自学的经历，尽管为生活忙碌奔波，但仍挤时间借书、抄书、博览群书，为以后的治学打下了很好的基础。

1948年高清海考入吉林大学的前身东北行政学院，1950年至1952年在中国人民大学研究生班学习，他学的专业是逻辑学，但主要课程是哲学。1952年回母校任教至今。和许多著名专家学者一样，高清海教授的履历十分简单，除少年时期一段辍学时间外，他的绝大多数生活是在校园中度过的。但是履历表的简单恰恰与其实际生活的波澜起伏形成了鲜明的对照，他所从事的马克思主义哲学专业和他从事这个专业的独立思考态度、求真精神，注定了他要与我国近半个世纪社会生活和政治生活的急剧变化一起，经历他波澜壮阔的人生。这不仅是指与其他思想家、哲学家一样所经历的内在的紧张激越的精神生活，也指他外在人生际遇的潮起潮落。

高清海1952年回母校哲学教研室任教。当时的教研室主任刘丹岩教授是一位资深老干部，他曾留学英国，或许多少受到英国经验主义哲学传统的影响，刘丹岩教授对当时苏联专家讲授的教条式的马克思主义哲学教学体系十分厌恶，主张从马克思主义经典作家的著作中去理解马克思主义哲学。他认为教科书把辩证唯物主义和历史唯物主义平置并列起来，不符合二者的逻辑关系，辩证唯物主义原理是关于自然、社会、思维普遍规律的科学，历史唯物主义中的一些原理应上升到普遍规律的高度，而其他表达具体规律的原理应单独作为一门学科即理论社会学而存在，这样才能使哲学原理避免不同理论层次的混淆。经过较长时期的思考和研究，高清海接受了刘丹岩教授的观点，并于1956年写作了《论辩证唯物主义与历史唯物主义的关系》一文公开发表，从此开始了长达四十年对传统哲学教科书体系的批判和改造。高清海教授今天认为，50年代中期这一段学术经历的意义并不在于上述一些具体理论观点，而在于通过刘丹岩教授的影响在同辈学者中间较早地挣脱了教条主义的束缚，较早地进入了符合哲学研究本性的开放的、自由的、独立思考的研究状态，亦即较早地进入了哲学研究的门槛。1956年高清海被破格晋升为副教授，当时年仅26岁。从1956年到1959年高清海有《什么是唯心主义》《剖析唯心主义》《论辩证唯物主义与历史唯物主义的关系》（与刘丹岩合作）《唯物辩证法的实质与核心》共四部著作出版。这些论著的发表和当时国内为数极少的哲学副教授职称使他在同辈学者中脱颖而出，步入了国内资深学者的行列。

从1957年开始，我国社会生活的各个领域日益受到"左"的错误影响，马克思主义哲学教学研究领域自然是首当其冲。高清海和刘丹岩教授关于辩证唯物主义和历史唯物主义关系的观点，被指斥为割裂马克思主义哲学一整块钢铁的"分家论"，是资产阶级的反动学术观点。1960年，高清海被取消讲授马克思主义哲学的资格，改派他到西方哲学史教研室。用当时的价值尺度衡量，这是一种政治上的惩处，高清海教授后来却认为这是因祸得福，不仅使他可以有充分的时间研读大量的西方哲学史原著，从而打下了坚实的西方哲学史基础，同时也使他能够从哲学史发展的逻辑重新理解马克思主义哲学。对西方哲学史的研究也大大提高了他的哲学思辨能力和理论的洞察力。可能从这段时期开始，高清海教授形成了他学术风格的重要方面即史论结合，这是他后来一再要求研究生遵循的治学方法。研读西方哲学史原著与读马列原著一样是学习和研究哲学的基本功，这段时间他写下了大量的读书笔记，有的笔记后来整理成专著出版，大量的内容成为后来编写哲学史教材的素材。笔者依稀记得在十七年前，高清海教授为我们讲授西方哲学史的第一课，他熟练地在黑板上画出古希腊的地图，并提问荷马史诗和古希腊神话知识，今天仍记得当时既敬佩又紧张的心情。

在60年代初期，高清海尽管喜欢、热爱西方哲学史专业，但他并不能全身心地投入到哲学研究中。当时"左"的思潮严重影响高校的教学研究工作，有时课堂都难以维持。自1966年"文革"爆发后，高清海的罪名再次升级，长期失去人身自由，除了接受批斗以外，大部分时间用于清扫厕所或在农场劳动。1969年全家去农村插队落户，1972年从农村回到学校，到1977年之前主要任务仍是接受教育和改造。翻看他的著述目录，可看到一个从1964年至1977年长达十五年的空白期。我们常常为老师感到惋惜，也对他在这样一段漫长的艰难岁月中仍能坚持默默读书、深入思考，以致能够在"文革"后厚积薄发，连续取得重大成果而感到由衷的敬佩。

高清海教授很少谈及六七十年代这段不幸的经历，即使是对我们这些常在他身边的学生也是如此。只是从其他一些老师的闲谈中听说些他所经历的精神和肉体折磨。这段沧桑岁月给我们的老师留下了什么？我们七七级同学入学后见到的高清海教授已是一位硕学的长者，其实这时他还不到

50岁。身高超过1米80的高大身材并未因多年的磨难而变曲，只是有明显的秃顶。举止沉稳老练，讲课从内容到板书、声音都一丝不苟，甚至可说字正腔圆。高老师给我们的最初印象是严峻、严谨，总之是位严师。在经历了十余年的严酷的政治斗争之后，在几十年刻苦研读、深沉思考之后，我们见到的似乎也只能是一位严峻甚至有些冷峻的哲学家。按照存在哲学的思路，十余年特殊的生活际遇必然对哲学家的思想留下深刻的影响。用"文化大革命"时期的语言说这种既触及肉体也触及灵魂的斗争对哲学思考不无益处，因为它刺激哲学思考，使哲学家免于向日常生活的沉沦；"左"的错误特别是"文化大革命"十年浩劫的灾难给予高清海教授的深刻教训就是对教条主义、对"左"的思潮要不妥协地进行抗争。总结他大半生的学术生活，高清海教授曾写下这样一句话："为学做人，其道一也"，用以勉励自己和他的学生。

高清海教授认为，马克思主义哲学是我们党和国家意识形态的哲学基础，经过一个多世纪的理论传播和宣传教育，马克思主义哲学已成为我们民族文化的重要组成部分，它是中国的主流哲学。由于马克思主义哲学在我国社会生活中这种特殊作用，它的思维方式、理论形态、价值取向必然广泛地影响人们的政治生活、经济生活和文化生活，在一定意义上甚至关乎民族命运的兴衰。因此作为一个马克思主义哲学工作者，必须有开阔的眼界，博大的胸怀，深厚的学养，更重要的是要有强烈的社会责任感和坚持真理、修正错误的勇气，勇于独立思考，不随流俗，勇于担当自己的理论选择所带来的人生命运。法国作家雨果说过，文人有文人的勇敢。在高清海教授身边流连愈久，愈能体会到他内在的刚强。数十年来他愈挫愈奋，真诚地践履着自己的青春理想，为中国马克思主义哲学的改革和发展作出了他特有的、不可替代的贡献。

哲学史也曾留下一些著名哲学家日常生活的生动记录。以"绝对理念"和思辨辩证法而闻名的黑格尔特别重视所谓"健康的常识"，黑格尔喜欢喝啤酒、爱跳舞，也喜欢远足出游。终生未娶的哲学家康德也不乏温暖的人生情趣，持续几小时的康德家的午宴是当地社交界的楷模，主人康德机智幽默，妙语连珠，康德之后的德国哲学家费希特就是在康德的午宴上体认到这位老人的伟大。和高清海教授相处日久，我们这些学生也逐渐少了敬畏，多了亲切和庸常。高老师喜欢书法、摄影、旅游，有时也下厨烹调。在高老师家聚餐是我们的一大享受，我们多次吃到高老师亲手制作的"八宝饭"，有时也能吃到他做得很精致的小点心。高老师有关东人的爱好，喜饮高度数的白酒，酒量几乎不可估量，因为他似乎从未醉过，这也许是哲学家的理性节制了他的豪情。在酒桌上我们也有些风雅的游戏，联成语，诌几句诗，偶尔也唱唱歌（一律是清唱，没有卡拉OK），高老师常常有意破坏游戏规则，被罚酒一杯。记得有一次他朗诵了一首现代诗，全诗只有一个字：网。

从80年代开始，高清海教授进入哲学创造的新高峰期，在沉寂了近二十年之后，多年理论思考孕育的成果陆续发表，马克思主义哲学研究的思路不断得到澄清，在国内外学术界的影响和声望日益上升。据不完全统计，高清海教授自1978年以来共发表各种学术文章110余篇，其中在《哲学研究》《中国社会科学》《哲学动态》《光明日报》《人民日报》等重要报刊上发表的论文达40多篇，被《新华文摘》全文转载的论文有12篇之多。在同期他出版了几部重要的个人学术专著，1988年出版的《哲学与主体自我意识》获吉林省优秀图书一等奖、国家教委首次人文、社会科学成果评奖优秀著作一等奖；1993年出版的《哲学的憧憬——〈形而上学〉的沉思》获吉林省长白山优秀图书一等奖、吉林省优秀著作一等奖、第二届国家图书奖（提名奖）；他主编的《马克思主义哲学基础》（上册）获国家优秀教材奖，吉林省优秀著作奖。高清海教授丰富的、高水平的理论著述，使他进入当代中国哲学家队伍的领先行列。他是国家遴选的首批博士生导师，是第一届、第二届国务院学位委员会哲学学科组成员，是吉林省学位委员会委员，是吉林省社科联副主席、吉林省哲学学会理事长，是吉林大学学位委员会副主席、吉林省哲学学会理事长，是吉林大学学位委员会副主任、文科学术委员会主任，他还曾兼任过吉林大学副校长等党政事务。

高清海教授用"走创新哲学之路"概括自己学术思想和学术活动的历程，也曾讲到他从本体论入手学习哲学，中间经过认识论的反省和转折，而达到实践观点的思维方式。近年来他特别重视从类哲学的角度理解马克思主义哲学。与几乎所有重要哲学家一样，很难用某一部论著作为他学术思想的代表，创新哲学之路即是不断的自我否定、自我超越之路。年逾90的德国哲学家伽达默尔还在思考哲学也许不是他原来认为的那样。因而，可以肯定高清海教授的学术观点和学术思想还将在不断的创新中发生新的变化。

然而，哲学家的理论创新绝不是朝三暮四地随意遐想，只能是在自己已有理论成果的基础上自我突破，自我发展，从而使他们的学术思想始终具有可辨认的个性特征。高清海教授的学术思想近20年来经历了几次重大的变化。我们跟随高老师从哲学原理教科书体系的改革，到哲学观念和哲学理论内容的变革，再到近年来关于类哲学的思考，哲学观点和倾向也几经变化，有时跟不上他的思路也有些困惑和茫然。但是变易之中仍有不变，高老师的学术思想毕竟是他的思想，经过一段思考即可大致理清思路。按照我的体会高清海教授的学术思想大致有下面几个主要特征。

首先，高清海哲学工作的主要内容是一种世界观的哲学。哲学是系统化、理论化的世界观，这是每个高中生都知道的哲学常识，但在较小的哲学专业圈内的人们才知道20世纪的西方哲学主流反对的恰恰就是这种世界观的哲学。人们也许会想西方哲学原本就是反对马克思主义的，中国的马克思主义哲学研究都是世界观的理论，特殊地强调高清海哲学工作的世界观性质还有什么意义？高清海教授认为，传统哲学原理教科书遵循的是一种本体论化的思维方式，它用知性的抽象思维抽象出世界的最普遍规律，用还原论的方法把世界万物还原为某种不变的本体，并用这种本体和规律规范人们的全部认识和行为，这导致否定人的自由和能动性的绝对客观主义哲学，导致马克思主义哲学的公式化、教条化。这样的世界观理论是主客二元对立的科学主义认知方式的产物，但由于它所抽象的规律和本体不具有经验科学的效准，因而是恩格斯早已宣布终结了的自然哲学的变种，是西方现代哲学所说的形而上学。高清海教授认为，现代西方哲学对传统哲学作为形而上学的拒斥，对实体本体论的拆解和解构是有一定道理的。但是现代西方哲学基本上没有超出知性思维方式的限制，不懂得人与世界是否定性统一关系，不懂得人是在实践中不断创造自己本质，不断改变人与人、人与世界关系的类存在，因而只能消极地拒斥、拆解传统哲学，而不能像马克思那样在批判旧世界中发现新世界，在批判传统哲学中给出改造世界的世界观理论和积极的生活理想。

高清海教授对马克思主义哲学的重新理解和阐释，恢复和弘扬了马克思主义哲学的主体性原则，冲破了多年来由传统哲学教科书作为"准经典"而凝固化的种种教条，使马克思主义哲学的世界观在当代具有了新的生机和活力。苏联《共产党人》杂志曾发表文章认为他领导的科研群体充当了中国马克思主义哲学改革的开路先锋。高清海教授的哲学改革和哲学创造始终围绕着如何从整体上重新理解和发展马克思主义哲学这个核心，他是哲学思想家，而不是哲学技术专家，尽管在他的论著中也有细腻的专门化的分析。多年的马克思主义哲学和西方哲学史研究，使他强烈关注自己理论活动的社会实践意义，关注哲学理论的世界观意义。他最初从认识论理解辩证法、建构马克思主义哲学教科书的新框架，是挣脱本体论化旧教科书体系的重要一步。从本体论转向认识论，才能确立人的主体地位，才能从人类认识史的进展理解哲学，破除哲学的僵死化、凝固化，也才能为中国的现代化建设提供科学世界观的支持。从认识论转向实践观点的思维方式或如日本学者所说转向"实践超越论"，这是高清海教授自80年代中期以后的又一次重大哲学转向，这时他把马克思主义哲学创立的实质，看作是哲学思维方式的根本转变。实践是人类存在的形式，首先是无产阶级和劳动人民的存在样式，实践使主体与客体、主观与客观、人与世界分裂开来又统一起来，哲学作为世界观的理论所要解决的就是实践基础上产生的这些矛盾，否则哲学世界观就没有真实的理论内容和实践意义。他认为，实践既不是一个单纯的认识论概念，也不是一个本体概念，而是重新理解人，理解世界的新的思维方式。它超越了近代哲学本体论化的思维方式，因而也就超越了旧唯物主义和唯心主义的对立，也超越了用机械唯物主义观点所理解的马克思主义唯物论。在实践中生成和创造了人的本质，世界上没有什么先行决定了人的本质，人就不再从世界中寻找不变的本体，从而世界就是对人生成、开放（用海德格尔的术语是"绽放"）的世界。这是一种充满生机和活力的世界观。经过几年来对市场经济和社会发展问题的思考与研究，也经过对西方后现代主义哲学冷静的批判性的思考，高清海教授近年来提出类哲学的理论。他认为，人在实践中不断生成和提高自己的本质力量，按照马克思的划分人在自己创造的经济形态的制约下经过人的依赖性，到以物的依赖性为基础的人的独立性，最后达到个人全面发展基础上的自由个性，亦即达到人的类存在，这是人的本质生成和发展的基本历程。社会主义市场经济的根本作用就在于确立人的独立性、自主性，从而为人全面占有类的本质力量创造条件。他认为，后现代主义哲学只是看到了语言、文化、权力等对个人独立性的支配和侵犯，从而主张拆解、解构和摧毁，而不懂的个人正是通过对这些类属性的占有而使自己成为类存在。对高老师类哲学的理论我了解尚少，但可肯定这是一种十分切近马克思本意的哲学世界观，它对我国的社会主义市场经济建设和精神文明建设有十分重大的潜在价值。

高清海教授学术风格的第二个显著特点是他所思考和解决的理论问题的重大性和根本性。他多年来从事的马克思主义哲学改革工作已使自己置身于我国主流哲学的中心，而他对马克思主义哲学创新性的总体理解，必然更多地受到国内外理论界的关注。十余年来他的一些理论观点几度成为我国哲学界理论争鸣的焦点，对此他处之泰然，坚持走自己的创新哲学之路。他并不认为自己所有理论观点都是科学的或正确的，他认为哲学理论既不是像数学和逻辑那样的形式真理，也不是像物理、化学那样的事实真理，因而不能用逻辑和经验直接判定；哲学真理是认知和信念、现实与理想、事实和价值的统一，对哲学真理进行检验是十分复杂的过程，而理论的论辩和争鸣是有效的形式之一，当然争鸣要有追求真理的诚意。高清海教授经常和我们这些学生说，哲学理论研究工作者首先要有不断否定自己、超越自己的勇气和能力，这样才能超过前人作出理论贡献；要做一位哲学思想家而不是注释者，就必须有强烈的理论创新意识，哲学的生命在于创新；由于哲学理论的世界观性质，哲学创新往往是思维方式和世界观的变化，所以具有根本性和总体性。

高清海教授的哲学创新具有很大的思想冲击力，我们作为他一些重要论著的第一批读者经常感受到强烈的思想震撼，这首先是由于他论述的课题的重大性和根本性。从哲学原理教科书体系的改革，到哲学思维方式和哲学观念的变革，再到渐趋温和的对马克思主义哲学作为类哲学的理解，每次都给我们一种新的哲学视野，甚至是一种新的哲学观。我们在高老师身边学习和工作多年，深知这些全新的哲学理论绝不是偶发的奇想，它是经过几年、十几年漫长的思想酿造和艰难的思辨而逐渐成熟的。至今仍受到理论界注意的《重新评价唯物论唯心论的对立》一文，从写成初稿到1988年公开发表，中间经历了近两年的反复修改。去掉枝节之论，牢牢捕捉住重大的、根本的理论课题，持之以恒地梳理、探索从而作出原创性的理论创造，这是高清海教授的学术风格，可能也是每位重要哲学家的共同特点。问题的关键是怎样把握住一些哲学的真问题。高老师在他的学生中倡导一种叫"笨想"的方法，大致意思是当面对一个已有的或自己提出的理论课题时，抛开所有的相关文献，用自己的理论直觉，自己的思路和自己的语言把问题阐述出来，或叫开显出来，以使问题初步得到清理，弄清它的真假、疑难，尔后才有对问题的深入研究。高老师近些年来阅读一些现象学的著作，认为现象学的方法，也是一种"笨想"的方法，面向事情本身与面向问题本身虽然意义大不相同，但"悬搁"文本却是一致的。

高清海教授的学术思想是世界观的理论，是时代精神、一定意义上也是民族精神的理论表达，他所研究的理论课题的重大性和根本性，主要在于这些理论对我国社会主义现代化建设实践的意义是重大的、根本的。所以高清海教授学术风格的第三个显著特点就是马克思主义哲学所固有的实践性。

我国多年来的马克思主义哲学教育和宣传，把实践性作为马克思主义哲学的两个显著特点之一，把理论与实际相结合作为马克思主义的重要方法论原则。但由于我们并未深入发掘理论和实践相互关系的复杂结构，往往造成对理论和实践的双重损害。一方面我们长期把马克思主义哲学教条化、公式化，堵塞了从鲜活的社会实践中丰富、发展马克思主义的通道，同时也把马克思主义哲学工具化、实用化，不懂得哲学理论社会功能的实现要通过漫长的教化过程，才能提高全民族的理论思维能力和改变人们的思维方式，而企图让马克思主义哲学直接使花生增产，技术提高乃至用它去攻克科学难关，结果既损害了实践的效益又损害了理论的威信。另一方面我们放弃了理论对实践的批判维度，理论指导实践当然也包括规范实践的意义，但当实践的激情得到意识形态狂热的支持时，我们的哲学理论也抛弃了清醒的理性和逻辑而同样陷入非理性的迷狂中。1989年高清海教授与秦光涛合作的《理论的命运与中国的命运》一文，对此作了深沉的反思。

高清海教授从青年时代起就有强烈的独立思考和批判意识。在1958年的"大跃进"浪潮中他似乎是比较清醒的，针对当时"人有多大胆，地有多高产"的唯意志论和主观主义，他写了《只有依据客观规律才能发挥人的主观能动作用》一文；针对当时人们论证"两条腿走路"只有统一和促进而无扯腿或排斥的关系，他与雷振武合作《关于"两条腿走路"中的排斥、斗争与统一的辩证关系问题》，提出不同的看法。今天看来，这些观点都是马克思主义哲学的常识，甚至也是日常意识的健康常识，但在那个时代说出这些不合时宜的常识，是需要理论良知和理论勇气的。经过"文化大革命"十年浩劫的惨痛教训，高清海教授更加自觉地保持哲学思考中的批判意识。对传统哲学原理教科书的批判和改革，对陈旧的哲学观念和哲学思维方式的批判，总是包含着对现实生活和社会实践的批判和矫正，而批判的尺度和依据不仅是逻辑的和学理的理由，更多的是来自对我国社会实践理论需求的感受。1988年他与孟宪忠合写了《中国需要自己的社会发展理论》一文，该文获"全国纪念党的十一届三中全会理论研讨会"优秀论文奖，从此高清海教授开始涉足社会发展理论研究。经过几年对市场经济和人的关系的思考，他提出社会主义市场经济的哲学意义在于促进个人独立性的确立并为人的全面的自由发展创造条件，以此为尺度他对我国的经济生活和社会生活提供了新的批判视野。以理论批判的形式介入生活，介入中国的现实是高清海教授鲜明的学术个性，从而使他的著述具有很强的时代气息和论战风格。

按照当代哲学对存在的一种理解，哲学理论活动也是一种存在样式或生活方式，哲学的对话与交往也是一种实践形式，理论和实践的界限日益模糊，哲学家的学术思想和生活日益紧密地联系在一起。在一定意义上可以说，高清海教授的学术经历和学术思想也就是他生活的传记。他从1948年考入吉林大学的前身东北行政学院，一直生活在这所校园里，他是典型的学院派哲学家。但是由于多年政治生活和社会生活的急剧动荡，我国高校的校园生活也少有平和与宁静，高清海教授和同辈人一起经历了波诡云谲的人生。应该说他是幸运的，他的专业、他的个性使他在滚滚大潮中没有随波逐流，从而也才有真正属于自己的生活史和心灵史。高清海教授用他四十多年的理论活动实际地参与了新中国社会主义建设的各个阶段，他的理论成就部分地在于他比其他哲学工作者更多地关注和正视我们时代的社会现实生活，也更多地对社会生活产生了影响。

高清海教授现在身体健康、精神舒畅，他的体力和精力使他能把自己的思想及时变为理论著述，1995年一年他发表了13篇论文，其中有4篇被《新华文摘》全文转载。他的工作能力和理论成果使我们这些学生自愧弗如。高老师对新东西总有探索的欲望和热情，他在哲学圈内以敢于吃各种地方小吃而知名。近年来他对"电脑"产生了兴趣，我手头的一份《高清海著作论文目录》就是他自己打印的。高老师为我国社会主义改革的成就感到高兴，对他能够在晚年专心研究学术感到幸运，也为他每一个学生取得的成就感到欣慰。他的思想依然深邃、敏锐，仍然常为社会生活中不如意处而忧虑或恼怒，但总的心境却日趋平和。近年来他多次和我们讲，他的一些理论观点并不是通过严格的逻辑推导和论证而得出的，也并没有全面的经验依据，而多是基于一种理论本能或理论直觉作出的，因而很难保证这些理论观点的可靠性。他欢迎理论界与其进行真诚的争鸣和对话，也希望甚至要求我们这些学生提出不同的意见。其实任何哲学理论都没有可靠的推理程序和检验程序，没有什么能够保证哲学理论的绝对可靠性，但知道这一点并勇于承认这一点的人恐怕并不很多。高老师近几年也练练"气功"，原来喜爱的烟、酒减少了许多。也许是通过"气功"，也许是因为心境日趋平淡，他对中国传统文化有了更深切的体认和同情。在他近年来关于类哲学的思考中注意到中国传统哲学"天人合一"的理论，他认为真正全面自由发展的人格也就是荀子所讲的"天民"或冯友兰先生所说的"宇宙的公民"。

从1952年7月回校任教，高老师在吉林大学任教有45个年头了。祝我们的老师健康长寿，取得更大的理论成就。

（原载于《社会科学战线》1996年第6期）

附录5

哲学是人类自由和解放的理想

哲学是世界观的理论，是对为人显现的世界或人所意向性构造的世界最高真理的寻求。真理尤其是客观真理的信念是全部哲学根源性的动力，放逐了真理，也就消解了哲学。哲学真理是人类自己历史必然性的理论表达，是人类自己营造的自由和解放的理想。

至少自启蒙运动以来，哲学的一个重要任务是把表达人类自己理想的超验本体还归于人本身，上帝人本化成为西方近代哲学的主要课题，费尔巴哈的人本主义在思辨的形式中基本完成了这一课题。但是，资本主义时代的时代精神和个人教养及生存状态，显然无法容纳作为人类理想的大写的人的高尚和完美。

马克思清楚地看到哲学人本化、现实化的历史条件，他把费尔巴哈的宗教批判深化为社会批判。只有超越了资本主义的经济逻辑和社会形态，只有每个人都获得自由发展的条件，哲学的真理和人类的理想才能回到自己的家园，诗意地栖居在大地上。

我国的马克思主义哲学传播是与民族解放和社会革命相伴随的，在革命战争年代马克思主义哲学的人类解放理想成为强大的思想武器，成为共产党人和进步人士共同的社会理想。但是，人类自由和解放的理想不能长期凭借革命的激情来滋养，哲学的现实化需要现实的生存状况、理性能力和个体对人类存在意识的高度自觉等历史条件，否则，哲学或者虚无化，或者逃逸现实乃成为外在的异化的形态。我国旧的马克思主义哲学教科书体系的极端的客体主义原则，对物质本体和客观规律的绝对承诺甚至崇拜，以及它必然导致的教条化、公式化的弊端，从根本上说仍是把人类自由和解放的理想对象化、实体化乃至物质化，人的自由和解放只能寄望于客观规律的必然性，显然这仍未超出传统哲学的窠臼。

我们十余年来的马克思主义哲学改革，大多选取了主体性、现实性的改革方向，力求使哲学在现实生活中发挥作用。高清海教授哲学改革的探索一直受到我国理论界的关注，原因在于他所从事的马克思主义哲学改革工作的长期性、重大性和系统性。去掉枝节之论，在一些最基本的理论问题上长期思考、辨难求新，以求得较为重大的理论突破，是高清海教授的学术风格。基于辩证法就是认识论和辩证法、认识论、逻辑学三者一致的理论原则，他主编的《马克思主义哲学基础》首次突破了传统哲学教科书的理论框架，实现了对马克思主义哲学由本体论向认识论理解的转向；在对马克思主义哲学实践观点的沉思中，他体悟出实践观点是一种新的哲学思维方式，一种新的理解世界的思维方式，它不再按照本体论的思路去寻求世界和人本身的本原或本质规定，而是把世界和人理解为在实践中生成和创造的过程。由此在马克思主义哲学的传统中实现了生活世界的转向；在转向对市场经济的哲学思考中，高清海教授重新阐发了马克思关于经济三形态与人的三种存在状态相关联的理论，得出了马克思主义哲学是"类哲学"的理论认识。

高清海教授认为，在一定意义上可以说全部哲学都是类哲学。哲学理论就其直接性说是哲学家个人的思想，但哲学理论不是哲学家个人内心的独白，它是一定历史时期人类的自我意识，只是在人处于群体存在、个体存在的形态时，哲学的类意识不能安置在人的内心之中，它必然对象化、异化或投射到某一外在的本体存在中，在西方哲学的思维方式中形成了实体本体论的理论形态。西方近代哲学力求使本体或上帝自然化、人本化，使其内在于人的自我意识之中，至黑格尔，本体已是每一个体自我意识的理性本体，每个人只要经过精神现象学的道路，最终都可达到与人的类本质、与世界本质的同一，个体即是类，人人都可成为哲学家，这与中国古代所说的"人皆可尧舜"已基本相同。但是，解释世界仍然设定了世界不变的本质，绝对理念的本体仍是有待消解的冰块。费尔巴哈强调现实的感性幸福，马克思强调全面发展的自由个性及其实现道路，后现代哲学力求拆解一切外在、内在的束缚自由的同一性，个体和类、人类和自然的矛盾远未解决。

特殊地强调马克思主义哲学是"类哲学"，首先是因为马克思的学说最鲜明地表达了人类解放的社会理想，马克思主义哲学把西方哲学史中潜含的"解放的旨趣"给予了现实的理论形态。其次，马克思真正继承了黑格尔的辩证法，把人的本质、类本质不仅看作是精神劳动中的自我生成，而且看作是物质生产实践中的自我创造、自我制约和自我发展，马克思找到了精神现象的感性基础，找到了超越唯物和唯心抽象对立的思维方式。再次，马克思把人的自由和全面发展的程度看作是人类自己所创造的特定经济形态的结果，从而找到无产阶级解放和人类解放的现实道路，马克思的类哲学是具有现实基础的经济哲学、社会历史哲学。最后，马克思把类存在看作是人类历史活动的理想存在方式，自觉反思、意识类存在的类哲学也是历史的意识和理想，类存在与类哲学并不是某种先在本质或人的定命，从而自由发展的个性既是对人类共同社会生产力、共同社会财富的充分享有，也是个性的充分发展，个体成为类，成为人，也成为他自己。

当一系列从根本上威胁人类存在的全球性问题日益为人们所明了的时候，人类生死与共的意识将逐渐把人们聚拢起来，新的世界范围的"团结的一致性""社会同一性"将成为人类的主流话语，哲学作为类哲学将继续言说，诉说着人类自由和解放的美好理想。

（原载于《学术月刊》1997年第3期）

哲学理论创新方法的探索：说"笨想"

一个民族需要创新才有生机和活力，而关乎民族历史命运的哲学理论更需要创新，否则就会造成民族精神的僵化和贫弱。但每一位诚实的哲学理论工作者都会深知哲学理论创新的艰难，不用说哲学家或哲学工作者自身的生存状况限制了他或她的自由思考的时间和空间，即便是有充分的闲暇和自由，人们也必须面对使哲学思维得以可能的浩如烟海的哲学文献的限制和压力。"太阳底下无新事"，哲学所能说的似乎都已被哲学家们说尽，因此人们只能沉默无言。然而，哲学仍然在言说着，或者是回忆，或者是重复，或者也有真实的理论创新。

哲学理论创新的艰难不仅是因为哲学家们已探索了多种可能的思想道路，从而使哲学理论内容的创新已少有自由运思的空间，而且还因为哲学家们也探索了多种可能的思想方法，从而使哲学家创新的方法乃至学习、研究哲学的具体工作方式或所谓"工作哲学"也难出新意。面对理论和方法的丰厚然而也是沉重的哲学传统，当代哲学真的难以有所作为了吗？东西方哲学都在为此进行着艰苦的思想探索。在高清海老师身边学习和研究哲学的十多年来，经常听到他对研究生的一个要求，就是要"笨想"。哲学本是爱智慧的学问，为何却要"笨想"？近年对此有些心得，自觉已能摸到哲学理论创新的一些门径，写出来与同行交流和请教。

高清海老师所说的"笨想"，首先是要求学生从各种各样的哲学文本中脱离出来，用自己的语言来陈述问题、表达观点，避免在他人的文本中迷失自己的问题和观点。我曾把这种方法与胡塞尔的现象学方法进行比照；胡塞尔的现象还原要求"终止存在判断"，悬搁存在问题，如此才能"直面事情本身"，进而直观事物的本质；所谓"笨想"则是要悬搁哲学文本，直面问题本身，用自己的语言澄清问题的结构，说清自己的观点。"笨想"之所以为"笨"，在于哲学思维无捷径可走，哲学作为追根究底的思考，对所有的问题都要还原到根本上来思考，而哲学没有现成的前提和本原作为思考的基点或出发点，所以，彻底的哲学思维总是要不断地自我奠基，不断地生发出新的根本，据此哲学才能走上自己的道路。"笨想"之为"笨"，就在于它要本于自身，而不能以任何现成的文本为本。

悬搁文本，终止哲学文本的叙述，也就是要从教条主义的思维模式中解脱出来。教条主义也必是本本主义。七十年前，毛泽东写了一篇通俗易懂而极有洞察力的文章《反对本本主义》，他指出，"以为上了书的就是对的，文化落后的中国农民至今还存着这种心理。"对书本的崇拜，对文字的崇拜，肯定是与广大群众长期被剥夺了读写能力相关，按照福柯的思路这也是书写和文字长期作为权力的工具而成为一种权威话语系统的必然结果。今天，新中国的政治结构、知识权力结构都已发生了根本的变化，很少有人再对文字有神秘感、崇拜心，但本本主义、教条主义却有了新的社会基础和权威话语系统的支持。科学特别是自然科学的技术应用取得的辉煌成功，与发展生产力、谋取利益最大化的全球性共识，一起造就了科学话语系统的新的霸权。从科学的本本出发，是难以动摇的有着充分合法化论证的新的教条。所以哲学也要科学化，一种哲学一旦有了科学的性质和特征，它也就具有了分享科学权威、权力从而成为教条的合理性。由于西方科学技术和经济发展水平的优势，科学知识的话语霸权也必然给西方文化、西方哲学带来权威，所以我们的哲学研究刚刚开始摆脱苏联哲学教科书的教条，可能又开始陷入现代西方哲学的新的本本和教条的束缚之中。因此，悬搁文本，主张"笨想"，就是要废弃各种哲学教条。

悬搁哲学文本的"笨想"并不意味着主观任意地胡思乱想，也并不是主张拒读任何哲学文献，而是任何真正尝试哲学创新的努力必须进行的思想的还原。"笨想"不是哲学研究的全部过程，而是哲学创造的根本环节。哲学文献是哲学创造的主要思想资源，真正的哲学家们已为我们展现了哲学思想的原野，探索了诸多可能的思想道路，指明了一些思想的陷阱，研读经典作家们的著作是学习哲学进而创造哲学的主要途径。但是，任何哲学经典文献都不能作为哲学创造的直接出发点，它必须转化为我们自己的为我所用的思想资源，哲学文本的视界必须化为我们自己的视界，哲学文本的问题结构必须化入我们自己的问题结构之中，否则就只能解释、注释、演绎和叙述他人的思想，而不可能有原创性的哲学思考。

哲学理论创新需要"笨想"，这不仅要求悬搁哲学文本，也要求对其他任何文本和社会意识形态乃至社会共识加以悬搁。哲学理论创新不仅要面对已有哲学文献的视域、问题、思路乃至经典风格的限制和压力，而且也要面对自己时代的文化潮流、时代情绪、时代精神、权威话语系统的挤压和生存论的先验定向，对此也必须予以还原，终止它的先验作用，模仿胡塞尔现象学的说法可以勉强叫作"终止生存论判断"。

多年来我们习惯于哲学是时代精神的精华这样一些论断，理论联系实际、哲学反映现实等也都是自明性的哲学原则，很少有人怀疑这些命题和原则的正确性，因而也很少有人进一步思考哲学理论反映现实、表达时代精神的学科特点和形式。胡塞尔是挑战这些命题的少数哲学家之一，他从哲学作为严格的科学的哲学理想出发，以哲学理论的绝对性维度反驳哲学的时代性和相对性理解，但他似乎也并未创造出完整的绝对严格科学的哲学理论。并且稍作分析，就可看出胡塞尔哲学的鲜明的时代特征，他关于欧洲科学和哲学危机的论断，他拯救普遍希腊理性精神的努力，都受到自己时代相对主义、怀疑主义、反理性主义的文化氛围的框定。所以，时代性可能是哲学固有的特点。前期海德格尔所揭示的此在的生存论状态和生存论领会，可能也是每个哲学家的此在无法超越的先验视野。用马克思主义的观点说，社会存在、社会生活、社会实践决定了哲学家的哲学意识。但是，哲学作为一种追根究底的理论思考，作为一种最彻底的反思意识，它却必须自觉到哲学思维的种种先在的前提，并且对这些前提本身进行质疑和批判，从而也必须对自己时代的时代精神至少是暂时地加以悬搁和拒绝，从而才能创造表达时代而又超越时代的新的哲学理论。

　　哲学理论以本原性的视域关注自己的时代和现实社会生活，它不屈从于自己时代的风尚和时髦，它以最抽象的范畴和理论命题把握、编排甚至颠倒自己时代的社会生活的实际。唯其如此，它才能矫正、引导和开拓时代精神。因此，哲学理论创新必然要联系实际，要密切联系自己时代的现实社会生活，但它同样要对时代精神和现实生活作出创造性的转化，亦即对它进行哲学思想的还原。这首先是说哲学思考的实际是哲学立场、哲学视域和哲学语言中的实际，它不再是作为公民、作为消费者和生产者所感受和言谈的实际，不然它就是海德格尔所说的"闲谈"和"好奇"；它也不是文学艺术、政治学、经济学、社会学和自然科学语境中的实际，否则它就是美学思维和实证科学思维的实际，这也就是说哲学思考的实际是在哲学问题的结构和语境中化入的实际。其次，哲学理论创新中的实际和现实还要作某种唯我论的还原，也就是要对他人、哲学家通过理论形式所表达的时代精神和实际加以悬搁，终止这种先入之见的理论有效性，而由自己独立地建构起自己哲学视域中的时代和现实。

　　对时代精神及其理论表达加以悬搁和还原，并非主张理论脱离实际的闭目塞听，也不是主张唯我独尊的狂妄和偏执，相反，哲学理论创新所以可能的条件之一恰恰是对时代精神的敏感和专注，时代精神的变化以及哲学家对时代精神的反思和建构是哲学理论创新的基本动力。问题只是在于，作为时代精神氛围的时代精神，一个时代的某种普通的社会心理动向，不能自发地形成创新性的哲学理论，它必须转化为哲学家主体自我意识中的观念和问题，并在哲学思维框架中、哲学语境中获得规定和意义，由此才能产生表达时代精神的哲学理论创新。多年来我们习惯于简明但却过于机械的反映论解释模式，哲学表达时代精神，哲学反映社会生活，不是简单地把物质的东西移入人脑，而要进一步把物质的东西改造为观念的东西，这一改造过程正是哲学家主体能动创造的过程，也是一个苦思苦想的"笨想"过程。

哲学理论创新的"笨想"，要悬搁各种哲学文本，要终止他人视域的有效性；要把时代精神加上括号，终止各种似乎具有公理性的先入之见的有效性。目的是要为哲学理论创新找到一个真正属于自己的思考基点，找到自己哲学思维的个性化支点。这种看法其实并无新义，康德、胡塞尔等哲学家都把打扫哲学地基或哲学奠基工作视为哲学创造的第一步，每一真正的创新性的哲学理论都是一次哲学的重新奠基，都是一次真正意义的重新开始，往往也都是哲学理论体系的更替。显然，这种重新开始的哲学体系创造只能是极少数伟大哲学家的事业，一般哲学工作者的学识、能力和理论勇气均无法承担这项伟业。我们能否在某些次级的哲学理论上有所创新？这种非体系性的理论创新是否也需要追根究底的"笨想"？

作为对研究生哲学思维训练的"笨想"，显然不是要求每个人都要创造一个哲学体系。用自己的语言陈述问题和表达观点，直接性的要求是要转化各种哲学文本为己用，要求的是一种清晰、透彻的哲学思维和表达，要求的是自圆其说的内在的自明性。所以，高清海老师所倡导的"笨想"的第二个要求是，要用自己的语言清晰地表达出主张什么，反对什么，根据是什么。这种看似简单的要求，往往使研究生们大伤脑筋。因为这种"笨想"要求的是本己的思想，不能在他人的文本叙述中含糊了事，以致使人明确地感受到哲学学习有一个必须跨越的阶梯，那就是学会不再借助哲学文本的哲学说话方式。

用自己的语言说出主张什么，反对什么，或者说针对什么，是对问题结构的澄清，是对自己观点的清理，高清海老师认为这是符合哲学本性的思考方法。在一定意义上，哲学即对话，哲学即论辩，在有针对性的质疑、批判和提问中所谓哲学的真问题才能浮现出来，哲学理论的创新才是可能的。哲学理论叙述的含糊或者是叙述自己也尚未明白的他人文本，或者是没有针对性地叙述一些哲学的老生常谈，或者是在无法调和的哲学观点中间做无用的弥合或连接，或者是罗列一些貌似高深的他人观点，而一旦提出你到底主张什么、反对什么的明晰性要求，这些无益的哲学话语立刻终止了、沉默了。

哲学的对话、论辩和批判不能是武断或独断的，也不能借助某种强势话语系统作为终极的理由和根据，主张什么、反对什么的根据必须经过哲学共同体的批判检验，而这首先要经过自己本人的批判检验。哲学思维的彻底性要求是：没有根据即无合法性，没有对根据的反思批判即无根据。所以对主张什么、反对什么的问题结构清理，还须清理自己观点的内在根据。在哲学理论研究的不同层次上，对哲学根据的寻求也是不同层次的，人们可以把某些哲学论断作为根据，也可以把某种时代精神的表达作为根据，这也可能带来不同层次的理论创新。但作为"笨想"的哲学创新要求，不同于形式科学和实证科学的论证方式，即作为根据的哲学理由总是要求哲学家或哲学工作者的逻辑直觉、道德直觉、审美直觉乃至正义直觉等的内在支持，它不仅是清楚明白的，而且是通情达理和令人信服的，亦即它必须具有事实和价值双重意义上的自明性。所以，对主张什么、反对什么内在根据的自我反思，既是对自己哲学主张所隐含或预设的前提的显明或澄明，也是对自我潜在信念的澄清。用自己的语言说出主张什么、反对什么，既是要求自圆其说或者说是要求一种内在自明性的哲学思考，也是一种切己体察的功夫。

悬搁哲学文本，用自己的语言表达问题和观点，也就是不借助哲学文本的哲学说话方式，这是可能的吗？按照维特根斯坦关于私人语言的论证，似乎是并没有我们所说的"自己的语言"，一切语言都是公共的、可观察到的行为；至于哲学语言，维特根斯坦则认为是语言放假时不工作或无用的语言。在此我们无意讨论维特根斯坦的语言观和哲学观，只是记住维特根斯坦用自己的著作说出了最具个人特点的哲学语言就可以了。用自己的语言表达问题和观点所指的"自己的语言"，不是只属于自己的语言，而是指为自己所融会贯通具有内在自明性的语言，或者说是自己真正明白了的语言，因为它理当具有更大的通俗性和可接受性。

任何哲学讨论和哲学写作，都不能不使用哲学的概念和语言，都可能在遵守某种哲学说话方式的规则，也都经常需要引证他人的哲学话语。所以，悬搁哲学文本，只是一个哲学思维视域的分解，所谓"笨想"，就是要从哲学文本的视域中，从他人文本展开的视域中，回到自己的哲学视域，亦即回到自己的"哲学自我"，自本自园地思考和言说。前文讲道，这是一种唯我论的哲学还原，但这却不是哲学的唯我论或主观唯心主义，而只是指出哲学理论创新中哲学工作者主体的能动性所在，只是力求找到一个哲学理论创新的着力点。至于一种理论是否具有创新意义，它仍然要在哲学共同体的视域中作出客观的评价。

（原载于《社会科学战线》2001年第1期）

高清海教授的哲学研究与当代中国哲学的发展

——纪念高清海教授执教五十周年

　　自1952年从中国人民大学研究生班毕业到吉林大学任教，高清海教授从教已经五十年了。在这值得庆贺的日子，他的学生、朋友和有关方面领导聚集在他的身边，回顾他五十年教学和研究的丰硕成果，总结他五十年哲学思想的历程和对中国哲学发展的贡献，展望中国哲学发展的未来，隆重的庆典充溢着浓厚的艺术气氛。受会议负责人的委托，我简要地介绍了高清海教授的主要学术成就和学术思想，现在把这篇发言略加修改，见诸文字，作为对我的导师执教五十周年的纪念。

　　高清海教授的学术成就已经由他丰富的学术著作、国内外学术界的广泛影响和赞誉以及政府和社会给予的各项奖励和荣誉所证明。1997年吉林人民出版社出版了六卷本约二百万字的《高清海哲学文存》，收录了他此前的主要著作和论文，在《文存》之后，他又出版了《人的"类生命"与"类哲学"》《人就是"人"》等学术著述。如此丰富的理论著述在当代中国哲学界是较为少见的。高清海教授的几部主要学术著作都已获得国家、教育部和吉林省的各项奖励。他主编的《马克思主义哲学基础》（上册）获国家优秀教材奖（1988）、吉林省优秀著作奖；学术专著《哲学和主体自我意识》获国家教委优秀著作一等奖（1995）、吉林省优秀图书一等奖；《哲学的憧憬》获国家图书奖（提名奖）（1995）、吉林省优秀著作一等奖。此外，他还曾获得国家优秀教学成果奖和香港"孺子牛金球奖"等多项奖励。

　　高清海教授以杰出的学术成就在我国哲学界获得了很高的声望，他是国务院学位委员会遴选的首批博士生导师，是国务院学位委员会哲学学科组的首届成员，他还担任过吉林大学副校长，兼任过吉林省社会科学联合会党组书记、副主席等职务。高清海的学术成就也受到国外学术界的关注和好评，苏联《共产党人》杂志曾发表文章高度评价《马克思主义哲学基础》一书，认为以高清海教授为核心的吉林大学学术群体充当了中国哲学改革的先锋；日本学者对他提出的实践观点思维方式有过评论。自1956年高清海年仅26岁破格晋升副教授以来，虽然经历了极左政治时期的一些磨难，总的说他是盛誉伴随终身，成就辉煌，是我国著名哲学家，大师级的学者。

高清海教授的学术成就更为重要的方面或实质是他学术思想的贡献。哲学是思想的王国，哲学家的使命是创造思想，为民族和人类提供关乎自身命运的哲学思想。高清海教授五十年的教学和学术活动，与新中国的哲学发展密切相关，特别是1978年改革开放以来的二十多年里，他是我国最富有创造力和影响力的哲学家之一，他的学术思想极大地影响了一代青年学者，在推进中国马克思主义哲学的发展中起到了不可替代的特殊作用。在1996年吉林大学五十周年校庆的时候，高清海教授回顾自己的治学道路说，"我从'本体论'接受哲学，经过了'认识论'和'实践论'理解哲学的发展阶段，最后才捕捉到现实和具体的'人'，由此确定了'类哲学'的观念。"这大致是他五十年不断自我超越的思想道路，他认为自己的哲学探索肯定有许多失误，但自己学术思想所经历的几个基本阶段与当代中国哲学发展的历程是一致的，为此他感到欣慰。下文我们就他学术思想的几次重大转折做一简要介绍。

一是马克思主义哲学原理教科书体系改革和中国哲学的认识论转向。

1959年，在刘丹岩老师的影响和指导下高清海发表了《论辩证唯物主义和历史唯物主义的关系》一文，这是我国哲学界第一次对苏联模式教科书的质疑。按后来高清海教授自己的看法，这篇论文立论的基础仍是本体论的立场和思想方法，文章的主要观点是，马克思主义哲学即辩证唯物主义，是关于整个世界发展一般规律的学说，而教科书中历史唯物主义部分的许多内容诸如阶级、国家、革命等理论只是列宁所说的理论社会学，不具有最抽象层次的世界发展一般规律的意义，应当从教科书中分离出去，作为另一学科讲授。这种观点后来被命名为"分家论"而受到批判。这篇文章对高清海教授的治学道路的意义可能主要在于两个方面：一是它意味着高清海教授已摆脱了当时苏联专家所传授的教条主义学风的影响，开始了符合哲学本性的独立思考，这是他后来较之同辈有较大学术成就的原因；二是由此开始了对苏联模式教科书长达近三十年的改革思考，1985年出版上册、1987年出版下册的《马克思主义哲学基础》一书是哲学教科书体系改革的标志性成果，是我国突破苏联模式教科书体系的第一部著作。

《马克思主义哲学基础》问世之后，《人民日报》《光明日报》《文汇报》《北京日报》《哲学研究》《哲学动态》等报纸杂志纷纷发表评论，可谓好评如潮。认为该书是"我国第一部真正突破30年代传统教科书体系、令人耳目一新的著作"，"开了体系改革的先河"，"为哲学的改革和研究创出了一条新路"。现在看来，国内外哲学界对这部体系一新的教材最初只是从它的形式意义、象征意义去理解，这当然也是重要的，在数十年传统教科书体系僵化不变之时，这部书确实给人耳目一新之感。但更为重要的方面则在于该书对马克思主义哲学实质的新理解，即从本体论理解到认识论理解的转变，在于该书所贯穿的马克思主义哲学的新的原则，在于它所体现的中国马克思主义哲学研究的认识论转向。

高清海教授在多年的马克思主义哲学教科书体系改革中逐渐认识到，我国社会主义市场经济体制改革就是要改革苏联模式的计划经济体制，而苏联模式的哲学教科书体系正是适应计划经济的哲学，甚至可以说是计划经济体制的哲学基础。所以，哲学教科书体系改革是我国全面社会主义改革的紧迫需要和组成部分。他认为，传统教科书体系的根本缺陷是自然本体论的思维方式，是旧唯物主义的理论原则和理论框架。用马克思的说法是它只从客体方面而不能从主观方面理解事物、现实和感性，因而缺少主体性原则。旧教科书把脱离人的物质、客观规律、社会规律作为决定一切的力量，正是与计划经济体制高度集中的统一配置资源的需要相一致的。它排斥了一切主观性、能动性和创造性。虽然旧教科书也讲能动性、创造性，但它的本体论体系和理论原则却把能动性、创造性最终归结为适应客观规律性。

《马克思主义哲学基础》按照主体—客体—主体—主客体统一的认识论框架重新阐述马克思主义哲学原理。高清海教授在1983年发表的《论辩证法就是认识论》一文，较为清晰地论述了教科书体系改革的理论依据和理论原则。该文依据列宁在《哲学笔记》中的有关论述，论证了辩证法就是马克思主义的认识论，认识论也就是马克思主义的辩证法或世界观的观点。把马克思主义哲学研究推进到一个新的原则高度。由于后来我国哲学研究视野的开放，人们至今并未深入思考我国哲学认识论转向的深层意义。最简略地说认识论转向的意义在于："没有认识论反省的本体论是无效的。"旧教科书关于世界的本质和发展一般规律的论述都是哲学的认识和观念，如恩格斯就指出物质是最抽象的概念，如果不对这些认识和观念进行认识论的反省和考察，这些陈述就是康德和黑格尔所说的独断论或知性形而上学。没有哲学的认识论转向，就没有哲学的主体性原则，就没有区别于实证科学的哲学的批判态度和方法。在这样的意义上，《马克思主义哲学基础》的理论原则仍有重要的意义。

二是实践观点的思维方式和中国哲学的实践论转向。

80年代中期以来，我国哲学界在研读马克思早期文献的基础上，出现了对马克思哲学的实践论理解或实践论转向。即认为实践不仅是马克思主义认识论的基础范畴，还是整个马克思哲学思想的基础和核心，是马克思哲学的理论原则和精神实质。有人提出实践唯物主义或实践唯物论，也有人提出实践本体论，以此定义和理解马克思主义哲学。在对马克思哲学的实践论理解中，高清海教授提出的实践观点思维方式对于我国哲学观念的变革也发生了重大影响。

在1988年出版的《哲学和主体自我意识》一书中，高清海教授系统地总结了西方哲学思维方式演变的历史，从非反思的自然观点的思维方式，到近代哲学的反思的意识观点的思维方式，再到费尔巴哈的人本学观点的思维方式，西方哲学总是用还原论的或本体论的思维方式寻求某种终极的本原，作为解释和说明世界的终极基础。高清海教授认为，马克思哲学革命的实质是提出了完全不同于以往旧哲学的新的思维方式，即实践观点的思维方式，它从根本上超越了西方哲学还原论的本体论化的思维方式。因此，与实践唯物论和实践本体论的理解不同，他强调马克思的实践观点是一种哲学思维方式，而不是某种新的世界本质和本原的发现。这种新的哲学思维方式把事物、现实、感性、世界理解为人的历史实践中不断生成的存在。世界是人的感性物质活动中显现的世界，是人的能动性和创造性与自然的给予性和自在性的统一。因而，既不能像旧唯物主义那样单纯从自在的自然中寻觅世界的本原或本质，也不能像唯心主义那样抽象地发展认识的能动方面，把世界归结为某种精神的本质。实践观点的思维方式超越了唯物和唯心的抽象对立，超越了旧哲学本体论化的还原论的思维方式。因而，这种观点被日本学者称为"实践超越论"。

不必讳言，人们习惯于素朴实在论的思维，习惯于传统哲学的思考方法，很难理解实践观点思维方式的意义。既然事物、世界是人的实践活动历史生成的，那么不是可以说实践是世界的本原和本体吗？高清海教授认为，如果以还原论的思维方式或自然因果决定论的思维方式理解完成，把实践看作是产生事物、现实的本体，那么这种还原还不彻底，因为自然的给予性仍是更为原始的、先在的，还必须认定某种自然本体，因而实践唯物论和实践本体论难以避免双重本体的逻辑困境。问题的实质和出路是，哲学是否必然只有本体论还原的一条道路，哲学为什么要追究世界的本原？

高清海教授认为，传统哲学是本质前定的哲学，尽管经过近代哲学的认识论反省它仍未摆脱还原论的、实质也是自然科学因果决定论的思维方法。哲学追究世界本原或本体是要为人自身找到一个终极的本质规定，或者说是要为人找到安身立命的根本。但"人是哲学的奥秘"，还原论的本体化的思维方式可以有效地解释、说明甚至控制所有的自然事物，却恰恰不能理解人本身。因为人是实践的存在物，人自身的本质是面向未来的无限可能性中的自我生成、自我否定。人的本质是其所不是，即要寻求、创造自己当下尚不具有的规定性，并且不断扬弃已有规定性的无止境的历史过程。马克思曾说无产阶级只能从未来汲取自己的诗情，也可以说整个人类都是从未来或面向未来汲取自己的本质规定。因此还原论的人的自我理解是无效的，寻求世界终极本质的本体论思维方式至马克思已经终结。

高清海教授认为，马克思实现的哲学变革是哲学思维方式的根本改变，以实践观点思维方式理解人和世界，就会打开一个新的视野，新的境界，就会摆脱传统哲学思维方式的限制，全面变革哲学观念。20世纪80年代末，他发表了推动哲学观念变革的系列论文，以实践观点的思维方式重新理解哲学和哲学史，对唯物主义和唯心主义的对立、主观性与客观性的对立统一、世界观的基本矛盾等重大哲学问题进行了全新的阐释，在我国哲学界引起较为强烈的反响。在高清海教授执教五十周年庆典上，我国著名哲学家南开大学陈宴清教授高度评价高清海教授在我国哲学观念变革中所起到的重大作用。

三是关于"类哲学"和中国哲学特质的思考。

通过对实践观点思维方式的反思和梳理，高清海教授逐渐把哲学思考的重点转移到对现实的、具体的人的理论思考，转移到人的现实生活世界的理论思考。20世纪90年代初，在对社会主义市场经济体制改革的思考中，他收到马克思关于人的三形态或三阶段理论的启发，形成了"类哲学"的思路。马克思的人的三形态理论是：（1）"人的依赖关系"形态；（2）"以物的依赖性为基础的人的独立性"形态；（3）建立在个人全面发展基础上的"自由个性"的联合形态。高清海教授认为，我国社会主义市场经济体制改革的任务，不仅是要优化资源配置、提高经济效率和质量，而且是要呼唤主体性，确立人的独立性，促进人的全面发展。这大致是马克思所说人的发展的第二阶段。但从整个世界发展的进程看，人类已处于向第三形态转变的开始，适应这一历史转变的哲学，只能是表达"自由个性"联合体即人的类存在的"类哲学"。

高清海教授强调"种"与"类"、"物种"与"人类"的区分。"种"或"物种"具有前定的本质，由本质确定了各自的形态和界限，它的本质和界限可以用形式逻辑的思维加以把握。而"类"则没有前定的本质，人的本质只能在现实的实践活动中获得和生成，人的生命能够突破自然物种的界限，以整个人类和世界为对象，因而能够形成超越个体的类意识，成为类存在。人的类本性和类存在不能用种的思维、形式逻辑的思维去把握，而只能用"类思维"、辩证思维去理解，用"类哲学"的理论来表达。

在新近出版的《人就是"人"》这部哲学随笔中，高清海教授清晰地阐述了人和哲学的奥秘。人与其他物种一样，也是来自自然，也有自然规定的和内容，"把握人的特有本性、人与世界特有关系的理论就是'哲学'"。但哲学在很长的历史时期中不能自觉到自己特有的性质和方法，仍用种的思维方式去研究人以及人与世界的关系，陷入"绝对本体论"思维。只有在马克思的哲学革命之后，哲学才意识到自己的"类本性"。

高清海教授认为，随着工业化的发展，人类今天面临的资源枯竭、环境恶化等全球性问题，已经使人类走向自觉的类存在有了强烈的紧迫性和现实性。马克思当年把无产阶级的绝对贫困化作为无产阶级解放的历史条件，而今天自然资源的绝对贫困化是否已成为人类走向类存在的现实条件？在经过个人独立性的形态之后，类主体的类性不再是费尔巴哈把个体联系起来的抽象类本性，而是在历史实践中不断生成、丰富的人类共识和自我意识。达到类存在自我意识的个人，既是自由个性的个人，又是公共生活和市民社会所有领域实践了人类普遍性的大写的人。

在对当代全球问题和"类哲学"的思考中，近年来高清海教授日益强烈地感受到西方哲学及其引导的文明形态的局限和弊端，开始思考中国传统哲学可能具有的全球意义。高清海教授认为，哲学作为人类自我意识的理论，只能是哲学家在自己民族和文化传统中，在自己时代的生活世界或人类存在形态中，自觉反思的理论。因而哲学必然具有民族性、文化差异性，不存在可以简单搬来、无民族特殊性的普世哲学。因此，必须思考中、西哲学的民族的、文化的、历史的差异，择善固执，创造有自己特色的中国哲学。

在五十年的学术生涯中，高清海教授深知哲学理论创新的艰难。在笔者近日与他的一次谈话中他谈到，要创造有自己特色的当代中国哲学，首先必须弄清西方哲学的特点和缺陷。经过近百年现代西方哲学对传统哲学的批判，西方哲学的弊端被看得较为清楚了，它实质是用范畴把握世界，用范畴关系推演世界，这样它就把范畴无法把握的亦即界限和尺度之外的多样性、差异性、不规则性遗漏了。后现代哲学所要肯定的正是这些被压抑、遗忘了的存在。但后现代主义哲学无法跳出西方哲学根深蒂固的理论传统，无法找到新的哲学表达方式。在这样的理论背景下，思考中国传统哲学的特点及其当代价值就有了重大的意义。

今年年初，高清海教授在《中国社会科学》发表了关于中国哲学特质的文章，近期他与他的学生在《吉林大学社会科学学报》上发表了一组讨论中国哲学特点的文章。作为初步的理论探索，还难以预言高清海教授这方面的研究将会取得怎样的成果，但他在马克思主义哲学和西方哲学背景下讨论中国传统哲学的特殊视角，肯定会给中国传统哲学研究带来某些新意。中国传统哲学的天人合一的自然感受方式，四海一家、世界大同的全球感受方式，会为他的"类哲学"思考提供新的启发和理论资源。

五十年来，高清海教授与时俱进，不懈地探索，坚定地走哲学创新之路，不断地给中国哲学界带来新的思想，新的冲击。作为他的学生，我们真诚祝愿老师的自然生命和学术生命永远年轻，引领我们在哲学思想的林中路上继续前行，为当代中国哲学的发展贡献新的学术思想。

（原载于《社会科学战线》2002年第5期）

附录8

创造中华民族自己的哲学理论

——高清海先生的哲学遗嘱

2004年10月14日12时45分，我国著名哲学家、我们敬爱的导师高清海先生停止了呼吸，一颗为中华民族思考了半个世纪多的伟大头脑停止了思想。10月18日下午，在近千人参加的遗体告别仪式之后，他的四十七名博士生聚集在一起，含泪忆念导师的教诲，体认导师的学术精神，决心继承导师的遗志，完成导师未竟的哲学事业。高清海先生生前发表的最后一篇文章是《中华民族的未来发展需要有自己的哲学理论》，此文写作时先生已在重病之中，他已无力坐在心爱的电脑前亲手写出这篇文章，而是由他口授经弟子贺来教授整理发表的。文章发表在《吉林大学社会科学学报》2004年第2期，《新华文摘》第14期转载。此文作为先生最晚近的文字，且又是意向性、导引性的哲学号召，我们权且把它看作是先生的哲学遗嘱。

创造中华民族自己的哲学理论是高清海先生的遗愿，也可看作是他自己一生哲学理论研究的根本方向和目标，或者说他已为当代中国自己的哲学理论作出了重大贡献。海德格尔以伟大哲学家共有的自我意识宣称，伟大的事物必定有伟大的开端。自1952年回到吉林大学的前身东北人民大学哲学教研室任教起，高清海先生在当时的教研室主任刘丹岩教授的影响下摆脱了教条主义学风的影响，勇于独立思考，用自己的思想、自己的语言思考和表述自己的哲学观点。1959年高清海教授发表了《论辩证唯物主义与历史唯物主义的关系》一文，最早对具有准经典性质的苏联教科书模式提出质疑。他因为这篇文章饱受政治磨难，但他愈挫愈奋，矢志不渝，在80年代初开始了更加完整、系统的哲学原理教科书体系改革工作。由人民出版社出版的《马克思主义哲学基础》，被国内外公认为是第一部突破苏联模式教科书体系的令人耳目一新的著作，开了中国哲学体系改革的先河，也可以说是中国社会主义改革时代自己的哲学理论。高清海先生认为，我国社会主义改革的实质是突破苏联模式的社会主义，重新思考什么是社会主义和怎样建设社会主义；与此相应，哲学改革的根本任务是突破苏联模式的教科书体系，重新思考什么是马克思主义哲学和怎样建设当代中国的马克思主义哲学。为此，必须在变革教科书体系的同时变革哲学观念。在《哲学与主体自我意识》《哲学的憧憬——〈形而上学〉的沉思》等重要著作和变革哲学观念的系列论文中，他提出重新理解世界观、超越唯物和唯心的对立、为主观性正名、人是哲学的奥秘、实践观点的思维方式等全新的理论命题和观念，以理论的形式参与和推动了我国社会主义改革的伟大事业。

从世界哲学的视野看，高清海先生的一些理论观点未必是他所独有的。比如《马克思主义哲学基础》对哲学的认识论理解和1983年发表的《论辩证法就是认识论》一文，与苏联六七十年代的柯普宁、伊里因科夫等的观点十分接近。80年代末他所提出的"实践观点的思维方式"可理解为生存论的存在论，与萨特等的存在主义哲学也有较为接近的看法，在反对关于人的科学主义本质论的理解上，二者完全一致，以致出现一些完全相同的命题，如说"人是其所不是"。作为先生身边的学生，我们知道这些与外国哲学相近的观点和看法，绝非来自己有文献，而是先生独立思考所得的哲学洞见。并且即使一些观点和提法接近或一致，先生提出问题的背景完全是中国哲学的语境和出于对中国哲学的关切。不同意先生观点的人可以说他是中国式的柯普宁、中国式的存在主义。但在我们这些学生看来，这恰是对先生的赞誉。他深沉坚毅，不懈努力，承担起艰巨繁难的理论创造工作，不断超越自己，从而成为他自己。对哲学的认识论理解，对人的实践论理解，都只是先生哲学理论创造的中间驿站，是思之旅途的歇脚处，在一定意义上可以说是当代中国哲学的路标。①

　　创造中华民族自己的哲学理论不是主张哲学的民族主义，不是虚骄的青春热情，更不是意识形态的狂热。先生自1959年受到政治批判后，被分配到西方哲学史教研室工作。先生说这是因祸得福，使他可以集中精力阅读当时能找到的西方哲学原著。先生对亚里士多德、黑格尔的研究或许已达到了国内西方哲学史专家的水平。在西方文化、西方哲学居强势的当代语境下，创造中国哲学的首要任务是了解西方哲学，内在地超越西方哲学。简单地说"不"，简单地外在拒绝，难以抵御西方哲学伴随它的经济强势而来的笼罩和侵吞。2002年夏天，在西北边陲小城阿尔山市的一个美丽的夜晚，先生和我说起他对西方哲学的最新体认，大意是西方哲学史是一部哲学范畴史，用范畴规整世界、推演世界是西方哲学的实质；它的根本缺陷在于把无法纳入范畴的多样性、非同一性排斥掉了，从而才有后现代主义哲学的反叛；后现代主义哲学无法跳出西方哲学的传统思维方式，因而只能拆解和破坏，由此中国哲学的价值和意义开始显示出来；中国传统哲学属于全人类的精神财富。这是高清海先生创造中华民族自己哲学理论的简要论纲。可惜的是在此后一个月他就被确诊为癌症。在与病魔斗争的最后两年，先生以顽强的毅力整理出版了《高清海哲学文存》，我尚未阅读此书，不知上述论要是否有更充分的阐述。

　　在经济全球化的世界历史时代，任何民族自己哲学的理论构想都必定在世界哲学的背景下展开，或者说民族哲学也必然是世界哲学。这也许会使我们产生一个疑问：在世界历史的时代，民族哲学如何可能？这里的关键是如何理解哲学。如果按照科学主义的哲学理解，哲学是放之四海而皆准的普遍真理，哲学当然无民族性可言。但稍加思索就可辨明，现代科学、科学主义恰是西方民族智性生活的产物，胡塞尔、海德格尔、德里达等都把现代科学技术看作是希腊哲学或希腊精神的历史结果。因此，可以

① 　孙利天：《高清海教授的哲学思想与当代中国哲学的发展》，《社会科学战线》2002年第5期。

说科学主义的哲学理解亦是一种民族文化的理解。高清海先生认为，"哲学理论所以有个性，这同人的本性有关。就本原意义而言，哲学代表的是一种人所特有的对自身生存根基和生命意义的永不停息的反思和探索，不断地提升人的自我意识和生存自觉，是哲学的根本使命。"①把哲学理解为人的自我意识的理论，哲学家的个体自我，哲学家所属的民族自我必然在自觉的哲学意识中具体表现出来，哲学的个性、民族性是不可避免的。高清海先生说："'哲学'是民族之魂，哲学标志着一个民族对它自身自觉意识所达到的高度和深度，体现着它的心智发育和成熟的水准。从这一意义说，创造'当代中国哲学'，实质就是要创造中华民族的'思想自我'"。这"乃是中国人反思自己的生命历程、理解自己的生存境遇、寻找自己未来发展道路的内在要求和迫切需要"。②

我们能够感受到这种内在要求和迫切需要吗？也许只有先生这样的饱经沧桑、忧国忧民的智慧老人才有这样的深切感受和强烈渴望。自90年代末以来，先生不顾家人、学生的劝阻，经常一天工作八小时以上，以强烈的紧迫感构思当代中国哲学的理论构架，写出了《论中国传统哲学的思维特质及其价值》《中国传统哲学属于全人类的精神财富》等重要论文，为中华民族留下了宝贵的精神遗产。先生一生多经磨难，他的同行对他可能多有误解，而他只是坚定地走哲学创新之路，真诚地为中华民族的未来发展思考。记得法国作家雨果说过，文人有文人的勇敢，独立不依、横而不流的内在的精神的坚定性是思想者的勇敢吧？其实这种独立思考的精神既是哲学的本真精神，也可说是哲学存在的前提。没有独立思考就没有自我意识，或者说就只能在他人的权威话语系统中构建虚幻的、从属的自我。就个体说这似乎并不可怕，按照黑格尔主奴关系的辩证法，从属的奴隶意

---

① 高清海：《中华民族的未来发展需要有自己的哲学理论》，《吉林大学社会科学学报》2004年第2期。

② 高清海：《中华民族的未来发展需要有自己的哲学理论》，《吉林大学社会科学学报》2004年第2期。

识终有转化为主人意识的可能。但如果一个民族的"思想自我"从属于某种外在的权威话语，这个民族就不能说真正自立于世界民族之林，他就成了世界边缘的"他者"，成了世界主流话语妖魔化的对象。在这样的意义上说，创建中华民族自己的哲学理论是中国哲学工作者唯一符合哲学本性的工作方式、思维方式和存在方式。

创造中华民族自己的哲学理论并不是什么新的号召，用黑格尔、胡塞尔历史的目的论的哲学观，可以说自从中国近代有了"哲学"这个学科以来，它就是中国哲学的内在目的，是中国哲学或隐或显的最深层的内在冲动和渴望。几代中国哲学家的精神创造，百川归海，共同指向创造中国自己哲学的终极目标。特别需要强调的是，中国共产党人马克思主义中国化的伟大成就，已经使马克思主义哲学成为中华民族精神生活的重要组成部分，成为中华民族自我意识的精神要素。高清海先生的哲学理论创新主要是中国马克思主义哲学创新，他对苏联模式哲学原理教科书体系的改革，对苏联模式教科书所主张的哲学观念的变革，同样可以视为马克思主义哲学中国化的巨大努力，高清海先生可以说是当之无愧的马克思主义哲学家。但这并不意味着他的理论创造不是中华民族自己的哲学理论，关键是哲学理论的内容是否是中华民族自己的生命体验、存在领悟和未来发展的精神追求。先生对传统哲学教科书片面强调客观规律、见物不见人的物质本体论思维方式的批评，对马克思人的自由全面发展思想的弘扬，对理论创新的执着追求，等等都已不同程度地成为主流意识形态的组成部分。先生曾以复杂的心情谈到，自己之所以受到一些非难和指责，是因为有些观点提得太早。是自嘲？是抱怨？还是内在的自信和骄傲？不管怎样，先生的一些重要学术观点因为说出了民族精神生活的追求和渴望，从而推进了社会主义改革中的观念变革。

在我看来，高清海先生的一些学术观点之所以较为超前或者有些激进，在于他自觉意识到党的理论宣传和一般理论研究的区别和界限。中国共产党作为执政党，她的理论思考、理论研究、理论宣传和理论教育等，具有直接、普遍、巨大的规范和引导功能，且直接受制于中国社会复杂的政治、经济和文化现实，理论选择的空间自然要相对较为狭小，理论创新的步伐要坚定、稳重。而作为职业哲学家的个体研究则较少上述约束条件，他可以打开更为广阔的思想空间，按黑格尔的看法实际是"无限"的思想空间，对整个民族精神和世界精神作思辨的整体把握。因而它可以而且必然超越现实的意识形态，并作为意识形态可资利用的理论资源促进意识形态的发展。按照这样的看法，一方面，职业化的哲学理论研究由于是对意识形态的超越，它也必定在一定程度上是对现实意识形态的反驳；另一方面，现实意识形态自身发展又需要哲学理论研究成果的内在支持，二者统一的真实基础是民族生存、发展的自觉意识和精神要求。当代中国的马克思主义，马克思主义中国化的理论研究，与高清海先生倡导的中华民族自己的哲学理论有着本质的内在一致性，先生的哲学理论创造工作也丰富了当代中国马克思主义哲学。党和政府给了他很多荣誉，学界也给予他很高的学术地位。高清海先生是国务院学位委员会首届学科评议组成员，是首批博士生导师，任过吉林大学副校长，兼任过吉林省社联党组书记、副主席，获得过国家级优秀教学成果奖、教材奖、教育部人文社会科学优秀成果一等奖等重要奖项。先生著述甚丰，业绩辉煌，生前既已出版了九卷本《高清海哲学文存》，与和他年龄相仿、相继故去的一些西方著名哲学家相比，我们的老师应该没有多少遗憾。

　　创造中华民族自己的哲学理论是高清海先生一生的追求，是他的哲学遗嘱。他深知创建"当代中国哲学"是一个艰巨而又复杂的任务，他坚信，"只要我们对问题重视起来，充分调动起我国广大理论工作者的主动性、积极性和创造性，我们完全有可能在短时间实现这一伟大的目标。"①先生一生的理论探索和理论贡献已基本明确了创造中华民族自己

---

① 高清海：《中华民族的未来发展需要有自己的哲学理论》，《吉林大学社会科学学报》2004年第2期。

的哲学理论的方法和道路。高清海先生特别强调学习和研究方法的重要性，每有新的博士生入学，他特别注意考查学生已有的知识基础和思维方式，往往把转变思维方式作为新同学的首要任务，这也常使一些新同学感到茫然和困惑。但经过几年学习之后，他们感到受益最大的恰是思维方式的转变。先生所说思维方式的转变，主要是从多年形成的一些理论教条中解放出来，从传统哲学原理教科书形成的思维定式中解放出来，从对各种哲学文本的记忆、诵习和简单照搬的机械性学习习惯中解放出来，一句话，就是要"悬搁"各种文本进入批判性的反思之中，高老师把这叫"笨想"。我曾把这种"笨想"看作是哲学理论创新的基本方法，看作是类似现象学方法的哲学方法，看作是进入哲学理论创造的入口，看作是符合哲学本性的思维方法和研究方法。[①]哲学是一种追根究底的学问，因此就没有现成的根底和前提作为确定不移的理论出发点，一切作为哲学思考基础的东西只能在研究者批判的反思或"我思"中自己奠基。

高老师也强调理论研究中的理论与实际的结合，但他所理解的实际不是素朴实在论的客观实在。他认为，"实际"总是被理解、被意向性规定的实际，总是包含着主观性的实际，没有任何主观性的"客观实在"不能为人的经验所显现，这种看法也与现象学十分接近。高老师提出为主观性"正名"。这意味着要在各种主观性所理解、显现的"实际"中反思主观性，寻求最恰当、最合理的主观性作为思想的地平线，规定思想的视域和方向。在先生看来，当代中国哲学或中华民族自己的哲学理论只能从本民族的生存境遇和生存领悟出发，因为"中华民族的生命历程、生存命运和生存境遇具有我们的特殊性，我们的苦难和希望、伤痛和追求、挫折和梦想只有我们自己体会得最深，它是西方人难以领会的"[②]。从本民族的生

---

① 孙利天：《哲学理论创新方法的探索：说"笨想"》，《社会科学战线》2001年第1期。

② 高清海：《中华民族的未来发展需要有自己的哲学理论》，《吉林大学社会科学学报》2004年第2期。

存实际出发，就是创造中华民族自己的哲学理论的道路。

中华民族的生存实际既是客观形态的生存状态，也是中华民族文化传统所影响和规定的中国人对特定生存状态的领会，它是主观与客观、精神与物质相互交织的复杂的"实际"。高清海先生晚年不顾中国哲学史文本知识的欠缺，再一次冒险进入一个新的领域，探索和思考中国传统哲学思维方式的特质，思考中国传统哲学的全人类意义，思考如何利用中国传统哲学的理论资源创建当代中国哲学等问题，表现出巨大的理论勇气和强烈的使命感。先生关于中国传统哲学的论点也许不能为中国哲学史专家接受，但从创造中华民族自己的哲学理论的目标去反思和探求中国传统哲学却肯定有不可否认的重大意义。按照这个目标反思中国传统哲学，最重要的也许不是存留下来的典籍和文本，而是仍在中国人的生存领会中发挥作用的"活的"传统。创造中华民族自己的哲学理论，最重要的也许就是如何洞察、捕捉、把握住中国传统哲学中仍在民族精神生活中存活的东西。高清海先生对此有充分的自觉，他以自己丰富的人生经验和敏锐的哲学直觉，关注百姓生活中所显现的传统哲学精神，关注改革开放以来我国社会精神生活的急剧变化，并力求在理论上表达这些民族最本已的东西。先生晚年惜时如金，学生们张罗的生日宴会也要在入席之前开个简短的理论研讨会。每年春节我从农村老家回来，都与先生说说农村的见闻，先生从不厌倦，不时拿笔记下一些东西。别人听来只是一些家常话，先生的哲学意向却把它构造为哲学。宋儒朱熹所谓"不离日用常行"，就是中国哲学的真精神吧？

先生的学术优长是马克思主义哲学和欧洲哲学史，终生的奋斗目标却是创建当代中国哲学。胡塞尔所说的生活世界意向性构造决定了高清海先生成为当代中国著名哲学家，成为中华民族自己的哲学家。先生曾作为中国哲学家代表团成员访问香港，时间大约是80年代后期，这是国内媒体少见的"哲学家"称谓，最早用于先生。自1985年为《吉林社会科学》杂志写《高清海教授传略》以来，介绍先生生平和学术思想的文章已超过十篇。每写完一篇我都要由先生亲自过目，唯恐曲解和误解了先生的思想和观点。看着先生阅读文章的严肃表情，我不禁汗湿衣衫。偶或有一两句肯定的话，也倍觉欣喜。如今此文又要结束，再不能送到先生面前亲自审阅，无穷的悲伤涌上心头，泪水已模糊了眼帘。不能由先生定稿，也使我感到惶恐无依。我们能仅凭先生生前发表的最后一篇文章就断定先生的哲学遗嘱吗？作为先生的弟子我们需要用更长的时间研究先生的著作、笔记和手稿，特别是他晚年的哲学思想，争取给中国哲学界一个明白的交代。请允许我以未及写出和悬挂的挽联作为本文结语：

　　　　恩师仙逝　三千弟子忆论语
　　　　哲人不朽　百姓生活见精神

（原载于《社会科学战线》2004年第6期）

附录9

中国曾经有过高清海哲学学派吗？

——纪念高清海先生逝世三周年

高清海教授是我国近30年来马克思主义哲学研究中最有创造性的学者，他的哲学教科书体系改革、哲学观念变革和类哲学理论等研究工作在国内外产生了较大影响，并培养了一批在国内哲学界十分活跃的中青年学者，在一定意义上可以说中国哲学曾经有过高清海学派。但从高清海教授的哲学理解和哲学理论创造的过程说，他把哲学理解为永无休止的思想、哲学家共同体的共同思想和区分于其他思维方式的片面思想，他无意创造一个具有稳定研究纲领和统一规范的哲学学派。在纪念高清海教授逝世三周年的时候，学习他的哲学理解和研究典范更为重要。

自关于"真理标准"大讨论算起，中国的马克思主义哲学研究又有近30年的历史。按照中国传统说法，30年为一世，所谓"人生一世"，大概是说每代人生产创造的年限仅30年左右，这30年即是一代马克思主义研究者的"一世"。属于我们这一代的"一世"即将过去，于是近年来中国马克思主义哲学研究界多有反思、回顾、总结的兴趣。其中关于不同研究范式、研究方法，不同的研究风格乃至不同流派的自觉清理和比照，是人们最关心的话题。大概人们不会否认，近30年的中国马克思主义哲学研究是历史上最好的时期，也是最具多样性的时期。其中高清海先生的马克思主义哲学原理教科书改革、哲学观念变革等研究工作是最有争议、影响最大、最有个性的。从高清海先生留下的九卷本《高清海哲学文存》，到高清海先生培养的一大批今天活跃在马克思主义哲学讲坛和论坛上的学生群体，人们似乎可以说中国马克思主义哲学研究有一个高清海学派。这是一个哲学家所能获得的最大荣耀。

高清海先生生前也曾有过反思、清理、总结自己的研究工作,明确自己的研究纲领的打算。但基于他对哲学的理解,他消解了这个与他的哲学理念相冲突的念头。"哲学的生命在于创新",哲学家的理论创新首先需要自我否定、自我超越。高清海先生的哲学思想犹如草原上的奔马,把美丽的思想风景抛向身后,不断向新的思想的可能性跃进,直至生命的尽头。如果用稳定的研究纲领、具有普遍共识的研究群体、在一个纲领和规范中的几代人的连续工作等定义哲学学派,可以肯定地说,中国未曾有过高清海哲学学派。

中国到底是否有过高清海哲学学派?问题的关键是体认高清海先生对哲学的理解和他所坚持的哲学研究风格。

一、哲学是永无休止的思想

自笛卡尔以来,怀疑和对怀疑的怀疑、思想和对思想的思想,确立了思想的存在和确定性,从此,哲学成为自觉的思想的事业。

按照海德格尔的看法,思想有不同的视轨和方向,自柏拉图以来,西方两千多年的哲学一直是在用思维规定存在,进而用思维控制或宰制存在,在西方哲学视轨中发展的现代科学技术完成了对存在领域的分割和控制,把世界价值化纳入技术座架的支配中。哲学在完成中终结了,思想的任务则是开辟新的视轨和方向。海德格尔不喜欢把这种变革叫作思维方式的革命,而喜欢用一种感性化的语言叫作"移居"[1]。按照这种看法,哲学的思想即有两种不同性质的区分,一种是在既定思维方式中的思想,另一种是变革思维方式的思想。凡是思想总要有所规定和有所表达,即使如海德格尔那样力求超越西方哲学用思维规定存在的思想,也总要指示出一条思想道路,使人们获得一种新的存在经验和存在感受。但是,在既定思维方式中的哲学思想相对总是容易些,它面对的是哲学史文献中思维规定

---

① F.费迪耶:《晚期海德格尔的三天讨论班纪要》,《哲学译丛》2001年第3期。

的概念、命题和原理，亦即知识形态的形而上学。哲学知识与经验科学知识不同，它的概念和范畴没有或较少有经验直观的感性支持，但仍可在思辨的概念系统中获得相对确定的理解。对既有哲学理论的肯定和否定、继承和发展，也较容易在思辨的思想操作中获得真实的知识进展。最难的哲学思想是我们习惯说的思维方式的变革。这种哲学思想不仅要理解既有的哲学理论，还要超越它的范畴体系，认清它未在文本中显示的思想前提，即哲学家创造哲学理论时的前见、预设或"生活世界"的先行领会。高清海先生几十年的哲学创造大都是在思维方式变革层次的哲学思想。

在我国将近30年的马克思主义哲学研究中，始终把马克思主义哲学的思维方式变革作为研究的主题，高清海先生无疑是最有代表性的一人。从以认识论的性质重新理解马克思主义哲学并改革传统哲学原理教科书体系，到用实践观点思维方式理解马克思哲学革命的实质，再到对马克思哲学类思维、类哲学的理解，高清海先生把思想的焦点固执于哲学思维方式的思考，不断地提出令人震惊的重大理论命题。高清海先生的思想大都是在中国马克思主义哲学研究语境、中国现实理论需要中提出的，但由于马克思思想在当代仍具有的世界意义，他的马克思思维方式实质的研究，可以毫不牵强地进入当代世界哲学的对话。比如，海德格尔在晚年"讨论班"中对马克思哲学存在论基础的评论，认定马克思哲学的存在论源于黑格尔的存在论，马克思只是以生产过程代替了黑格尔的生命过程，以人的优先性代替了意识优先性，从哲学原则上仍处于传统形而上学的思维方式中。①而高清海先生在80年代后期认为，马克思哲学革命的实质是以实践观点的思维方式超越了黑格尔意识观点的思维方式。这里的关键是马克思的实践和劳动概念是否超越了内在意识的形而上学，马克思所设想的共产主义的劳动、自然主义和人道主义的统一，是否已经包含了海德格尔一生追求的存在意义。

高清海先生在自己的学术自述中说："我从'本体论'接受哲学，经

---

① F.费迪耶：《晚期海德格尔的三天讨论班纪要》，《哲学译丛》2001年第3期。

过了'认识论'和'实践论'理解哲学的发展阶段,随后才捕捉到现实和具体的'人',由此确定了'类哲学'的观念。"①从他的自述中我们可以概略地看出他的学术思想的鲜明特点:一是从哲学原则或思维方式上理解哲学的高度自觉;二是他不断自我超越的创新精神。高清海先生常对他的学生们说,不要跟随他、模仿他,而要用自己的头脑去"笨想";不要言必称海德格尔或其他时髦哲学家;也不要模仿自己、重复自己,哲学理论创新首要的任务是否定自己的已有思想,超越自己才能超越前人。在老师的鼓励下,他的学生们大都不囿成见、因材因性各自发展,一些学生转入社会学、经济学、管理学等领域,并取得显著的研究成绩。即使是从事马克思主义哲学研究的学生,也在理论观点、研究风格等方面各异其是。而高清海先生自己自80年代以后至少经历了"认识论""实践论""类哲学"三个不同阶段的思维方式变革,他在不断地自我批评和自我否定中展现出对马克思主义哲学的不同理解。所以,按照通常对哲学学派的规定,从未存在过高清海哲学学派,而只有不同时期的高清海哲学思想。

表面看来,高清海先生哲学理论创新的步伐可能过于匆忙和急切,这影响了他创造一个哲学学派的具有历史意义的工作。仔细思考就会领悟其中的道理和缘由。首先,正如俄罗斯著名马克思主义哲学家奥伊泽尔曼和法国著名哲学家德里达所体认的那样,"自我批评"是马克思主义的原则基础和本质精神。从青年时期即已摆脱了对马克思主义的教条主义理解的高清海先生对此有深切的感受。马克思哲学作为实践的理论和理论的实践,必须在实践中不断地自我批评、自我否定,否则就背离了马克思主义的基本原则。其次,我国近30年的社会主义改革是中国社会从未经历的伟大实践和历史巨变,它以压缩时空的形式聚集了西方二百多年的理论和经验,我们必须迅速消化、转化这些理论资源,结合我们自己的实践,不断地推进对马克思主义哲学思维方式的理解,才能保持马克思主义的思想活

①　高清海:《探寻人的精神家园——我走过的哲学历程》,《社会科学战线》1996年第6期。

力和实践功能。最后，高清海先生在对马克思主义哲学思维方式革命的理解中，达到了对整个西方哲学根本性质的新理解。在他对本体论化思维方式的批判中，已经包含着对绝对主义形而上学的拒斥。哲学的任务已不再是提供某种终极的世界解释，因而也不再有传统哲学范式的哲学学派，哲学只是跟随时代的永不休止的思想。

海德格尔和德里达在对西方哲学的批判中保留了思想的任务和责任，德里达在对一切传统哲学的拆解中坚持对思想说"是"。"哲学"和"思想"的区分成为重要的时代划分。什么是"思想"？海德格尔、德里达和当代重要哲学家有不同的看法和回应。在高清海先生看来，思想就是我们这些现实和具体的个人更好生活的可能性，思想就是希望，就是批判。思想揭露和批判阻碍我们更好生活的教条、习惯、制度和观念，思想创造新的概念、观念和思想空间、思想道路，从而为我们现实生活展开自由发展和自由选择的道路。一个民族和整个人类不能没有思想，因为没有思想就没有希望。按照这样一种马克思主义的思想理解，思想必定是具体的、现实的和实践的，思想就是实践可能性的思想实验，因而思想必定会出错，思想必得自我批评和自我否定。后现代主义哲学家在对传统哲学的批判中发现了形而上学的弊病和可怕。所谓"形而上学的恐怖""语词的暴力""同一性哲学就是死亡哲学"等，说出了思想的二律背反：思想一旦僵化成教条，它就成为阻碍思想和希望的非思想。思想的生命和活力就在永无休止的自我否定过程中。

二、哲学是哲学共同体的共同思想

哲学首先是或直接是哲学家的思想，伟大的哲学家沉思默想、慎思明辨，艰苦卓绝地从事思想创造。他们有时做出类似经验科学发现的哲学发现，思想震撼世界，思想也改变世界。那些做出重要哲学思想发现或重大思想创造的哲学家，打开了新的思想空间，开辟了新的思想道路，他们的思想笼罩数代人的精神生活，从而创造出了一些重要的哲学学派。柏拉图主义、康德主义、黑格尔主义、马克思主义等西方学派,孔子、老子、佛陀等东方思想,至今仍是哲学思想、哲学论辩的资源。哲学之所以会形成学派,因为哲学思想就是哲学家个性化的思想,因为至今还没有一套检验哲学思想的有效工具和方法,因为哲学思想正是在差异、论辩和对话中发展的。

哲学思想不是疯狂的呓语,即使是最有原创性的哲学思想,在哲学家自己的时代可能很少人甚至无人理解,但几代之后就可能是大学课堂里的哲学教学资料。哲学作为具有历史传承的历史性思想,逐渐淡化、抹平了最初具有鲜明个性的学派性思想,把它汇入到知识形而上学的学科体系中。哲学思想的个性、学派性与经验科学不同。经验科学虽然也有“学派”的说法,如物理学的哥本哈根学派、经济学的芝加哥学派等,但这或者是超出经验科学的哲学信念的区分,或者是理论假说仍未证实的暂时的观点差别,严格地说,经验科学、实证科学没有学派。哲学学派也与宗教派别、文学艺术流派等不同,它较少情感、风格、表现手法等差别,主要是理论观点、思维方式、论证方法等理性的差异。因此,哲学学派之间是最有对话、沟通乃至会通可能性的,哲学思想在其历史发展中逐渐成为哲学共同体的共同思想。

高清海先生的哲学思想和哲学创造是与中国社会主义建设和社会主义改革同步发展的。80年代改革开放之初,是高清海哲学思想的黄金时代。在西方哲学文献仍未大量译介,马克思主义学界乃至整个理论界尚处于几十年传统教科书理论范式的限囿中的时候,他的一些大胆创新的理论观点,有如天外来音,振聋发聩,惊世骇俗。高清海先生直觉地感受到:中国社会主义改革的实质是突破苏联模式的社会主义,中国哲学改革的任务就是突破苏联模式哲学教科书体系,因为传统教科书体系是苏联模式社会主义的理论基础。在改革教科书,编写《马克思主义哲学基础》的五年多的时间,高清海先生达到了对马克思主义哲学的“认识论”的理解,他所凭借的主要理论资源是列宁的《哲学笔记》和与之相关的黑格尔哲学。

80年代中期以后，我国陆续翻译出版了苏联学者柯普宁、凯德洛夫、奥伊泽尔曼等人六七十年代的著作，他们对马克思主义哲学的理解和阐释与高清海先生的思路有许多处十分接近。高清海先生无暇去思考和研究这种契合，他迅速地超越自己，进入到对马克思主义哲学"实践论"理解阶段。但从马克思主义哲学史和我国当下的马克思主义哲学教学和研究的现状看，对马克思主义哲学的认识论理解仍是有待深入研究的理论范式。

在我看来，传统哲学原理教科书的一个重大弊端就是遗忘了马克思所熟知的德国古典哲学乃至全部西方近代哲学的理论遗产即意识能动性的原理。我们与以前的一切唯物主义一样，对事物、现实、感性只是从客体或者直观的形式去理解，完全舍弃了唯心主义从意识的能动方面、主观方面的理解，因而就不能达到马克思的感性活动和实践的理解，从思维方式和哲学原则上倒退到前康德的旧唯物主义的水平。高清海先生哲学原理教科书改革的工作，至少能够唤起我们哲学思想的一个重要维度，即意识具有能动性，认识是能动的反映，意识和认识能动性如果不是神秘的，就必须在哲学反思中揭示它的规律和原理。在近代西方哲学视域中，人性即意识能动性，人性原理即意识原理。马克思哲学革命破除了意识自明性、确定性、终极性的形而上学，马克思以一种怀疑主义的解释学揭示了实际生活过程对意识的决定作用。但生活、现实、事物、感性也是意识能动建构的结果，也需要从能动方面、主观方面去理解。

在完成《马克思主义哲学基础》编写后，高清海先生继续深入思考马克思哲学变革的实质。在《哲学与主体自我意识》和哲学观念变革系列论文中，他提出"实践观点思维方式"是马克思哲学革命的实质。高清海先生的这一表述和论断至今仍令他的学生和同行感到难以理解。一种观点如存在观点、意识观点、人本学观点和实践观点如何就是一种思维方式？如果参照海德格尔思的"视轨""方向"的说法可能会有助益。关涉到思维方式的"观点"是思想的立足点、出发点，它以一种元逻辑的力量规范了一个思想世界。在作为思维方式的"观点"的统摄下，一切思想中的事物都被"观点"定向、规范和观点化。一种观点既是思维方式又是世界观。"实践观点的思维方式"既是马克思理解事物、现实、感性的世界观，也是马克思理解全部哲学的哲学观。从实践观点看全部以往的西方哲学，一切唯物主义的直观，一切唯心主义的"能动"，都没有真正理解对人显现的世界，更不能真正理解人本身。所以，高清海先生大胆地提出："超越唯物和唯心的对立"。这个令人震惊的观点被人们称为"实践超越论"。我认为只是在哲学观的意义上可以这样理解。

用"实践观点的思维方式"重新理解马克思主义哲学，全面推进哲学观念的变革，是高清海先生一度确立的研究计划。在一片批评和质疑声中该计划中断了。但计划中最重要的部分即关于人的重新理解却取得了丰厚的成果。用"实践观点思维方式"理解人，超越了费尔巴哈对单个人的抽象直观，也超越了唯心主义对人的意识本性的反思，即超越了本体论化把握人的思维方式。人的本质被视作实践中的历史生成、变化和向未来的开放，"人是其所不是"。人与世界也不再是单纯的认识关系，而是否定性统一的实践关系，世界既是自在的自然世界，也是属人的人化世界，世界限制、否定人的存在和人的需要，人则改变、否定世界，亦即生成属人的世界。这些观点与法国存在主义对人的看法颇为接近，有人说这是中国式的存在主义哲学。

无论是"认识论"阶段与一批苏联学者观点的相似，还是"实践论"阶段与存在主义的接近，高清海先生的思想都是从重新理解马克思主义哲学的精神实质，把握马克思哲学的思维方式的任务出发，独立获得的理论认识。高清海先生的马克思哲学研究始终明确地批判对象，就是传统哲学原理教科书的理论范式，因此他的思想针对性强，立论鲜明，充满马克思主义的战斗精神，完全是在中国当代马克思主义哲学研究的语境中形成的。高清海先生作为马克思主义哲学家，虽然一生都是在大学从事哲学教学和研究，但他自觉地与学院化哲学家划清界限，始终是伽达默尔所说的学院外的世界观哲学家。①推动他永不休止思想的力量既不是单纯的学术兴趣，也不是求真意志，而是中华民族更好生活的希望。他相信，如果真理只是认识与实际的符合，人们就不会为真理而斗争，甚至流血牺牲，真理必然是人类自由和解放的理想，是与每个人更好生活的可能性紧密相连，因此真理和思想也一定是全人类的共同财富。高清海先生的理论创造，即使离开当时的理论和实践情境，也有重要的思想价值。原因是他始终是在哲学思维方式、哲学根本原则的高度上思考马克思主义哲学的当代发展和当代意义的。他提出的"认识论""实践论"和后期的"类哲学"不同阶段的马克思主义哲学总体性理解，都是马克思主义哲学研究必须认真对待的理论范式。自马克思之后，能够从总体上系统地给出一种对马克思哲学理解的哲学家不是很多，而高清海先生给出的不止一种。自80年代以来，苏联、日本、韩国等国的哲学界对高清海哲学思想相继表示关注，高清海先生的哲学思想正在成为哲学共同体的共同思想和共同财富。

三、哲学是超越维度的"片面思想"

哲学思想之所以能成为哲学共同体的共同思想，在于哲学虽然是个性化、民族化的理论创造，但它又是超越时代和民族的人类思维共同的思想维度。所以，尽管不同时期、不同民族、不同文化中的哲学思想千差万别，即使是同一时期、同一文化传统，甚至同一哲学传统的哲学思想也各不相同，但哲学思想终究有某些"家族相似"。哲学共同体的言说在我们的时代已经高度分化，以至一个哲学家不知道另一个哲学家的工作为什么会叫作"哲学"。但他们肯定各自都知道自己的工作不是经验科学、不是宗教或艺术，他们在自己的哲学理解中显示出一种共同的思想倾向，即高清海先生所说的"追根究底"的思考。

从生活的需要和实际的效用说，追根究底的思想，不断地问"为什么"，并不是好的品德，无限的反思将消灭人类的行动能力，使生活成为

---

① 伽达默尔：《黑格尔与海德格尔》，《哲学译丛》1991年第5期。

不可能。所以，哲学家至今仍是少数人的职业生活。即使是这少数职业哲学家，也要和普通人一样衣食住行。据美国哲学家奎因说著名哲学家卡尔纳普下午拒谈哲学，因为如果下午谈哲学，晚上就要失眠。无限的哲学反思将使人陷入疯狂。所以，不能直接用生活的效用判定哲学思想的价值。但两千多年来许多文明民族都培育了自己的哲学家，这意味着"追根究底"的思考是文明生活的需要，也许是人类思维固有的本能维度。超出实际生活需要的思想，是人类更加自觉、更加理性生活的思想投资，思想道路的探索和思想空间的拓展为现实生活的选择提供了更多可能性。

人类的群体性生活和社会性生活，使人成为政治的动物，战争与和平、自由和秩序、控制和服从、爱和恨、公平和正义等公共生活的重大选择，使政治生活成为文明民族生活的核心。人类的一切生产领域都创造价值，而政治的价值则是分配一切价值。作为思想创造的哲学，一方面必然受到政治强力的规范和约束，另一方面也要对政治追根究底，剥去政治权力的神秘外衣，把它纳入理性化的透明性中。自"苏格拉底之死"以来，政治和哲学就处在相互冲突之中。如同不能直接用生活的效用判定哲学思想价值一样，也不能直接用政治上的正确性判定哲学思想的价值，因为作为超越维度的哲学思想，即便是在对现实的关注中也把现实化作了概念，而概念即是规则，即是对实存现实的否定和批判。

高清海先生从青年时代开始，就不断地受到各种政治批判。不能说这些政治批判都是政治失误，也不能说这些批判都是他罪有应得。高清海先生自己对此有明确的哲学自觉。首先，他自觉意识到哲学是一种思想探险。哲学的超越性思考既是反思，也是创造，但更重要的是创造。黑格尔式的概念辩证法似乎不做预测，而只是让智慧在事实之后启动，让历史终结再给出哲学说明。这种保守主义的辩证法受到马克思的批判。高清海先生的哲学思想始终充盈着青春热情，它较少顾盼，一路向前。高清海先生深知这些思想探索必定有学理上和政治上的失误，所以，他比任何他的批评者都更彻底地扬弃自己的已有思想。自我批评、自我否定并不以少许形诸文字的自我批评文章为证，而是在他自己新的哲学思想创造里。其次，高清海先生赞赏恩格斯关于片面性是历史发展的必然性的观点，在自己的思考和写作中从不顾及思想的片面性，有时甚至有意为之。"矫枉"必须"过正"，深刻的片面性可能是政治上的恰当性。最后，从人类社会生活和政治生活的整体来说，哲学相对于日常思维、科学思维，本来就是一个维度的片面性思想，对此，需要哲学思想的高度自觉。

在拒斥形而上学的哲学运动中，哲学的超越性维度也受到质疑。逻辑经验主义否定了哲学的科学意义，后现代主义指控同一性哲学要对奥斯维辛大屠杀负责，哲学的任务变成消解哲学、取消哲学。从哲学思想的超越维度看，我们时代对形而上学的拒斥，正是科学主义形而上学、经济学帝国主义的兴起，其实质是资本化文化或资本逻辑运作的商业文化、大众文化、科学文化对传统精英文化的全面剥夺。如果我们的时代只剩下"成本—报酬"的理性计算这种唯一的思维方式，那才是真正的形而上学的恐怖。哲学作为超越性维度的思想，始终是人类思想多元维度的一元，是对常识思维、科学思维、利益最大化思维、政治思维等的制衡力量。哲学不能期望自己的思维方式成为人类唯一的思维方式，不能企图把自己创造的概念、原理直接变成现实。哲学要警惕自己与权力的合谋，古老的"哲学王""内圣外王"的哲学梦想是思想的僭越。哲学只能在对权力的概念化、理性化理解中规范、批判、制衡、纠正和引导权力，这可能是人们热衷的政治哲学的根本任务。借用恩格斯"历史合力"的隐喻，哲学的历史作用是通过先验的、超验的、反思的、创造的思想维度，形成自己的思想力量，在与其他思想力量的张力中推动历史的前进。哲学在自我批判中的自我弱化是对自己责任的放弃，是对哲学使命的误解和废弃。高清海先生的理论勇气和英雄气质如今已难得一见，如王南湜教授所形容的他的思想如推土机式地轰鸣前进，这有时难免毁金断玉，但这可能正是哲学的英雄本色。在自觉的思想片面性中，哲学的力量才能充分体现出来。

今年10月14日是高清海先生逝世三周年，亦如三年来多次的祭奠，他的数十名学生弟子将再次聚集在他的墓前。献花、鞠躬不足以致敬意，感谢我们尚有感谢能力的列维纳斯式的感谢有些过于思辨。举杯对饮，点烟对坐，这种粗豪的关东风情也许是我们老师喜欢的祭奠方式吧?

（原载于《吉林大学社会科学学报》2007年第6期）

附录10

马克思主义哲学研究认识论转向的意义

——纪念改革开放30周年

  30年前，党的十一届三中全会重新确立了实事求是的思想路线，实现了战略重点的转移，奏响了改革开放的序曲，开始了中华民族的伟大历史腾飞。30年来，我国的经济社会发展取得了举世瞩目的伟大成就，与此同时，我国的哲学社会科学也呈现出前所未有的繁荣，马克思主义哲学研究在推进思想解放的过程中不断开放自己的理论视野，转变哲学观念，探索新的研究方式和方法，取得了许多重大的研究成果。回顾和总结30年来马克思主义哲学研究的历史经验，重新思考其中具有研究范式转变意义的重大变革，对于深化马克思主义哲学研究，推进马克思主义哲学中国化的进程，对于建设中华民族共有的精神家园，都具有重要的理论意义。

  我国马克思主义哲学研究者大都会承认，哲学作为世界观的理论是历史发展着的世界认识，哲学史即是对世界的理论认识史，是列宁所说的"对世界的认识的历史的总计、总和、结论"[1]。然而，自觉到哲学的理论认识性质，进而反思哲学认识自身的根据、前提、可靠性、确定性等所谓认识论问题，在西方哲学史上却是迟至近代才出现的哲学转向。我国的马克思主义哲学研究也需要经历这一理论自觉和转向，才能破除僵死的、教条式的马克思主义哲学理解，才能在哲学史、人类认识史的历史发展中理解马克思主义哲学的真实意义，才能在新的历史条件下坚持和发展马克思主义哲学。因此，重新思考我国马克思主义哲学研究认识论转向的意义，既是哲学基础理论研究的重大问题，也是对那些为此做出重要贡献的

---

[1] 列宁：《哲学笔记》，人民出版社1993年版，第77页。

哲学家们最好的纪念。

一、认识论转向与独断形而上学的终结

西方近代哲学的认识论转向，既是受近代自然科学兴起的推动，也是对自然科学迅速发展而形成的对哲学挑战的回应。一方面，自然科学的兴起促使哲学家们寻找新的认识方法和工具，哲学的兴趣由此转向了逻辑、经验等意识自身。另一方面，自然科学的迅速发展和其技术应用的辉煌成就也使哲学的世界认识显得抽象、无用和可疑。哲学界常用"没有认识论反省的本体论无效"这一论断表达认识论转向的必然性。确实如此，一切哲学关于世界本质、本体的认识，都是哲学家们自认为是的确定性的观念，比如说"世界的本质是物质"，或者说"世界的本体是精神"，其实质都是哲学家对世界的认识或思想规定。尽管哲学家们在自己时代的思维水平上，对这些根本的哲学观念做了力所能及的论证，但如果缺少对认识的反思即对认识的认识、对思想的思想，那么这些哲学观念就是独断的，这种哲学就是康德和黑格尔所说的独断论的形而上学。

在我们看来，西方近代哲学的"认识论转向"的实质是独断的形而上学的终结，它使那种用单纯、抽象的思维规定断言世界的本质或本体的知性思维方式、知性形而上学成为无效的。就此，康德的形而上学批判具有划时代的意义。在《纯粹理性批判》中，康德力求划定理性的界限，他揭示了传统形而上学的宇宙论、心理学和神学均不能建立起可靠的知识形而上学，其根源是把在经验中有效的知性范畴运用于超越的领域，从而只能产生辩证的幻象，在宇宙论中陷入不可避免的二律背反。康德的形而上学批判，作为20世纪逻辑经验主义拒斥形而上学的先导，也是我国马克思主义哲学界近年来逐渐明确起来的哲学原则区分。因此，是在前康德的哲学原则和哲学思维方式中理解马克思主义哲学，还是在后康德的哲学原则和哲学思维方式中理解马克思主义哲学，就成为马克思主义哲学研究中的原则区别。

从80年代初，随着我国思想解放和改革开放的开始，改革传统苏联模式哲学原理教科书的呼声在哲学界日益增强，由此开始了对马克思主义哲学的理论性质、思维方式、哲学原则等重大哲学问题的重新思考，出现了对马克思主义哲学的新理解。今天看来，我国马克思主义哲学研究的新突破从改革教科书开始是十分自然的，这不仅因为传统哲学原理教科书在我国数十年的普及，已使它具有了"准经典"甚至替代、遮蔽马克思主义经典作家原著的"超经典"地位，而且因为传统哲学原理教科书已成为苏联模式社会主义的哲学基础。如邓小平同志所明确的那样，我国社会主义改革的实质是突破苏联模式的社会主义，那么，社会主义改革的实践也要求突破苏联模式的哲学原理教科书体系。顺应理论和实践发展的时代要求，早在50年代就对苏联教科书体系提出质疑的高清海先生，充当了中国哲学改革的先锋。

高清海先生主编的《马克思主义哲学基础》一书，被公认为是突破传统教科书体系的第一部哲学教材。该书用客体篇、主体篇、主客体统一篇的认识论结构表述马克思主义哲学的基本原理。在编写《马克思主义哲学基础》的过程中，高清海先生发表了《论辩证法就是认识论》[①]一文，表达了对辩证法和马克思主义哲学理论性质即为认识论的看法。此后他也多次说到他对马克思主义哲学的认识论理解，认为这是自己哲学观念转变的一个阶段。我们可以说，《马克思主义哲学基础》一书以及此书出版前后我国哲学界关于认识的"选择论"和"反映论"的争论等，代表着我国马克思主义哲学研究的认识论转向。但这一转向的理论准备并不充分，其深刻理论内涵和重要意义需要后来者逐渐理解和澄清。

以认识论的哲学原则理解马克思主义哲学或者说把马克思主义哲学的根本理论性质理解为认识论，其最重要的文本依据是列宁《哲学笔记》中的一些论断，特别是关于"辩证法就是认识论""辩证法、认识论、逻辑学三者一致"等论断。问题似乎集中在辩证法的理论性质上。在传统哲学

---

① 高清海：《论辩证法就是认识论》，《社会科学战线》1983年第2期。

原理教科书中，辩证法被定义为"关于自然、社会和思维发展一般规律的科学"，从而认为辩证法是世界观的理论，具有本体论的性质。在我国多年的哲学教学和哲学理论宣传中，辩证法理论得到广泛的传播，几乎所有成年人都知道事物是"一分为二"的、矛盾是普遍存在的等辩证法命题。在群众学哲学的运动中，人们讲述着用辩证法指导花生增产、提高射击成绩等学习经验，辩证法成为"一把钥匙打开千把锁"的万能公式，成为可以到处套用的"观点"。对此，高清海先生曾机智地反驳说，如果一把钥匙可以打开千把锁，锁就成为无用的东西。一把钥匙开一把锁，才是具体问题具体分析。辩证法宣传普及中出现的公式化、教条化倾向，列宁所反对的"观点加实例"的叙述方式，逐渐被人们怀疑和否定，人们嘲讽辩证法就是"变戏法"。我国马克思主义哲学教育和宣传的教训，似乎在重复着西方近代哲学认识论转向的逻辑，即没有认识论反省的辩证法和哲学理论是无效的，作为世界观理论或物质本体论的辩证法，也必须在认识论转向中获得认识论的根据和证明，否则它就是一些独断的教条和僵死的公式。

　　辩证法和其他哲学原理如何获得认识的根据和证明？首先，必须对马克思主义哲学作认识论的理解，即把马克思主义哲学看作是人类理论认识的成果，看作是哲学史和认识史发展的环节。这样，马克思主义哲学的辩证法理论和所有范畴与原理，就不再是抽象的思维规定，不再是哲学的独断和教条，而是人类认识历史发展特定阶段所达到的理论认识，是以哲学范畴和原理的形态所概括的人类认识史，其理论的有效性可以通过哲学史和认识史得到证明。其次，把马克思主义哲学理解为认识论，即是要从认识的能动方面而不仅仅是从客体和直观的方面理解哲学范畴和原理，理解现实、感性和世界。即使是世界的物质性原理，也是纯粹思想的创造，是哲学反思对世界的本质规定，是哲学对世界的理论认识。因此，也需要为这种哲学认识提供内在认识根据的论证。《马克思主义哲学基础》一书的认识论架构，明确了所有的马克思主义哲学原理的客体规定都是主体的认识规定，没有无主体的客体规定，对全部哲学原理只能在"主体—客体"的统一性中得到理解。最后，从主体的能动方面理解"现实""事物""感性"，理解马克思主义哲学的基本原理，即从哲学原则的高度而不是局部的原理和命题突出了哲学原理中的人的地位和价值，适应了我国社会主义市场经济改革对主体意识自觉的需要。客观地说，传统哲学原理教科书并非完全是见物不见人，它也强调"马克思主义认识论是革命的能动的反映论""人民群众是历史的创造者"等。但由于其哲学原理和哲学思维方式基本是前康德的本体论化思维方式，认识的能动性和人民群众的创造性最终都被还原为物质和规律的决定作用；同时，由于其哲学原则基本是前康德的独断形而上学，所以，对物质统一性和世界发展客观规律的论断也缺少认识论的反思和证明。

因此，我国马克思主义哲学研究的认识论转向最重要的历史功绩是终结了对马克思主义哲学作为独断的形而上学的理解方式，实现了哲学原则、哲学思维方式和哲学观念的变革。由于我国马克思主义哲学研究三十年来的迅速发展，包括高清海先生在内的哲学改革的先行者们迅速地超越了马克思主义哲学的认识论理解范式，使认识论转向的重大哲学意义很快被人们所遗忘，致使这一转向的深刻理论内涵并未留下应有的烛照后人的启示作用，人们今天仍然容易在朴素的实在论和自然态度的思维习惯中重复独断形而上学的马克思主义哲学理解。

二、认识论转向与哲学研究范式的变革

按照认识论的范式理解马克思主义哲学的基本原理，包括辩证范畴和原理的全部哲学理论都只能在人类认识发展的历史中获得自己确定的理论内容。比如，辩证法的任何范畴如果不是抽象的、形式的、脱离思想内容的规定，它就只能在哲学史、人类认识史中获得说明和理解，由此，它才能是具体的普遍性，而不是抽象的同一性。当黑格尔在《逻辑学》中把辩证法范畴与哲学史内在统一起来，把逻辑的和历史的统一起来时，意味着

一种超越知性形而上学、独断形而上学的哲学思维方式的创立，意味着一种理解哲学原则的改变，因此也意味着一种哲学研究范式的变革。从人类认识、哲学史和认识史的维度理解马克思主义哲学，即是把哲学作为哲学史。高清海先生和许多学者所倡导的"史论结合"的研究范式，不是一种可以主观使用的方法，而是符合哲学本性的研究方式。

列宁之所以提出"辩证法就是（黑格尔和）马克思主义的认识论"①的论断，正是因为他是在阅读黑格尔《逻辑学》时感受到马克思《资本论》与黑格尔《逻辑学》的内在关联，感受到只有用哲学史和认识论的知识才能使辩证法获得确定性的思想内容。否则，就只能用偶然的、任意的事例来理解辩证法的观点。脱离了认识论和认识史的辩证法必然是公式化、形式化的教条，是独断的形而上学，所以，列宁感叹人们没有理解马克思，原因是不懂得《逻辑学》就不能懂得《资本论》。我们今天可以说，没有黑格尔《逻辑学》对哲学史和认识史的思辨的范畴把握，就没有马克思对资本主义社会的范畴把握和内在的批判；没有黑格尔的唯心主义辩证法，就没有马克思《资本论》的辩证法。因此，只有在哲学史的内在逻辑和历史关联中我们才能真正懂得马克思主义哲学。

在我国马克思主义哲学研究的认识论转向之后，"史论结合"的研究方法已逐渐成为一种重要的研究范式，由此出现了学院化的、理论态度的哲学研究。此前，我们强调马克思主义哲学在哲学史上实现的根本变革，强调马克思主义哲学的阶级性、实践性，努力普及马克思主义哲学，力求让它成为人民群众手中的思想武器，这种对马克思主义哲学的理解和运用，也曾起到重大的积极的历史作用，并且也有马克思主义哲学经典作家文本的根据，也可以说部分地符合马克思主义哲学的理论性质和实践要求。但仅从政治的正确性理解和运用马克思主义哲学是不够的。我们说马克思主义哲学是科学，尽管我们较少注意哲学科学与经验科学在思维方式上的本质区分，但却都承认马克思主义哲学是"历史的科学"，它不是

---

①　列宁：《哲学笔记》，人民出版社1993年版，第308页。

离开人类文明大道的宗派性的理论，而是对以往哲学的批判继承。因此，我们不能离开哲学史而理解马克思主义哲学。按照通常的看法，"史论结合"对马克思主义哲学研究来说似乎不是什么新的方法和范式，传统哲学原理教科书也明确断言德国古典哲学是马克思主义的理论来源，也指出马克思对黑格尔辩证法"合理内核"的批判继承。真正的问题在于，对于这些论断的理解方式，如果抽象地、公式化地重复这些论断，而不能进入到哲学发展的内在逻辑之中，不能从认识史、哲学史上理解马克思主义哲学对传统哲学超越的内在必然性，我们就不能真正"史论结合"地理解马克思主义哲学。所以，"史论结合"的研究范式的真实意义，是纯粹学术态度和理论态度的研究，他至少是补充了以往政治态度和应用态度研究的不足。这是改革开放以来，我国马克思主义哲学研究取得的许多重要研究成果的一个基本前提。

近些年来，我国一批马克思主义哲学研究者倡导和力行"文本研究"，关注马克思和其他人文本的版本、翻译以及手稿的考订和考证，力求更严格、更原始、更准确地把握马克思哲学的本来意义。这实际上是我们所说的学院化、学术化研究范式的新进展，是在把马克思主义哲学做认识论、知识论理解的前提下才是可能的，在这样的意义上，我们仍在分享着马克思主义哲学研究认识论转向的理论成果。在我们看来，"文本研究"和纯粹理论态度的学术研究并不排斥理论和实践相结合的研究方法，甚至可以说"史论结合"的理论研究必然要求理论和实践的统一。就"文本研究"说，马克思本人作为革命家的实践活动及其对国际共产主义运动实践的理解，可能是理解马克思最重要的原始"文本"。套用胡塞尔现象学的说法，马克思的革命实践是马克思学说最原始的意向性构造成就。通俗地说，马克思的革命实践是马克思理论的原初动机。

表面看来，纯粹理论态度的研究是远离了社会现实和社会实践，是疏离了政治或去政治中心化。但从实质上说，这也许是哲学关注和把握现实最有效的距离，是真正地保证政治正确性的恰当态度。伽达默尔认为，理论就是"对实践的反驳"①；黑格尔和马克思都曾有用哲学理论的形式把握自己时代的哲学使命的自觉；胡塞尔、海德格尔等重要哲学家也都有类似的使命意识。哲学作为一种特殊的理论把握世界的方式，它虽然不能离开世界获得一种"神目观"的世界知识，而只能内在于世界之中去思考和体验世界，但它却必须一定程度地远离经验表象，要用思想的力量为自己打开一个自由的思想空间，以使用思想去把握世界成为可能。过于急切地关注现实，难以形成对现实的理论理解；过于强烈的政治关怀，不能有哲学理论的政治理解。与社会现实和实践保持思想距离的理论研究，才能有马克思所说的"理论思维"、恩格斯所说的"理论思维能力"，才能有真正表达和引导时代精神的文明的活的灵魂。

　　从我国三十年马克思主义哲学研究的历史作用看，我国的一些重要马克思主义哲学家的理论研究工作真正起到了以理论的方式推进社会主义改革进程的作用。就马克思主义哲学研究的认识论转向说，它破除了人们对马克思主义哲学的公式化、教条化的理解，起到了重要的思想解放作用；它开启了学院化、学术化的马克思主义哲学研究范式，为此后的马克思主义哲学研究奠定了新的取向和标准；更为重要的是，恰恰是这种学院化、学术化取向的马克思主义哲学研究，更为深刻、准确地表达了我国社会主义改革实践的内在要求，真正发挥了理论指导实践的作用。社会主义市场经济的活力和效率源自每一个体的理性选择，追求自身利益最大化的理性计算成为人们经济活动的重要原则，而这要求每一经济活动主体自觉的主体意识和自我意识。马克思主义哲学研究认识论转向的重要意义之一，就是推动了个人主体意识的兴起。高清海先生把这种哲学转向和市场经济的关系叫作市场经济对主体性的呼唤。

---

① 　伽达默尔：《赞美理论》，上海三联书店1988年版，第21页。

三、认识论问题的永恒性

自90年代开始，我国马克思主义哲学研究迅速地超越了认识论的理解和研究范式，出现了通常所说的"实践论转向"和"生存论转向"。马克思早在1845年春写作的《关于费尔巴哈的提纲》就提出既区别于旧唯物主义"只是从客体的或者直观的形式去理解""事物""现实"和"感性"的思维方式，又区别于唯心主义只是从"抽象的""能动的方面"理解世界的思维方式的实践观点的思维方式①。高清海先生认为这是马克思哲学革命的实质。因此，实践唯物主义、实践本体论和实践观点思维方式这些对马克思主义哲学实质的不同理解，却共同地把实践作为马克思主义哲学的核心概念和观点，共同促成了马克思主义哲学研究的实践论转向。与此同时，我国马克思主义哲学研究开始吸取现代西方哲学的理论成果，在对胡塞尔生活世界现象学、海德格尔生存论和哲学人类学等理论的借鉴中，形成了对马克思主义哲学的生存论理解。最简略地说，从认识论转向实践论和生存论的理解范式的哲学理由，就是实践和生存先于一切科学和哲学认识。这种事实上和逻辑上先在性的认定，为新的哲学转向提供了几乎是不可置疑的证明。

从认识论转向实践论和生存论，是否意味着认识论范式的马克思主义哲学理解已经失去了存在的意义？马克思主义的实践观点和海德格尔的生存领会确实揭示出先于认识并使认识得以可能的前提，这是否意味着认识论问题已得到最终的解决？胡塞尔曾说认识论是一个无穷角逐的战场，即使在实践论和生存论转向之后，认识论问题可能仍是永恒的哲学之谜。认识论或知识论的哲学范式似乎有以下几个纲领性的论点：一是哲学是认识或知识，哲学作为知识形态的形而上学必须有知识的终极确定性，否则就会导向认识的无穷倒退，陷入怀疑主义和相对主义。二是哲学认识和知识的终极确定性，不能从外部实际获得。因为外部实在直接性的意识呈现是

---

① 《马克思恩格斯选集》，人民出版社1972年版，第16页。

感觉经验，它本身已经受到了意识的中介。所以，只能从意识或认识自身寻求内在的确定性。三是哲学认识和知识的终极确定性的实质是思维和存在的关系问题，康德的说法是"认识何以可能"，胡塞尔的说法是"内在意识如何切中外部实在"。这几个古老的认识论问题都是所谓超越的形而上学问题。从后现代主义的观点看，这是属于不能问或不应问的问题。提出和试图解答这些问题就是在编织"宏大叙事"，就是企图建构一种权威话语系统，就会造成某种知识的霸权。但在康德和黑格尔等人看来，人就是形而上学的理性存在，理性固有的形而上学本能、追求知识终极确定性的形而上学提问是无法取消、消解的。

从科学主义的思维方式看，知识终极确定性和思存同一性这样的问题，似乎可以通过基因科学、心理学等经验科学的发展得到最终解决。可以设想，有一天我们破解了人脑的全部奥秘，我们提出"知识终极确定性"时的神经状态、基因图谱都得到精确的描述。我们所以提出这个问题被还原为物理主义的决定论解释，是因为特定的基因、特定的大脑神经生理状态决定了我们说出这个问题。这就可以终结认识论的形而上学。但按照哲学家们所说的大众语言学的语义直觉，找出提问的神经生理原因与回答提问的意向性内容是两回事。我们对如此提问的基因、神经生理的解释，并未回答这个提问所问的问题。"问题"本身似乎已经预设了一个形而上学的论域，只有在这一论域中的讨论才算得上回答。并且，如果按照康德、胡塞尔的提问方式，物理主义还原论的解释根本就未回答内在意识如何切中外部实在的问题。基因科学、脑科学的理论和知识是如何可能的？科学家们如何知道自己的知识认识与对象是同一的、一致的？这是科学家所无法回答的哲学问题。

海德格尔的生存论是以哲学或他后期叫作"思想"的形式超越了认识论或知识论的问题。在海德格尔看来，两千年的西方哲学包括认识论哲学，都是主体形而上学。自那以后，许多人都开始认为追求知识的终极确定性、思存统一性"是荒谬的、陈腐透顶的"，"海德格尔把坚持提出这类问题的现象称为真正的哲学'丑闻'。"①以认识论的形态去思考存在，就是把存在当成了存在者，就是要对存在加以区分、规定、控制和宰制，从而遗忘了存在的意义。人在生存状态中的生存领会和理解，先于一切科学和哲学认识，只有超越日常生活的沉沦，在本真的死亡领会中才能获得此在乃至存在的意义。后期海德格尔主张哲学和思想的区分，力求通过"语言的移居"变革思维方式，引导人们学会归属于存在的思想。海德格尔所说的生存领会、归属于存在的语言和思想、是对认识论哲学范式的突破，它欲趋赴的哲学目的不再是知识的确定性，而是人"诗意地栖居在大地上"。

我国一些马克思主义哲学的研究者，看到了海德格尔生存论与马克思哲学思想的契合之处，主张用生存论的范式理解马克思主义哲学。作为无产阶级和人类解放的学说，马克思主义哲学也就是关切人的生存状态和改变人的生存状态的学说。海德格尔赞扬马克思体会到异化的时候"深入到历史的本质性的一度中"，"马克思主义关于历史的观点比其余的历史学优越"。"人们可以以各种不同的方式来对待共产主义的学说及其论据，但从存在的历史意义看来，确定不移的是，一种对有世界历史意义的基本经验在共产主义中自行道出来了"②。因此，可以肯定的是，海德格尔体会到马克思的共产主义学说内在地包含着他所渴求的存在经验和存在感受。以生存论的范式理解马克思主义哲学会对马克思主义哲学的当代意义带来新的理解。

海德格尔也坚持与马克思思想的区分，他认为，"对于马克思来说，存在就是生产过程，这个想法是马克思从形而上学那里，从黑格尔的把生命解释成过程那里接受来的。生产之实践性概念只能立足于一种源于形而上学的存在概念之上"③。马克思的历史辩证法确实源于黑格尔的概念辩

---

① 伽达默尔：《哲学解释学》，上海译文出版社1986年版，第72页。

② 海德格尔：《海德格尔选集》，上海三联书店1996年版，第383—384页。

③ F.费迪耶：《晚期海德格尔的三天讨论班纪要》，《哲学译丛》2001年第3期。

证法，马克思的人的解放的共产主义理想源于对社会发展的辩证分析。尽管马克思学说包含着思辨的思维和语言，并力求使其经验化、实证化，但是这与海德格尔的生存论领会和诗性的思维与语言存在着重大差异。如果说，海德格尔哲学的意义在于诗意地唤起人们不同于控制论思维方式的存在经验和存在感受，进而改变生存态度乃至生活方式，那么，马克思主义哲学则是通过揭示资本主义社会的内在逻辑，找到超越资本统治的现实道路，实际地改变世界。马克思的思维方式和话语系统仍与认识论哲学存在着密切关联，比如，马克思的资本主义批判是否具有客观真理、客观知识的意义？是否存在着源自黑格尔的辩证的真理和知识？对这些问题的思考和解答，仍需要认识论范式的马克思主义哲学理解。即使是海德格尔的生存领会、诗意的思想和语言，也仍然存在本真与非本真的区分。作为海德格尔所说的"去蔽"的真理虽然不再是思存同一的问题，但"遮蔽"和"无蔽"的区分仍需做出判断或认识。

总之，生存论和实践论转向不能完全消除认识论问题。无论哲学作为知识还是思想，总要有真与假、好与坏等判断和认识，因此，生存论和实践论只要有所论说，它就是理论和认识，就需要认识论的理解和证明。生存论、认识论、存在论是哲学体系的自身区分，它们之间需要互为前提、循环论证[①]。

（原载于《江苏社会科学》2008年第4期）

[①]　孙利天：《哲学体系的自身区分及其循环论证》，《长白学刊》2002年第4期。

教会学生如何"研究"

——高清海先生培养研究生的经验

自1978年恢复研究生教育以来，我国研究生教育的整体状况得到了迅速的发展。20世纪80年代初，我国在恢复研究生招生之后，开始实行新中国自己的学位制度，有了自己培养的硕士、博士。最早被批准为研究生导师的一批学者，他们自己大都没有硕士研究生或博士研究生的学习经历，当时对国外研究生教育的情况也了解甚少，只有凭自己专业研究的经验在探索中开创我国学位研究生教育的道路。可能也正是因为经验较少、规范不多，这个时期的研究生教育最有导师个人特色，也较多中国本土特色。从而给我们留下了更多的故事和传奇，留下了许多值得珍视和存留的研究生培养经验。30年来，这些宝贵的经验历久弥新，在今日研究生培养教育的实践中，仍然具有极其重要的指导借鉴意义。

我的博士生导师高清海先生是国务院学位委员会批准的首批博士生导师，是国务院学位委员会首届哲学学科组的成员，也是马克思主义哲学专业最早招收博士研究生的几个导师之一。至2004年去世，他先后招收了40多名博士生，有30多人获得博士学位。如今，高清海先生培养的一大批博士研究生已成为博士生导师，一些人已经是马克思主义哲学界的知名学者，先生虽逝，学脉不断，在不到30年的时间里，从高清海先生算起已有了第三代博士研究生，他学生的学生也开始招收博士研究生了。在这样一个不断繁衍扩大的学术共同体中，不仅传承着高清海先生的学术思想，也传承着某种共同的学术风格和学术精神。早在1996年，高清海先生"培养高层次哲学人才"的经验曾获得国家优秀教学成果二等奖。在他辞世后，与他同辈的同行学者不仅钦佩他个人的学术成就，也羡慕他博士生培养的教育成果。2004年高清海先生去世时，他招收的40多名博士生除一人在国外不能成行外所有学生都赶来和老师告别。时任吉林大学校长的周其凤院士十分感慨，他让高老师的学生们深思是什么使这个学术群体有如此之大的凝聚力，作为一个老师如何才能让学生永远铭记，永远思念。

高清海先生是一个很幽默的人，我们几个在入学前后一直在他身边工作，共事多年的老学生，常常感叹未能学到他的幽默。我们知道，幽默是一种智慧，是一种基于自信而敢于反讽自己的人格力量。高老师在招收博士研究生后，多次坦言自己没读过博士，也不知道应该怎样培养博士，只有靠师生共同努力。在80年代曾有全民经商的热潮，校园里流行着"傻教授""傻博士"，高老师曾自嘲说教"傻博士"的"傻教授"是傻的平方。但他告诫自己的学生，做哲学研究就得有坐住冷板凳的傻气，"聪明人很难做好学问"。他常说自己是个笨人，得下笨功夫，做哲学要"笨想"。高清海先生的刻苦治学感染着他的每个学生。他到70岁后每天写作时间仍超过八小时，学生们和师母担心过于劳累会损害他的健康，经常劝他多休息，他总说自己不累。到2002年查出身患癌症之后，只要体力尚可支持，他仍坚持写作。中国古代教育思想倡导"言传身教""身体力行"。教会研究生做学术研究，使研究生具备独立从事研究的能力，研究生导师的作用可能首先是通过自己刻苦研究的示范，把学生带入研究工作中的热情、执着和坚持的精神氛围。

高清海先生招收博士研究生时已年过五十，已到了洗尽铅华、尽显本色的学术境界，他平时授课为文务求晓畅明白，禁忌浮华，少有警句格言式的表述。但他说过也写过的一句话是"治学为人，其道一也"。他在谈自己的治学体会时，也强调从事哲学研究要有坚持真理的勇气，要有全局在握的博大胸怀，要有对国家民族命运的深切关怀。初学哲学，研究生们还是把哲学作为工具性的知识，很少感到做学问和做人有什么关系。随着和高老师学习日久，也随着研究的逐渐深入，我们越来越多地知道了他的学术经历，也越来越深刻地感受到他的人格力量。但只是到我们自己也已年过五十、弟子成群的时候，才更深切地体验到他所强调的这句话所具有的广袤深邃的内涵。高老师自述从青年时期受刘丹岩教授的影响，较早地摆脱了教条主义的影响，开始了符合哲学本性的独立思考和自由研究。1957年他在《东北人民大学学报》第1期上发表了《论辩证唯物主义与历史唯物主义的关系》一文，在我国首次对苏联模式的哲学原理教科书体系提出质疑和批评，因此在1959年他受到批判。但从1982年开始，他带领吉林大学哲学群体主编《马克思主义哲学基础》，继续对哲学原理教科书体系进行改革，并由此而获得了国内外哲学界的高度评价。此后高老师大胆进行哲学观念变革和哲学理论创新的尝试，成为马克思主义哲学界最有争议也最有影响的哲学家。高老师深知自己的一些理论观点未必正确，他也经常自己否定自己，他的几篇颇有争议的论文在发表前曾认真征求学生们的意见。这一切都是为了追求真理，为了以理论的方式推进我国的社会主义改革和现代化建设。

研究生导师自觉地教书育人，注意引导和培养学生人格的健康成长。学生们有机会和导师长期接触，耳濡目染，潜移默化地受到导师人格魅力的影响，这使我们中国早期的研究生教育洋溢着古典教育的情趣和特质，像古希腊的学园和中国古代书院的回归。大约从1985年开始，高清海先生早期招收的几个博士生就定期在老师家里进行学术讨论，如无特殊事情，大致是每周一个半天，一直持续了近10年，后来因为学生多了，只好把讨论场所转到教室。在高老师家学习讨论的日子是我们最怀念的幸福时光。每人一杯清茶，茶叶是老师供给的。大家舒服地倚靠在沙发上，高老师自己坐在他的皮椅上，脸上是宁静、慈爱、幸福的表情。这种温馨亲切的氛围使我们讨论得枯燥、艰深的哲学问题似乎也柔软、温润了许多。高老师通常是拿着一本备课笔记认真记录，虚心得像个小学生。偶尔某句话没听清，他几乎不抬头而是从老花镜上方用疑惑探寻的目光望着我们，这是老师在我们心中定格的、永恒的形象。讨论结束后，有时也在高老师家吃饭，大家一起下厨，餐具和座位都是凑起来的。亲密的家庭氛围使师生的情感密切地系在一起，喜怒哀乐、共损共荣。由亲密而知心，由知心而知人。高老师对学生们的长处、缺点了然于胸，指导、批评恰到好处。高老师对学生们的指导已远远超出学问、学术的领域，从工作到家庭生活，高老师都努力给学生们以帮助。而在他执教50年的庆典上，他却满怀深情地说庆幸自己有一帮好学生，感谢学生们对他的照顾和帮助。施恩而不望回报，受恩点滴而报以涌泉，这是我们中国人的美德吧，如此可亲可敬的师长怎么能不让学生们永远留恋在他的身边！

和高老师一起出差开会，是研究生们热切渴望的机会，执子之手，与子偕行，在青山绿水之中感受大地的馈赠，体悟造化的神奇，展开哲学的想象。我曾有幸与老师一起泛舟在太湖上，漫步在秦淮河边，携手在长白山顶，畅游在鸭绿江中。在老师身边，我们少有敬畏，多些平常。高老师喜欢喝酒、摄影，遍尝各地小吃，他对新鲜的东西总是有浓厚的兴趣，到晚年他学会用电脑写作，九卷本几百万字的《高清海哲学文存》都是他自己在键盘上打出的。记得在80年代末的一个清晨，我们在外地开会，高老师和几个学生到住地附近的一条大河洗漱。河水清澈见底，近处青山苍翠，有学生想起孔子"仁者乐山，智者乐水"的话，大家即开始讨论仁与山、智与水的关系。有人说山厚德载物，蓄养万物，有生生之德，故为仁；水清澈明净，活泼流动，可以隐喻思维和智慧的灵动和澄明，故为智者所乐。大家都没有文本的根据，只是臆测和猜想，高老师微笑着说意思应该差不多。孔门弟子也有"浴乎沂""咏而归"的生活理想。披着霞光和晨风，带着洗漱后的清新和智慧的欢乐，环绕在老师身边，这是我们永难忘怀的幸福时光。这不是有意设计的生活场景，自然、自在、自由的清晨洗漱，强化我们对自然和智慧的热爱，净化着我们的心灵。

哲学学习和哲学研究绝不总是像和老师出游一样轻松和欢乐，每个博士生通过论文答辩都有经过炼狱的感觉。如何能在有两千多年历史、有无数人类最优秀的头脑苦思冥想的成果基础上，说出一点个人的体会、心得或新意，这是每篇哲学博士论文的难点和难关。高老师对每位新入学的博士生的第一个要求都是转变思维方式，即从我们熟悉的日常思维、我们受过一定训练的科学思维和我们已经接受的某种僵化的哲学思维中跳出来，进入符合哲学本性的思维方式中。德国哲学家海德格尔称这是惊险的一跳，是重新开拓思想的方向和视轨，他自称自己实现了思想的移居。思维方式变革是最重要的哲学事情，实现这一变革是最艰难的思想事业。我们随着学习的深入，越来越意识到这是需要终身努力也未必能完全做到的。高清海先生在与学生学习讨论的时候，经常要求学生要"笨想"，让学生抛开哲学文本，用自己的语言把事情说清楚。这实际是要把各种经典著作的观点、思想化为自己的思想，在自己的立场和思路中澄清问题本身。阅读、思考和写作，是哲学思想的实验。无数次高老师家里的学术讨论，是老师领着我们在做思想实验，一次次实验失败，我们出乖露丑，面对质疑和反驳无言以对。但也有成功的时候，对一个哲学观点的澄清，令人耳目一新、豁然开朗，大家一起分享思想收获的欢乐。在持续十余年的讨论中，高老师早年的学生已鬓染霜花，他们也有了自己招收的博士生，但仍聚集在老师身边，从容研究，乐此不疲。高清海先生主张哲学既是历史性的学科，在一定意义上哲学就是哲学史，搞哲学研究必须坚持史论结合的方法，做到论从史出。同时他认为哲学又是最有现实性的学问，哲学是主体的自我意识，最抽象的哲学理论总是时代精神的表达，哲学的理论问题和难点是时代现实生活深层矛盾的理论表现。所以，哲学研究也必须坚持理论联系实际。按照这样的哲学理解，我们的学术讨论涉及马克思主义哲学、西方哲学史、现代西方哲学、文化哲学、社会哲学、中国传统哲学、现实问题研究等广阔的领域，不知不觉中形成了一种哲学思想家的教育模式。近些年来我国学界大量引进西方学术，各个领域的专家、学者不乏其人，但人们常感叹现在不缺知识和学问，缺少的是思想。高清海先生在改革开放后二十多年的时间里，为我国哲学界贡献了许多重要的哲学思想。他倡导的"笨想"的方法，他带领学生通过讨论而进行的思想实验，他培养哲学思想家的教育目标和理念，也为我国理论学科研究生教育留下了值得反思的经验。

　　我国哲学研究中思想的匮乏，不仅是受西方学术研究规范的影响而过于专门化、学院化的结果，也不仅是因为现行学术评价体系引导的结果，从根本上说，思想的贫乏是理论把握现实能力的缺乏，是学术群体理论勇气和精神力量的衰退。我国社会主义改革进入攻坚阶段以后，社会中的深层次矛盾凸显出来，在效率与公平、自由和正义、国家宏观经济调控和市场机制的自发作用、经济全球化与民族文化发展等价值冲突中，学术界陷入了价值混乱，丧失了价值判断和价值引导的能力。现实的矛盾和复杂化也要求理论的丰厚和具体，使理论创造变得十分艰难，这对于我们从事的马克思主义哲学研究来说尤其如此。高清海先生在我国马克思主义哲学界以理论创新的勇气而知名，他也因而多次受到批判。到晚年他曾感叹自己有些话说得太早，我就此曾有过思索和分析。在我看来，这既是他对自己一生沉浮的感叹，其中有无奈和自嘲，但同时也表达了他对自己理论研究工作的自信和自豪，"说得早"意味着"凡是合理的，也是现实的"，理论得到了现实的实现和证实。高清海老师经常教育他的研究生们要有坚持真理、修正错误、超越自己的理论勇气，要有对国家、人民命运的深切的理论关怀，这是知识分子应有的社会良知和社会责任。"治学为人，其道一也"。耿耿丹心，嶙峋风骨，这是几千年中国知识分子的传统美德。在我们这样一个功利、平庸、理性计算的时代，我们还能葆有这种高贵的英雄主义精神吗？作为高老师的学生，我们常感惭愧和羞报，每次忆念老师心中都有一股豪气升起。

　　在中国研究生教育三十年历程涤荡的宏大背景中，高清海先生的教育思想与培养经验，对我们的影响也随着岁月的流逝而层层积累沉淀。他的数十名博士研究生为他集资塑了铜像。他那高大的身躯、慈祥的目光，将长存于吉林大学美丽的校园中，他的学术思想和学术精神将通过一代又一代博士研究生而传承下去。

（原文发表于吉林大学哲学基础理论研究中心网站）

读者须知

　　本书已接入版权链正版图书查证溯源交易平台，"一本一码、一码一证"。扫描上方二维码，您将可以：

　　1.查验此书是否为正版图书，完成图书记名，领取正版图书证书。

　　2.领取吉林人民出版社赠送的购书券，可用于在版权链书城购买吉林人民出版社其他书籍。

　　3.领取数字会员卡，成为吉林人民出版社读者俱乐部会员。

　　4.加入本书读者社群，有机会和本书作者、责任编辑进行交流。还有机会受邀参加本社举办的读书活动，以书会友。

　　5.享受吉林人民出版社赠予的其他权益（通过读者俱乐部进行公示）。